亲历劳动 乐享生活

幼儿园体验式

劳动生活教育的实践研究

徐 莉 许杨阳 应 静◎主 编

·南京·

图书在版编目(CIP)数据

亲历劳动　乐享生活 ：幼儿园体验式劳动生活教育的实践研究 / 徐莉，许杨阳，应静主编. —— 南京 ：河海大学出版社，2024. 9. -- ISBN 978-7-5630-9311-3

Ⅰ. G613.3

中国国家版本馆 CIP 数据核字第 2024DL0810 号

书　　名　亲历劳动　乐享生活——幼儿园体验式劳动生活教育的实践研究
　　　　　QINLI LAODONG　LEXIANG SHENGHUO——YOU'ERYUAN TIYANSHI LAODONG SHENGHUO JIAOYU DE SHIJIAN YANJIU
书　　号　ISBN 978-7-5630-9311-3
责任编辑　曾雪梅
特约校对　孙　婷
封面设计　张育智　吴晨迪
出版发行　河海大学出版社
地　　址　南京市西康路 1 号(邮编:210098)
电　　话　(025)83737852(总编室)　(025)83787103(编辑室)
　　　　　(025)83722833(营销部)
经　　销　江苏省新华发行集团有限公司
排　　版　南京布克文化发展有限公司
印　　刷　广东虎彩云印刷有限公司
开　　本　787 毫米×1092 毫米　1/16
印　　张　14.5
字　　数　353 千字
版　　次　2024 年 9 月第 1 版
印　　次　2024 年 9 月第 1 次印刷
定　　价　89.00 元

编写委员会

主　　编：徐　莉　许杨阳　应　静

编　　委：林　慧　阎　肃　陆佩佩　戴梦雯
马　睿　司美煜　牛露露　吴媛媛
王莉桃　宋　嫚　孟　琪　吴　爽
倪雪艳　王　潇　昂　云　李梦影

指导教师：李　煜　华希颖

序

在幼儿的成长道路上，劳动与生活技能的培养无疑是至关重要的一环，劳动教育不仅能够锻炼幼儿的动手能力，更能在实践中培养他们的责任意识和创新精神。2018 年 9 月，习近平总书记在全国教育大会上强调，“要在学生中弘扬劳动精神，教育引导学生崇尚劳动、尊重劳动”，“要努力构建德智体美劳全面培养的教育体系”。2020 年 3 月，中共中央、国务院印发《关于全面加强新时代大中小学劳动教育的意见》，对新时代劳动教育作出顶层设计和全面部署。把劳动教育纳入人才培养全过程，贯通大中小学各学段，与德育、智育、体育、美育相融合，促进学生形成正确的世界观、人生观、价值观。

陶行知先生认为，劳动是生活的一部分，也是教育的一部分，他特别重视劳动教育在幼儿成长中的重要作用，提出“生活即教育”“行是知之始”等劳动教育思想。他说，生活即教育，过什么生活便是受什么教育。① 而劳动教育是为“育”而“劳”的，是基于真实的生活情境来达到育人的目的，生活为劳动教育的开展提供了广阔的舞台。生活是什么？在陶行知看来，生活就是“有生命的东西，在一个环境里生生不已的就是生活。譬如一粒种子一样，它能在不见不闻的地方而发芽、开花”②。这一发芽、开花的过程，就是种子自身不断努力生长的过程，所以“是劳动的生活，就是劳动的教育；是不劳动的生活，就是不劳动的教育”。通过劳动，幼儿可以接触和了解生活的方方面面，从而培养他们的实践能力、创新精神和社会责任感。

朱熹的《童蒙须知》中将“洒扫涓洁”作为孩童启蒙教育，卢梭的《爱弥儿》高度重视手工劳动，将之视为重建身体与知识的有效中介。然而，过去一段时间，我们对于劳动观念的认识仍然不够深入和全面，以至于幼儿劳动教育多停留在自我服务以及集体清洁劳动等层面，劳动的范围不够宽泛，尤其是鲜有以劳动生活为重点的主题活动。而在家庭方面，家长对于劳动能力的培养则更为忽视，他们只关注孩子的智力培养，缺少对孩子劳动兴趣和能力的培养。

2015 年伊始，在南京晓庄学院幼儿师范学院专家团队的指导下，南京小红叶幼儿园

---

① 陶行知. 陶行知全集：第 3 卷[M]. 成都：四川教育出版社，2005：634.

② 陶行知. 陶行知全集：第 2 卷[M]. 成都：四川教育出版社，2005：397.

传承和发扬陶行知先生的劳动教育思想，积极探索新时代幼儿园劳动教育实践活动；融入本地区环境和资源，不断完善幼儿园劳动教育并扩大其范围，致力于本土化的幼儿园劳动生活主题活动的实践研究，形成了一系列园本体验式劳动生活主题案例，这些案例充分体现了“生活即教育”的理念，将劳动教育与幼儿的日常生活紧密结合，让幼儿在劳动中感受生活的美好，体验成长的快乐。

一、倾听儿童

在这本案例集中，每一个劳动活动的记录都展现了教育者对幼儿内心世界的细心观察和耐心倾听。从孩子们亲手种植的小苗，到他们用心编织的工艺品，每一个细节都体现了幼儿对劳动的热爱和创造力。教育者通过引导幼儿参与劳动，不仅教会了他们基本的劳动技能，更在过程中倾听他们的想法、感受他们的情感，从而更好地理解幼儿的世界，为他们的成长提供更为精准和贴心的支持。体验式幼儿园劳动生活教育活动，着眼于幼儿的全面性和主体性发展，强调关注幼儿的生活、经验和游戏，通过创设真实的劳动生活情境，做中教、做中学，强调幼儿学习与发展的动态性与生成性，尤其注重教师在过程中的仔细倾听，在活动中与儿童同行，根据幼儿的兴趣和经验推进活动进程，进而不断丰富幼儿的劳动生活经验，提高劳动能力。

二、追随儿童

案例深入体现了对幼儿的追随与尊重，不仅展示了多样化的劳动实践活动，更通过细致入微的观察和记录，捕捉了幼儿在劳动过程中的思考、探索和创新。教育者关注幼儿的兴趣和需求，让劳动活动成为幼儿思想自由驰骋的舞台。通过追随幼儿，为幼儿的个性化发展提供了有力支持，让每一个幼儿都能在劳动中找到自己的兴趣和价值所在。活动注重从本土出发，关注幼儿园内部以及周边自然资源和环境资源的利用，注重幼儿园与社区、家庭的紧密联系。活动内容具有可操作性，注重本土节气和季节特点，尤其是种植和收获劳动，要求教师从幼儿的生活经验和本地域特点出发，积极提供丰富的自然操作材料及充足的操作时空，整个过程有始有终，有的活动甚至持续半年之久，突破了幼儿园主题活动的基本时长，弥补了幼儿园现有的主题教育资源中劳动内容相对不足的缺陷，促进了教师课程构建、实施、创新能力的提升。

案例充分展现了“教学做合一”。在活动中，教师们注重引导幼儿积极参与、动手实践，让他们在亲身操作中学习知识、掌握技能，不仅激发了幼儿的学习兴趣，也培养了他们的自主学习能力和解决问题的能力。每一项劳动活动都围绕着激发幼儿的创新思维、培养实践能力以及促进情感发展而开展。教育者通过精心设计的劳动项目，鼓励幼儿自主思考、大胆尝试，让他们的思想在劳动中自由绽放。案例不仅记录了幼儿劳动的过程和成果，更展现了教育者对幼儿思想的尊重和支持，为幼儿的全面发展提供了有力的支撑和保障。

三、支持儿童

活动以劳动为抓手，对幼儿园现有主题活动进行重新梳理，赋予其时代性的特点。在组织活动的过程中，教师不断鼓励幼儿自主制订劳动计划、自主实施劳动方案，充分尊重幼儿的意愿和想法，使其积极快乐的情绪情感得到充分满足。主题活动注重以整体发展的思维来实现劳动教育与五大领域的自然有机融合，从而促进幼儿全面和谐发展。

本书凝聚了小红叶全体教师近十年的辛劳和汗水，是教师们对新时代劳动教育的深入领会和践行，有着鲜明的个性化、本土化特点，其中许多精彩生动的课程故事，不禁让人为孩子们的真实表现和教师们的教育智慧所感动。但在主题活动的评价方面还需进一步具体化，要强化过程评价，强调幼儿的自我评价，并将评价嵌入课程。此外，主题活动的案例还需进一步结构化，帮助教师们更好地应对活动中的挑战和问题。

让我们共同学习陶行知先生的教育理念，深入探索幼儿园劳动教育的内涵和方法，将劳动教育融入日常教学中，为幼儿的健康成长奠定坚实的基础。同时，也期待更多的教育工作者能够关注和支持幼儿园劳动教育的发展，为幼儿的健康成长和全面发展贡献智慧和力量。

袁宗金

亲历劳动，乐享生活

——体验式劳动生活主题活动说明

一、内涵与特点

（一）内涵

劳动指幼儿在日常生活中照料自己生活的自我服务性劳动、家庭生活中的一些力所能及的劳动以及幼儿园集体生活中的所有劳动内容。

生活是指幼儿每天所有的生活内容。这里的生活是指幼儿的一日生活，包括在家庭中的含有劳动内容的生活。

劳动生活活动将幼儿的劳动兴趣、能力的发展放在首位，结合幼儿生活，营造温馨、愉悦、自主、宽松的富含劳动内容的环境，使幼儿通过自我服务、集体劳动、小组区域劳动、家庭劳动以及系列劳动活动，在自主探究、自由操作中，主动运用已有经验对劳动过程进行探究、操作、创新，不断获得积极的劳动体验和能力，最终达到幼儿身心和谐、健康发展的目的。

（二）特点

1. 真实自然

活动紧密联系幼儿生活，充分利用本土生态环境和室内真实情境，特别是结合本土的季节、节气等自然特点，充分利用自然材料，使活动操作更加简便易行，促进幼儿自然习得劳动经验。

2. 自主生长

活动强调幼儿在系列种植、收获、美食制作、工艺制作、集体服务以及自我服务等劳动活动中的积极体验，努力克服困难、自主探究、自由操作，使其通过自身的努力获得经验，由内而外自然地向前发展。

3. 愉悦创造

在活动中创设游戏化的实践体验场，以游戏化的形式开展劳动活动，确保幼儿在活动中有自主选择的权利和自由，对于活动的兴趣、动机完全出自内心；强调幼儿在活动中健康愉快的情绪体验，寓劳动于游戏之中；不断鼓励幼儿大胆想象、创造，使其在活动中获得真正的快乐感受的同时，创新意识和能力也得到提升。

4. 统整多元

活动充分利用户内外资源、家庭社区资源，在开展劳动活动的同时，结合不同班级幼儿的特点，自然地融入各个领域的教育活动内容，使幼儿在活动中能够得到情感、态度、能力等全方位的发展。

二、设计与操作

（一）设计理念

活动以幼儿感兴趣的劳动生活和经验为切入点，以创设自主、轻松、愉快的环境为背景，以幼儿的自我体验、自主探索、自我实践为主线，呈半开放式的框架结构。主题活动的半开放式结构意味着预成与生成活动的自然结合，在实施过程中可随时根据幼儿的经验、兴趣扩充和丰富，主题内容形成以“预成为主，生成为辅”的结构模式，将保教目标转化为一个个以幼儿生活经验为中心的主题，并推进幼儿的经验不断丰富、扩充，获得有益于身心发展的积极体验。活动主题是幼儿感兴趣的，内容是贴近幼儿生活的，利于幼儿认识事物的本质及事物之间的关系，利于幼儿“研究”，对幼儿具有一定的挑战性。活动目标由师幼共同选择并制定，同时因幼儿发展的某些不可预见性而设有留白，活动计划具有弹性，活动过程具有开放性，师幼在共同活动中可敏锐捕捉有意义的活动线索，进行深入与拓展。劳动生活活动的实施在原则上强调自主创新、积极探究，在过程中强调多通道互动、多方式对话，在学习方式上强调探究性学习和有意义的接受性学习，总之，强调“提供机会让幼儿生动地表现自己的生命力”。

（二）设计框架

1. 主题依据

（1）幼儿是否具有开展此主题活动的生活经验，是否感兴趣。

（2）幼儿生理、心理发展的阶段性特征。

（3）幼儿是否有主动发展的空间，能否给幼儿以快乐的情绪体验。

（4）师生、家庭能否收集到主题活动所需要的物质资源和人文资源等，能否得到相应的帮助。

（5）幼儿在活动中情绪情感、态度、能力、认知、学习品质等各领域是否得到全面和谐的发展。

主题线索的发现和发展是师生共同完成的，它决定着活动的主要发展方向。主题线索的发展是分阶段完成的，是在活动中不断丰富、不断伸展的。主题的生发，来自幼儿对生活中事物的兴趣、对某问题的发现和讨论等，教师在幼儿活动中敏锐捕捉并且提取有价值的主题线索，根据幼儿的兴趣、关注的事物及幼儿的最近发展区，预成最初的线索，绘制富有弹性的主题发展线索图，随着活动的展开层层深入，及时进行增减、调整。

2. 主题产生

主题来源紧密结合本土资源特点（如节气、季节、民俗等）和幼儿的兴趣、生活经验等，并紧紧围绕班级、幼儿园、家庭、社区的实践活动（如种植、采摘、收获、工艺制作、自理服务、公益服务等）展开，是真实而有趣的，主题的统整性和多元性既有利于幼儿的全面发展，又促进幼儿富有个性的生长。

3. 主题目标

从全人教育的理念思考儿童德智体美劳发展的整体目标，特别关注劳动领域的教育，以《3—6岁儿童学习与发展指南》（后文简称《指南》）为依据，并将各个领域目标进行分解、具体化，充分考虑到主题之间、领域之间目标的整体性、均衡性、层次性，以促进幼儿和谐健康发展为最终目标。

4. 主题资源

主题资源分为物质资源和人文资源。物质资源主要由环境资源、材料资源及绘本资源组成，人文资源主要由人力资源、劳动资源及社区资源组成。

5. 主题线索

主题的重点线索以鱼骨图的形式呈现。大的椭圆形是主题的主要线索，不断推进主题活动的发展。分支上的内容则是幼儿经验的递进和延续，反映的是主题活动的基本走向，但并不代表全部，内容以各班级幼儿的具体实践为主。此外，适当的留白，给予活动生成和延伸空间。

6. 主要活动

“生活即教育”，幼儿的一切活动，皆为一日活动的一部分，教师积极帮助幼儿积累丰富的体验（自然体验、社会体验），在活动中，教师是参与者、协同者，是幼儿的伙伴，是“平台中的首席”。教师应为幼儿活动创设自由、宽松的活动环境，注重变化，合理利用自然材料、劳动工具和辅助材料，幼儿可以自由选择场地，自由选择材料，自主进行观察、探索，在真实的环境中自然地生长。

区角活动多以小组形式进行，以幼儿的经验为前提，以幼儿的兴趣为中心，针对某一问题进行富有个性化的学习和探讨，使幼儿按照自己的思维方式寻求不同的答案，使其潜能得以充分发掘。

系统活动以分组活动、集体活动为主要形式，以有意义的探究性学习为主，围绕幼儿感兴趣的话题展开讨论，对兴趣之外的领域进行必要的补充和丰富，有利于幼儿更广泛地探索、理解和获得全方位的经验。

（三）评估

评估是为了促进每位幼儿的发展，也是为了促进教师反思、审视主题活动实施的系列过程。其过程应以教师、家长为主体，对幼儿在活动过程中的行为和发展等进行全面评估，不断地发现问题、解决问题。同时，在全面了解幼儿发展状况的基础上，遵循发展性、过程性、多元性的评价原则，引导幼儿进行积极自我评价。主题活动的评价是一个动态的评价过程，其目的在于调动幼儿、教师、家长以及相关人员的积极性，发现每个幼儿的潜力和特点，促进全体幼儿富有个性的发展。

评估分为总体评估和主题评估。总体评估是对幼儿的日常生活劳动、生产劳动、服务性劳动等进行评估。主题评估则以主题为单位进行认知、能力、品质、情绪情感评估。

此外，活动前的亲子调查、家长问卷、教师问卷等，也是对幼儿、家长、教师劳动经验、资源与能力的基础了解和评估。

三、实施的主要环节

（一）实施流程

主题活动的实施注重幼儿的深层次活动兴趣，以此为核心，以幼儿的兴趣和熟悉的生活场景作为线索展开，如下图所示：

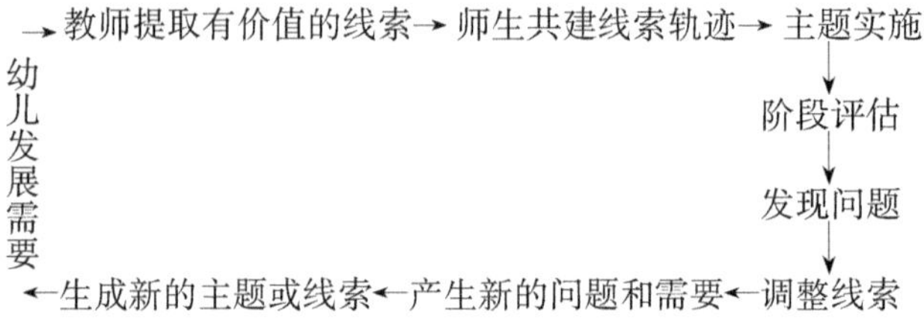

（二）实施要点

1. 开始阶段

在仔细观察、参与幼儿劳动活动的基础上，深入了解幼儿已有经验，对幼儿的兴趣、需要进行精心梳理，提取有价值的主题线索，通过“发散性思维”（根据一个问题，提出多种解决途径），集思广益进行讨论，对现有的资源（家庭、幼儿园、社区）进行细致调查，建立主题活动资源库，并加以分析及有效利用，建构适宜的主题活动实施框架。

2. 实施阶段

创设轻松、愉快的真实环境，园内所有环境创设、工具、材料、时间、空间等处处体现以幼儿为本的理念，根据幼儿需要合理设置。日常活动中，教师通过细致观察，及时捕捉幼儿的思维火花、活动动机等，如关于季节、节气等引发的劳动话题：春夏秋冬四个季节可以种什么（收获什么）？江宁传统节日（清明、端午、中秋、新年等）的美食有哪些？同时，顺应活动的发展流程，为幼儿开展劳动探索体验活动提供有利条件，做到有意义的接受性学习和探索性学习相结合，集体、小组、个体活动相结合，不断激发幼儿对于参与劳动活动的积极性、主动性和创造性，获得愉快的情绪体验和全面的能力发展。与此同时，教师在活动中不断为幼儿提出具有挑战性的任务，设置“支架”式的问题，使其不断从借助支持发展到摆脱支持，助推其经验提升到一个新的平台。

3. 结束阶段

师幼就活动的体验和感悟分别进行阶段性的反思探讨，将自己在活动中的发现、成果以不同的形式（如劳动制作技能展示、制作成果、活动过程图片、过程视频实录等）呈现出来，使课程资源最大化地共享。

4. 反馈阶段

反馈是课程实施的重要环节，它既是前一主题实施的反省和完善，又是新主题开发和发展的源泉，更是创新设计的开始。值得一提的是，劳动生活课程的设计、实施过程，是一个动态的过程，是师幼、家庭、社区共同参与的过程，在此过程中每一名成员相互作用、相互影响、共同成长，使活动最终指向目标，在德智体美劳五育并举的基础上促进幼儿富有个性的成长。

四、各年龄段劳动教育清单

小班幼儿劳动教育清单

<table>
<tr><td>目标</td><td colspan="4">1. 有初步的个人生活自理能力，乐于参与烹饪、家务劳动等家庭生活管理活动
2. 积极参与生产劳动，能进行简单的种植、饲养、工艺制作等活动
3. 愿意参与班级、园内一些简单的服务性劳动
4. 喜欢参与劳动活动，有一定的规则意识，并乐于分享自己的劳动成果</td></tr>
<tr><td rowspan="2">类别</td><td rowspan="2">任务群</td><td rowspan="2">劳动项目</td><td colspan="2">实施建议</td></tr>
<tr><td>上学期</td><td>下学期</td></tr>
<tr><td rowspan="3">日常生活劳动</td><td>个人生活自理</td><td>1. 做好个人卫生
2. 打扫房间卫生
3. 整理生活物品
4. 摆放收拾玩具</td><td>1. 在成人帮助下，每天早晚刷牙，学习正确的洗手方法，知道饭前便后要洗手
2. 在成人指导下，使用勺子进餐，不挑食，不偏食
3. 在成人提醒下，按时睡觉和起床，不打扰其他人
4. 在成人提醒下，每天早晚刷牙、饭前便后洗手
5. 在成人帮助下，进行衣服、鞋袜的整理工作
6. 在成人指导下，整理自己的物品
7. 正确使用餐巾擦嘴巴，并将餐巾放回指定位置</td><td>1. 在成人帮助下，每天早晚刷牙，有良好的洗手习惯
2. 在成人指导下，正确使用勺子进餐，不挑食，不偏食，不暴饮暴食，喜欢吃各种瓜果蔬菜
3. 能将毛巾打开，自己擦手、擦脸
4. 在成人提醒下，按时睡觉和起床，并能坚持午睡，睡眠时间为11～12小时
5. 能自己穿脱衣服和鞋袜、扣纽扣、拉拉链
6. 主动整理自己的物品，如玩具、图书，尝试分类摆放，愿意清洗自己的玩具、餐具等</td></tr>
<tr><td>烹饪活动</td><td>1. 择洗瓜果蔬菜
2. 参与制作美食
3. 家用工具使用</td><td>1. 学习择、洗、剥常见的瓜果蔬菜（豇豆、毛豆、橘子等）
2. 在成人指导下，学习简单的厨艺，如打鸡蛋、和面等，并进行桌面清洁工作
3. 在成人指导下学习美食制作技能：打鸡蛋、和面等，并学会搓圆压扁等简单的技能，制作元宵、面片等
4. 学习使用安全剪刀、安全刀具、打蛋器、各种模具等进行切水果、榨汁、做面点和糕点等活动</td><td>1. 会择、洗、剥常见的瓜果蔬菜（豌豆、蚕豆、大蒜、韭菜等）
2. 会独立打鸡蛋、刨丝、榨汁等技能
3. 愿意参与面点制作，如和面、擀面皮（圆形）、搓圆、压扁、分面团等
4. 正确使用安全刀具、榨汁机、压面机等进行切水果蔬菜、榨汁、做面条等劳动操作</td></tr>
<tr><td>家庭生活管理</td><td>1. 招待客人
2. 协助家长
3. 生活劳动</td><td>1. 接待客人时，会说礼貌用语，大方地接待客人
2. 学习擦椅子和橱柜、分餐具等班级劳动
3. 学习扫地、擦桌子、分餐具、叠衣服等家务劳动
4. 学习参与家中照顾花草、照料小动物的劳动，知道将垃圾放到垃圾桶
5. 在成人的帮助下学习打开物品的包装袋等，注意安全</td><td>1. 愿意拿出自己喜欢的玩具、零食等，有礼貌地招待小朋友
2. 愿意参与擦椅子、橱柜、玩具以及扫地、分餐具等班级劳动
3. 愿意参与家中力所能及的劳动，如择菜、剥豆、分发餐具、共同取快递等
4. 乐于参与家中照顾植物、照料小动物的劳动，知道垃圾分类，会将垃圾放到指定地点
5. 知道打开不同物品包装的方法，会使用简单的工具，注意安全</td></tr>
</table>

续表

类别	任务群	劳动项目	实施建议	
			上学期	下学期
生产劳动	种植与饲养	1. 养护花草、果蔬 2. 照料家中小动物 3. 参与收获劳动	1. 认识常见的瓜果蔬菜,愿意照顾它们,给它们浇水等 2. 对家中常见的劳动工具感兴趣,愿意使用它们 3. 在成人指导下,能照顾家中宠物,给宠物喂食等 4. 参与班级、幼儿园及家庭的种植活动,学习照顾水培植物及大蒜、萝卜、蚕豆等农作物 5. 用剪刀、铲子等劳动工具进行萝卜、橘子、山楂等果蔬的收获活动	1. 在成人帮助下学习栽种常见的瓜果蔬菜,如土豆、大蒜、洋花萝卜等,愿意照顾它们,喜欢给它们浇水等 2. 愿意参与劳动,能够给植物浇水、除草,感受植物带来的好处,了解植物的多样性 3. 在成人指导下,进行种植胡萝卜、豌豆、蚕豆等活动 4. 用铲子、剪刀、刨子、捣蒜器、榨汁机等工具进行瓜果蔬菜的收获、加工活动,体验收获的喜悦
	工艺制作	制作实用手工	1. 学习使用简单的工具和材料,掌握正确的使用方法,注意使用安全 2. 学习用常见的材料如纸、油泥等进行撕、剪、搓圆、压扁等操作活动,感受操作的快乐 3. 在成人的引导下学习用自然物、废旧材料(如树叶、木棍、泥巴、夹子、纸盒、瓶子等)进行编织、剪贴等制作	1. 欣赏与自己生活经验有关、具有鲜明色彩和简单造型的物品和工艺品 2. 学习综合运用撕、塑造、剪贴、编织、粘黏、包装等技能制作相关的物品,如糖果、灯笼、各种小礼品等 3. 学习用自然物、废旧材料等进行手工制作,乐于与他人分享自己的劳动成果
服务性劳动	公益志愿劳动	1. 班级服务 2. 幼儿园服务 3. 社区服务	1. 在老师提醒下,知道把玩具、图书送回家 2. 在老师指导下,进行扫地、清理桌面、晾晒毛巾等活动 3. 照顾自然角植物,如浇水、去枯叶等 4. 学习和成人一起购物,知道物品的主要分类 5. 知道垃圾要分类收集	1. 学习有序擦小椅子的方法 2. 在老师的帮助下知道将玩具、图书放回原处 3. 帮助老师收拾整理区角 4. 在种植园地学习除草、翻地等劳动 5. 知道将垃圾分类扔到垃圾桶中

中班幼儿劳动教育清单

目标	1. 愿意做力所能及的事,如个人生活自理、美食制作、家庭生活管理等 2. 积极参与和生活相关的劳动,会进行简单的种植、饲养、工艺制作等活动 3. 愿意参与班级、园内、社区的一些服务性劳动,有一定的规则意识 4. 乐于参与适宜的劳动活动,有一定克服困难的勇气,乐于与同伴分享自己的劳动成果

续表

类别	任务群	劳动项目	实施建议	
			上学期	下学期
日常生活劳动	个人生活自理	1. 做好个人卫生 2. 打扫房间卫生 3. 整理生活用品	1. 能每天自主洗漱，养成饭前便后勤洗手的习惯，能用“七步洗手法”洗手 2. 能自己穿脱衣服、鞋袜，解扣纽扣，并将脱下的衣服叠放好 3. 学习使用筷子吃饭，不挑食，保持桌面整洁；主动请成人帮助剪指甲，会擦鼻涕的正确方法；打喷嚏、咳嗽不对着别人 4. 愿意整理自己的玩具、图书，并学习分类摆放 5. 愿意保持家中整洁的卫生环境，提醒家庭成员注意卫生、勤洗手等 6. 能进行简单的垃圾分类	1. 会用筷子吃饭，不挑食，保持桌面整洁，知道要细嚼慢咽 2. 能自己如厕，学习自己擦屁股，整理裤子，自己塞衣服。不穿反鞋子，能分清楚衣物、裤子的正反面 3. 学习使用饭勺盛饭，进餐前主动为家人摆放碗筷、分发食物 4. 愿意承担清洗自己的袜子、刷鞋子等劳动活动 5. 主动整理书桌、橱柜、床铺等，有序将衣物叠好，知道要将物品摆放在物品柜里 6. 能主动将垃圾进行分类投放
	烹饪活动	1. 择洗瓜果蔬菜 2. 参与制作美食 3. 使用家用工具	1. 学习加工常见的瓜果蔬菜，如剥豆、削皮、切块等 2. 会使用手动榨汁机、简易电动榨汁机进行榨汁活动，并会清洗工具 3. 乐意参与简单的烹饪劳动，如和面、打鸡蛋、切菜等，并学习使用擀面杖；会正确使用打蛋器、擀面杖、压刨丝器、刨皮刀等 4. 学习使用笤帚、簸箕、拖把、抹布等工具打扫卫生 5. 知道一些常见厨房小电器（如电饭煲、榨汁机、空气炸锅等）的使用方法	1. 会洗、切各种瓜果蔬菜，并制作水果拼盘以及简单的凉拌菜等 2. 喜爱参与面点美食制作，如鸡蛋饼、韭菜饼、土豆饼等 3. 乐意学习擀面皮（圆形）、叠压面皮、包饺子、分面团、捏糖三角等面食制作 4. 熟练使用笤帚、簸箕、拖把、抹布等工具打扫卫生 5. 知道常见烹饪电器，初步了解其作用，并在成人指导下学会使用简单的烹饪工具 6. 会使用常见的厨房小电器，如空气炸锅、微波炉、电饼铛等
	家庭生活管理	1. 招待小朋友 2. 协助家长 3. 生活劳动	1. 愿意参与家中的简单劳动（如擦桌椅、择菜、分发餐具等） 2. 学习用衣架在阳台内晾晒衣物，并会收拾自己的衣服 3. 学习简单的垃圾分类，不乱扔垃圾 4. 乐意帮助家人进行家庭大扫除，体会父母长辈养育自己所付出的辛劳，愿意帮父母长辈捶背、洗脚等	1. 愿意承担分发碗筷、盛饭等家务劳动，学习洗碗、拖地等家务劳动 2. 愿意主动为家人清洗水果、倒水、拿拖鞋等 3. 能热情招待小伙伴、客人等，知道招待客人的方式，主动使用礼貌用语 4. 主动参与家庭大扫除，知道如何擦柜子、如何叠被子、如何铺床等；会主动关心照顾家人，做一些力所能及的事

续表

类别	任务群	劳动项目	实施建议	
			上学期	下学期
生产劳动	种植与饲养	1. 养护盆栽花草 2. 照料家中动物 3. 参与收获劳动	1. 积极参加班级种植园地里的播种、浇水、除草、捉虫等劳动 2. 观察家中动物的习性，对待动物有爱心、有耐心 3. 愿意和家人一起参与采摘、收割蔬果等收获活动，感受收获的喜悦	1. 学习栽种和照料常见的蔬菜、花卉，如花生、西红柿、太阳花等 2. 认识常见的季节性水果、蔬菜等，积极探讨，用正确工具收获，体验收获的喜悦 3. 认识常见的收获工具，学习使用铲子、锄头等适宜的收获工具 4. 愿意照料家中的小猫咪、小狗等小动物，会喂食、喂水等
生产劳动	工艺制作	制作实用手工、民间工艺	1. 有收集自然物、安全的日常废旧物（如树叶、瓶盖等）的习惯，知道它们可以二次利用，制作实用手工 2. 能利用身边的自然物、废旧材料等进行编织、粘贴等制作活动 3. 喜欢泥塑活动，学习如何摔泥、揉泥、捏泥等 4. 在成人的帮助下使用剪刀、胶带、胶棒等工具修补图书	1. 用树枝、树叶等自然材料，尝试进行简单的木工制作 2. 能混合使用多种材料，进行主体性的制作，并能在大自然中使用，如利用稻草、树枝、泥巴等制作鸟窝 3. 尝试创新，制作方便家人或者朋友使用的东西，如给药盒加上定时器，提醒家人及时用药等 4. 熟练使用剪刀、胶带、胶棒等工具修补图书，注意修补时对齐，小心使用修补工具
服务性劳动	公益志愿劳动	1. 班级服务 2. 幼儿园服务 3. 社区服务	1. 游戏结束后知道将玩具、图书放回原处 2. 主动和老师一起摆放或收拾活动材料、玩具物品等 3. 坚持每天打扫自己班级包干区的卫生 4. 爱护小区环境，愿意为小区环境作出贡献，如用语言劝导大家扔垃圾时注意分类	1. 午餐后，愿意帮助老师进行扫地、抹桌子等清洁劳动 2. 学习照顾班级自然角的动植物 3. 积极参加班级种植园地里的播种、浇水、除草等劳动 4. 可以通过绘画、读写记录等方式制作爱护环境、垃圾分类等方面的宣传画、宣传语，粘贴在小区的宣传栏里进行宣传
服务性劳动	新技术体验运用	了解体验	1. 愿意尝试使用日常清洁电器与厨房小电器，会与家长共同取快递，并按号码找到相关物件 2. 学习使用幼儿园的电子触摸屏和投影仪等电子设备	1. 会使用家庭吸尘器、扫地机器人以及电饭煲、空气炸锅等电器 2. 能够协助家长到超市自助扫码、结账等 3. 会使用幼儿园的电子触摸屏以及投影仪、平板电脑等电子设备

大班幼儿劳动教育清单

目标	1. 进一步理解劳动的意义，学习并参与日常生活相关的劳动与制作活动 2. 参与不同类型的劳动以及制作活动，熟练使用劳动工具及相关材料 3. 积极参与班级、幼儿园、社区等公益性劳动活动，知道为大家服务的意义 4. 热爱劳动，在劳动中不怕脏和累，有吃苦精神，乐于与同伴友好合作，体验劳动带来的快乐

续表

类别	任务群	劳动项目	实施建议	
			上学期	下学期
日常生活劳动	个人生活自理	1. 做好个人卫生 2. 打扫房间卫生 3. 整理生活用品	1. 每天早晚主动刷牙，会穿脱衣服、叠衣服、叠被子、整理床铺等 2. 有良好的午睡习惯，起床后能自己检查、整理衣服，学习用指甲剪剪指甲，学习自己擦屁股，女孩学习梳理头发 3. 能认真、迅速地如厕、盥洗等，注意节约用水 4. 能正确使用筷子吃饭，吃东西时细嚼慢咽、能做到饭前饭后不剧烈运动	1. 保持有规律的生活，养成良好的作息习惯。如：早睡早起，按时进餐；养成良好的饮食习惯 2. 能按类别整理好自己的物品、玩具、书包，会收拾衣物 3. 会自己系鞋带、刷鞋，洗自己的内衣、袜子等，会剪指甲，会自己擦屁股，女孩会梳理头发 4. 自主盛饭，餐后主动收拾整理餐具、餐桌以及地面，餐后主动漱口、擦嘴
	烹饪活动	1. 择洗瓜果蔬菜 2. 参与制作美食 3. 使用家用工具	1. 乐于和成人一起进行烹饪活动，如参与择洗果蔬、淘米、烧饭等，学习制作2～3种菜品和面点 2. 能在成人引导下主动学习制作美食的技能，如和面、揉面、擀面皮等 3. 能正确使用打蛋器、铲子、刨子等厨房劳动工具	1. 在成人的协助下学习独立制作5～6种菜品和面点，如西红柿炒鸡蛋、清炒蔬菜等，并能注意安全 2. 学习切菜、和面、擀皮等简单的炊事劳动，在成人指导下独立制作馒头、花卷、饺子、面条等简单的面点 3. 能正确使用小家电，如榨汁机、电饼铛、电饭煲等，并注意安全
	家庭生活管理	1. 招待小朋友 2. 协助家长 3. 生活劳动	1. 会招待家中的客人，为客人倒水等 2. 能合理与同伴分工，共同协助老师完成餐后扫地、拖地、抹桌子等清洁劳动 3. 愿意在家里协助家长做一些力所能及的事情，如摆放碗筷、擦桌子、扫地等 4. 会收拾餐具、洗碗筷、主动丢垃圾，学习安全地使用家庭常用电器	1. 能有礼貌地主动招待客人，为客人做好服务 2. 愿意承担幼儿园共同活动区域里玩具、材料的收拾、清洁等劳动 3. 积极参与、规划家庭种植活动，学习使用工具进行翻土、播种、施肥、收获等劳动 4. 能主动参与家庭厨房劳动以及清扫劳动，能主动扔垃圾、拖地、抹灰等
生产劳动	种植与饲养	1. 养护盆栽花草 2. 照料家中动物 3. 参与收获劳动	1. 引导幼儿进行简单的种植劳动，如撒种、浇水、除虫等 2. 学习照顾家中种植的花草果蔬，照顾家中的宠物 3. 愿意参与种植和收获等活动，并与家人分享劳动成果	1. 能主动参与照料种植园地的植物的活动，了解植物的生长过程 2. 能使用工具进行翻土、播种、浇水、施肥、收获等劳动，喜欢照顾小动物 3. 喜欢参与种植收获活动，乐于与家人分享劳动成果
	工艺制作	制作实用手工、民间工艺	1. 能够利用泥土类、绳类、棍棒类等材料，制作相关的手工艺品 2. 学习使用组合的折、剪、贴方式制作作品，并能布置班级、家庭环境 3. 喜欢参与手工制作活动，有一定的想象力和创造力	1. 能够利用木头类、布类、面类、线类等材料制作传统的手工艺品 2. 学习组合使用相关的材料制作生活中有用的物品 3. 能够结合生活，制作有用的手工艺品以及民间传统工艺品，乐于与同伴合作分享

续表

<table>
<tr><th rowspan="2">类别</th><th rowspan="2">任务群</th><th rowspan="2">劳动项目</th><th colspan="2">实施建议</th></tr>
<tr><th>上学期</th><th>下学期</th></tr>
<tr><td rowspan="2">服务性劳动</td><td>公益志愿劳动</td><td>1. 班级服务
2. 幼儿园服务
3. 社区服务</td><td>1. 能够做好值日生工作,乐于帮助班级分发碗筷,照顾自然角的动植物,整理玩具、器械等
2. 能用扫帚、拖把等工具做好班级卫生清扫工作等
3. 愿意给花园和种植园地的蔬菜瓜果浇水、除草、施肥等
4. 愿意为幼儿园、社区等做一些力所能及的劳动服务,如清扫、垃圾分类等</td><td>1. 能够认真担任值日生工作,主动收拾体育锻炼器械,悉心照顾自然角的动植物,分发、收拾、整理操作类活动材料等
2. 愿意承担劳动任务,能够将班级各个区角的材料、图书等有序摆放
3. 饭后,会收拾餐具,能帮助同伴把餐盘里的食物清理干净
4. 喜欢参加幼儿园、社区的劳动服务活动,有主动服务的意识</td></tr>
<tr><td>新技术体验运用</td><td>了解体验</td><td>1. 愿意尝试使用日常清洁电器与厨房小电器,会与家长共同取快递,并按号码找到相关物件
2. 在家长指导下到超市自助扫码、结账等
3. 学习使用幼儿园的电子触摸屏和投影仪等电子设备</td><td>1. 会使用家庭吸尘器、扫地机器人、电饭煲、空气炸锅等电器
2. 能够协助家长到超市自助扫码、结账等
3. 会使用幼儿园的电子触摸屏以及投影仪、平板电脑等电子教学设备</td></tr>
</table>

目录

Contents

小班主题活动

中班主题活动

大班主题活动

附 录

后 记

小班主题活动

好吃的萝卜

一、主题来源

临近深秋，小菜园的蔬菜茂盛地生长着，似乎不惧寒冷。一天，孩子们来到菜园，叽叽喳喳地议论起来："咦？那些红红的是什么？""我认识，是萝卜！""萝卜的叶子好大呀。""叶子绿绿的，下面是红红的。"见孩子们对红红的萝卜很有兴趣，我问道："等萝卜长大了，我们来帮忙拔萝卜好不好？""好！"孩子们听了瞬间兴奋起来。之后，他们每天都要去看看萝卜："萝卜又长大了吗？""什么时候才能拔萝卜呀？"

期盼了好些天，萝卜肉眼可见地长大了，终于在一场雨后，我们可以去拔萝卜啦！那么，拔回来的萝卜怎么吃？萝卜还可以做什么呢？一场与萝卜的美食之旅开始了。

二、主题资源

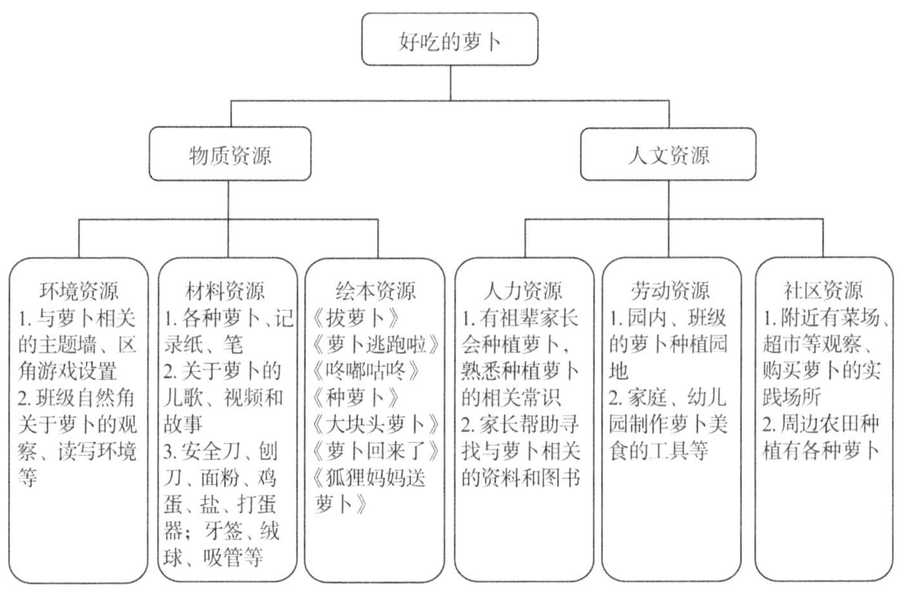

三、主题脉络

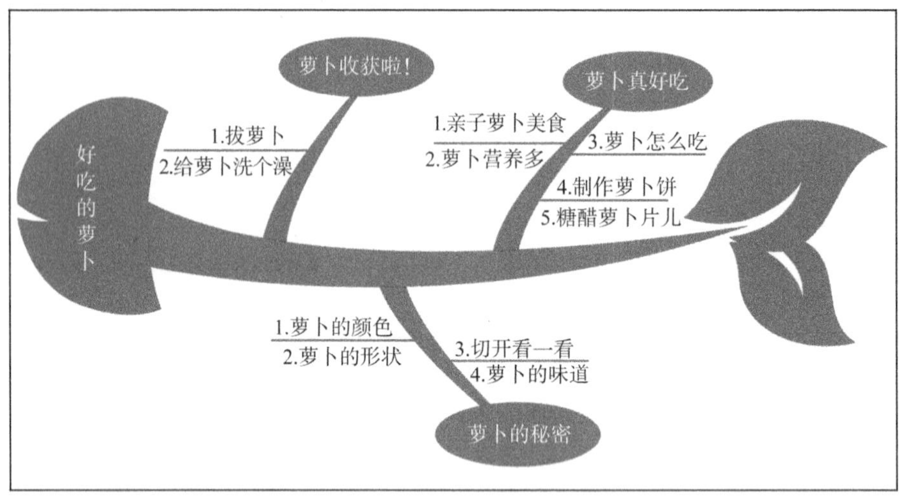

四、主题核心目标

1. 认识不同品种的萝卜，知道萝卜有营养，喜欢吃萝卜。
2. 通过观察、触摸、对比、品尝等探索活动，感知萝卜的颜色、外形和味道等特征。
3. 在活动中愿意表达、交流自己的想法，并学习用涂涂画画的方式记录自己的发现和想象。
4. 尝试萝卜系列美食的制作和品尝活动，乐于与同伴分享美食。
5. 积极参与收获萝卜的活动，在劳动过程中不怕辛苦，有一定的坚持性。

五、主要活动

活动一：萝卜收获啦！

活动目标：

1. 探索拔出萝卜的方法，能仔细清洗萝卜。
2. 运用不同的感官，感知红萝卜的特点。
3. 积极参与萝卜的收获活动，感受丰收的喜悦。

片段一：拔呀拔呀拔萝卜

走进菜园，一片红红的萝卜进入孩子们的视线，大家迫不及待地想拔萝卜。问题来了，怎样拔出萝卜呢？于是，几个孩子开始尝试着拔起来。

小杰："应该拔萝卜叶子吧！"

佳睿："拔萝卜叶子下面红色的地方试一试！"

圆舒："咦？叶子怎么断了？"

燊燊："看，我的(萝卜叶子)没断，我的萝卜拔出来了！"

大家一看,原来要多抓住几根叶子才好拔呀!于是他们一起用这个好办法,使劲地拔,不一会儿,果然拔出了萝卜,孩子们乐得笑开了花!大家把拔好的萝卜放进盆里,又继续下地拔……

拔呀拔呀拔萝卜

萝卜大丰收

给萝卜洗澡

片段二:给萝卜洗个澡

孩子们整整收获了两大盆萝卜,劳动结束后,大家兴奋地围着萝卜七嘴八舌地谈论着。

琳兮:"萝卜上有好多泥土啊!要洗一洗吧?"

莫莫:"老师,我想帮忙洗萝卜!"

比特:"我也想帮忙!"

老师:"那我们就把萝卜洗干净再带回去吧!"

看到水哗啦啦地流淌出来,孩子们开心极了!

旸旸:"洗呀洗,给萝卜洗澡啦!"

继文:"你看萝卜上面有一个洞,里面不会有虫子吧?"

比特:"这个萝卜是弯弯的,像香蕉。"

圆舒:"这个萝卜小小的,像小鱼游啊游。"

萌萌:"我的萝卜最大,是大鲸鱼!"

萝卜长在泥土里,我们一起拔萝卜。

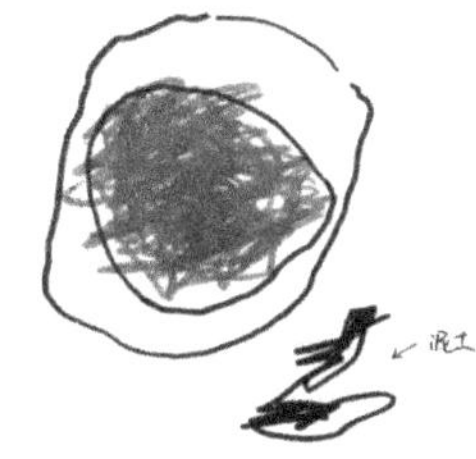

我去拔萝卜,萝卜红红的,叶子绿绿的,泥土黑黑的。

我们一起拔萝卜,好多萝卜呀,我拔了一个大萝卜!

活动二:萝卜的秘密

萝卜拔回来后,被放在了生活区、自然角等地方,不时有孩子过来看看、摸摸,显然对这些萝卜产生了进一步探究的兴趣。老师及时支持孩子们的探索欲望,投放了更多种类

的萝卜，如青萝卜、白萝卜等，帮助孩子们通过观察、比较，感知几种常见萝卜的异同。

活动目标：

1. 认识几种常见的萝卜，感知和了解萝卜内部结构和味道等。
2. 通过观察、猜测、触摸、品尝等活动，加深对萝卜的了解，并乐于表达自己的感受。
3. 初步了解萝卜的食用方法，喜欢吃萝卜，知道萝卜的营养价值高。

片段一：趣识萝卜

面对不同种类、不同形态的萝卜，孩子们积极调动不同的感官来感知、体验。

桑桑："这个萝卜红红的。"

比特："还有白色的萝卜，好大好胖。"

君君："这个萝卜是绿色的，好重呀！"

莫莫："萝卜长长的，有小尾巴，细细的。"

萌萌："萝卜摸起来凉凉的、硬硬的。"

外面不一样的萝卜里面又是怎样的呢？颜色、味道还一样吗？

片段二：切开萝卜看一看

观察了萝卜的外观，孩子们好奇道："萝卜的内部结构是什么样的呢？咱们切开看看吧。"孩子们目不转睛地盯着老师切开白萝卜，发现白萝卜里面也是白色的，便好奇地问："红萝卜的外皮是红色的，里面也是红色吗？""咔嚓"一声，红萝卜也被切开了，内部居然也是白色的！"那青萝卜切开一定也是白色的吧？"孩子们笃定地等着揭晓答案，可结果却出乎意料，青萝卜里面是青的！大家感到既惊讶又神奇，对萝卜更感兴趣了，更急着想尝尝生萝卜的味道。萝卜切好了，有的孩子美美地品尝着："萝卜肉甜甜的！"有些孩子却皱起了眉头："啊，萝卜皮好辣呀！"孩子们对萝卜的体验真是各有不同呢。

品尝生萝卜片儿

说说味道怎么样

活动三：萝卜真好吃

经验调查与分享：我吃过哪些萝卜美食？

萝卜作为常见的蔬菜，孩子们都吃过，但他们并不知道是怎样烹饪出来的。为了拓展丰富孩子们的生活经验，我们请家长配合，在家中和孩子一起进行萝卜美食的制作。

活动目标：

1. 知道萝卜营养丰富，多吃萝卜对身体好。

2. 探索学习使用简单的工具，清洗萝卜，将之刨皮儿、切片、刨丝儿等，乐于体验简单的烹饪劳动，过程中注意安全。

3. 喜欢吃萝卜，乐于参加劳动活动。

片段一：我家的萝卜美食

孩子们早就想自制萝卜美食了，回家就急切地和爸爸妈妈商量萝卜可以做什么？许多孩子还是第一次参与家庭烹饪劳动，他们在家长的协助下参与洗、刨、切、搅拌、炒等各种厨艺劳动，并品尝到了亲手制作的萝卜饼、萝卜汤、凉拌萝卜等美食。活动得到了家长们的大力协助。

我在摊萝卜饼

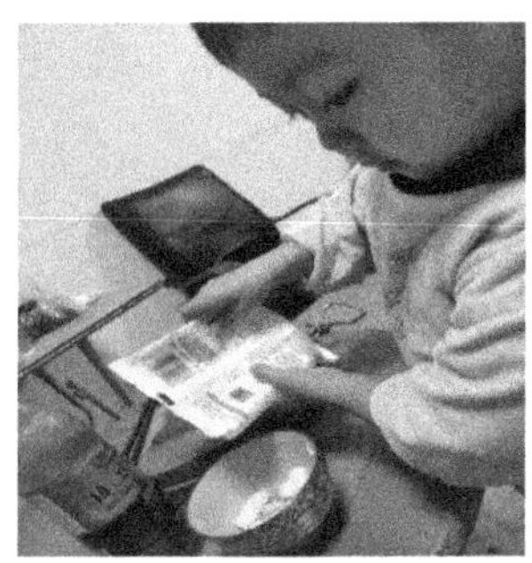

加点盐拌一拌

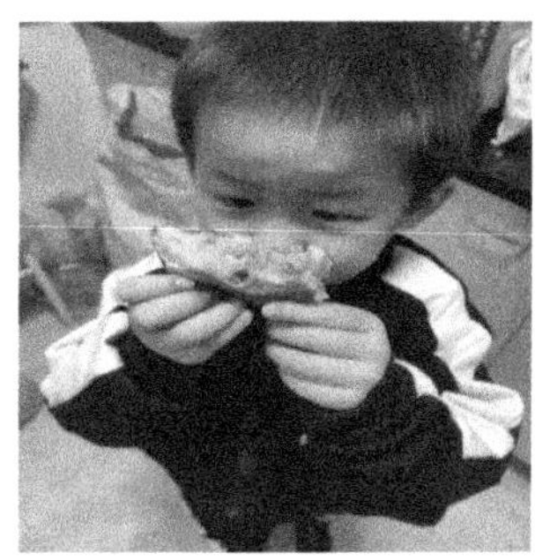

尝尝自己做的萝卜饼

琳熙："萝卜汤真好喝，还想再喝一碗！"
彦泽："萝卜饼更好吃，可香了！"
心怡："萝卜丝丸子也很香！"
思媛："凉拌萝卜丝脆脆的，可好吃了！"
旸旸："萝卜丝饺子很好吃，美味！"
萱萱："糖醋萝卜片儿酸酸甜甜的，才好吃呢！"

我家烧了萝卜汤，一人一碗。

我和妈妈做了好大的萝卜丝饼。

我们家做了萝卜丸子。

萝卜丝凉拌很好吃。

有了萝卜美食制作和品尝的体验后，我们再次讨论时，孩子们能滔滔不绝地介绍自己在家里吃过的萝卜美食，教师因势利导，鼓励他们尝试用涂鸦的方式记录这些趣事。

片段二:趣吃萝卜

接下来,我们要在幼儿园制作萝卜美食了,做些什么好呢?

通过讨论和举手投票,大家选出了最受欢迎的萝卜美食:萝卜丝饼和糖醋萝卜片儿。

老师:"制作萝卜丝饼有哪些步骤?你们有哪些本领?"

翔翔:"我会刨萝卜丝!"

旸旸:"我会洗萝卜,我洗得可干净了!"

瑞萌:"我会切萝卜片,要小心手的!"

我会搅拌萝卜丝蛋液

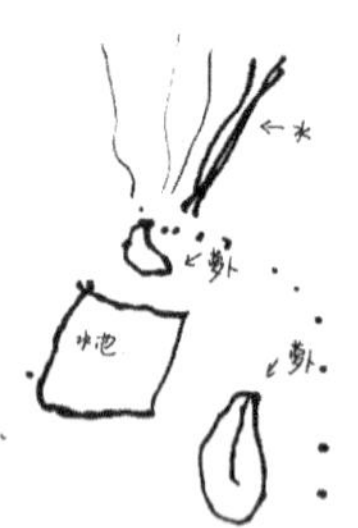

我会洗萝卜

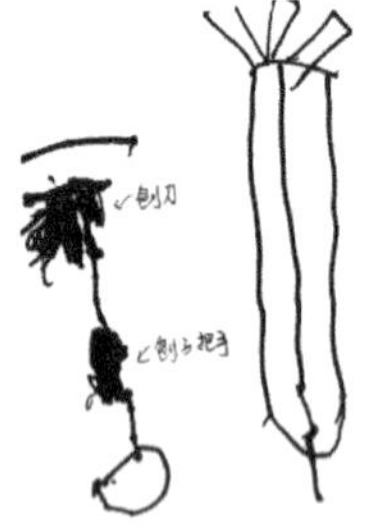

我会给萝卜刨皮儿

我会切萝卜

于是,我们的生活区热闹而忙碌,孩子们在老师的协助下清洗萝卜、刨萝卜皮、擦丝、切片、搅拌、揉面团……每个孩子都成了快乐的小厨师!

给萝卜刨皮儿

安全使用擦丝器

切得够小了吗?

擀面皮,包萝卜丝

活动四:萝卜头大变身

"咦,萝卜头像一只小老鼠,吱吱吱,吱吱吱!"正在切萝卜的炫炫开心地分享。其他孩子也开始发挥想象力。见此情景,老师们想到:我们还有一些空心萝卜,不能吃,但可以拿来玩呀!孩子们开心地玩起了萝卜块、萝卜片、萝卜头,拼拼摆摆不亦乐乎。

为了支持孩子们游戏,我们还开展了相关的区域活动,有美工区的"萝卜块创意造型",有生活区的"好吃的萝卜丝饼""糖醋萝卜片儿",有表演区的故事表演"拔萝卜",孩子们还一起阅读了许多关于萝卜的绘本。

主要区域活动

区域	活动名称	活动目的	活动材料	主要经验	指导要点
读写区	萝卜逃跑啦	学习讲述主要故事情节并简单记录	绘本、纸、笔、记录单	喜欢阅读绘本	能一页一页地仔细翻阅，学习讲述内容，尝试写写画画并记录
生活劳动区	好吃的萝卜丝饼	学习安全使用刨丝器等工具	白萝卜若干、刨丝器、搅拌器、电饼铛、铲子、小勺、碗盘等	使用过安全刀、刨丝器等工具	尝试用刨丝儿、搅拌等方式制作萝卜丝面糊，并在老师协助下摊成小饼，乐意与同伴分享品尝
	糖醋萝卜片儿	安全使用刨子和安全刀	刨子、安全刀、砧板、红萝卜、密封罐、白糖、香醋等	会使用刨刀等工具	小心使用刨子和安全刀，给萝卜去皮和切片，并放进罐子中加入白糖和香醋，搅拌均匀后盖盖密封
表演区	拔萝卜	大胆模仿故事中的简单动作和对话	道具萝卜、头饰、故事音频等	有初步的表演经验	学习跟随故事录音表演，能跟随音频说出对话、做出动作
美工区	萝卜块创意造型	学习使用牙签和萝卜块进行组合造型，注意安全	牙签、各色萝卜块等	会切萝卜块	参考图片或自由想象，组合萝卜造型，能够说出自己的作品内容
	萝卜头变变变	通过粘贴、穿插等方式装饰萝卜头，使之变成小动物等形象	各种萝卜若干，各种形状的小纸片、牙签、彩泥、水彩笔等	熟悉萝卜的外形特征	选择自己喜欢的小动物或娃娃形象，也可参照图片，选择不同材料装饰萝卜头

六、活动反思

1. 善于观察发现，追随兴趣

《指南》要求：幼儿对感兴趣的事物能仔细观察，发现其明显特征，能用多种感官或动作去探索物体，关注动作所产生的结果。活动源于一次参观小菜园时孩子们对萝卜表现出的兴趣。随着萝卜的不断生长，幼儿的探究热情也随之点燃。我们的主题活动从尝试拔萝卜开始，幼儿从拔断萝卜叶子到顺利拔出萝卜，从小心翼翼到主动大胆参与，在不断探究尝试中收获了粗浅的劳动经验，体验到了劳动的乐趣。

2. 充分利用资源，支持发展

每个幼儿都有各自不同的家庭环境，这决定了他们获得的经验是不同的。为了丰富、迁移和拓展幼儿的经验，让主题活动有效开展，我们及时借助家长的参与和合作，鼓励每个家庭积极开展亲子烹饪劳动，在烹制萝卜美食的环节，鼓励幼儿与家人共同操作，让幼

儿在实际体验中获得烹制食物的劳动经验，使其萌发积极参与家庭劳动的兴趣。这对家长也是一种锻炼，可谓双赢。

3．体验劳动生活，拓展经验

小班幼儿虽然生活经验有限，但对于制作萝卜美食的兴趣浓厚，这就需要教师把握好本班幼儿的年龄特点，及时抛出关键问题，并提供必要的支持，让幼儿在真实的生活情境中体验和感知，深入地学习和探索，生成新的经验。

在开展“好吃的萝卜”这一主题活动中，教师以幼儿为本，以幼儿的一日生活为出发点，结合班级生活区的日常劳动，和幼儿一起拔萝卜、认识萝卜、烹饪萝卜食品、玩转萝卜头。有趣的劳动和学习，对幼儿来说就像玩游戏般快乐。主题活动拓展整合了幼儿与萝卜相关的生活经验，做到站在儿童的视角，看儿童所看，想儿童所想。

附：

劳动主题能力评价检核表

<table>
<tr><td colspan="2" rowspan="2">劳动主题</td><td rowspan="2">好吃的萝卜</td><td colspan="3">评价等级</td></tr>
<tr><td>☆</td><td>△</td><td>○</td></tr>
<tr><td rowspan="11">主要评价指标</td><td rowspan="3">认知</td><td>1. 认识、了解几种常见萝卜，了解萝卜的外形特征</td><td></td><td></td><td></td></tr>
<tr><td>2. 初步了解萝卜的常见食用方法，知道萝卜是有营养的蔬菜</td><td></td><td></td><td></td></tr>
<tr><td>3. 在动手操作中，运用多种感官，感知和比较红萝卜、白萝卜和青萝卜的异同</td><td></td><td></td><td></td></tr>
<tr><td rowspan="3">能力</td><td>1. 通过观察、触摸、品尝等探索活动认识萝卜，尝试说一说、记一记自己的问题和发现</td><td></td><td></td><td></td></tr>
<tr><td>2. 尝试自己拔萝卜，大胆探索拔出萝卜的方法，并用语言讲述拔萝卜趣事</td><td></td><td></td><td></td></tr>
<tr><td>3. 能参与进行简单的萝卜美食烹饪，会使用简单的烹饪工具，并注意使用安全</td><td></td><td></td><td></td></tr>
<tr><td rowspan="3">品质</td><td>1. 在活动过程中有不断探究的兴趣，尝试克服一定的困难</td><td></td><td></td><td></td></tr>
<tr><td>2. 积极探索学习使用简单的烹饪工具，能坚持把事情做完</td><td></td><td></td><td></td></tr>
<tr><td>3. 在收获和烹饪的劳动过程中，不怕辛苦、不怕脏</td><td></td><td></td><td></td></tr>
<tr><td rowspan="2">情绪情感</td><td>1. 积极参与收获萝卜和简单的烹饪劳动，体验劳动的乐趣，感受收获的喜悦</td><td></td><td></td><td></td></tr>
<tr><td>2. 喜欢吃各种萝卜和蔬菜，乐于与同伴分享自制的美食</td><td></td><td></td><td></td></tr>
</table>

评价等级为：☆—熟练、△—发展中、○—尚未出现。

石榴红了

一、主题来源

秋天丰富而多彩，处处都蕴含着教育契机。散步时，孩子们惊奇地发现小花园的石榴红了，有的都炸开了，大家围着石榴树七嘴八舌地讨论着："快看！这里有大石榴！""石榴的籽就像宝石一样，好美呀！""我吃过石榴，很甜很甜。""石榴还会在嘴巴里面爆炸呢！"……小班幼儿具有一定的好奇心，对美味的水果充满了探究欲望。为了满足孩子们探究石榴的兴趣，老师积极给予支持和引导，与孩子们共同探索石榴的小秘密。

二、课程资源

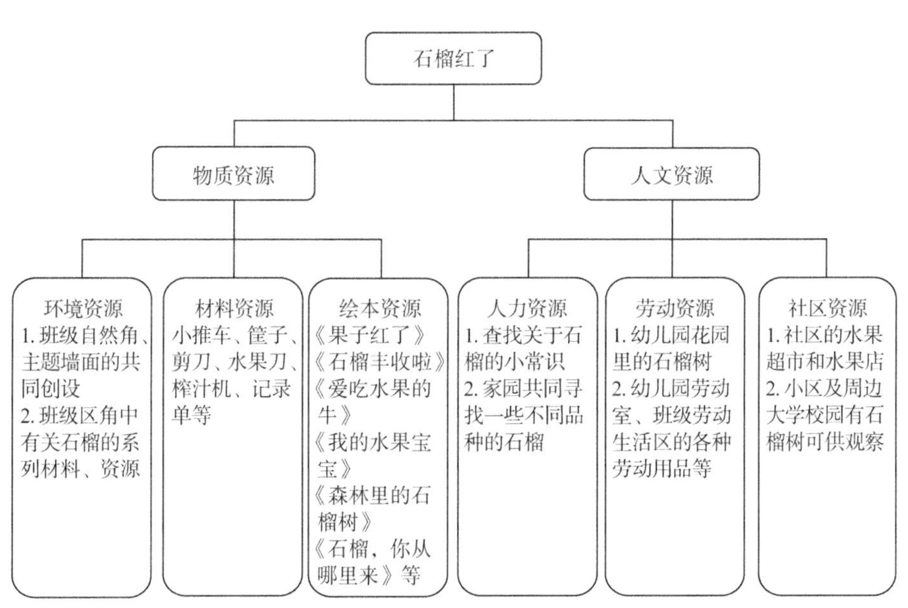

三、主题脉络

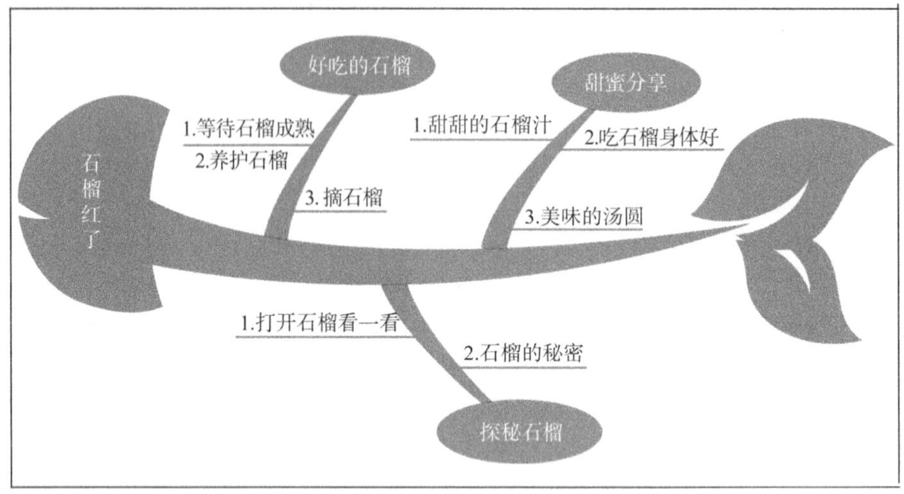

四、主题核心目标

1. 运用多种感官感知石榴的特征，知道石榴是有营养的水果。
2. 喜欢念诵韵律儿歌，能用短句描述石榴的主要特征，表达自己的感受。
3. 愿意参加采摘石榴的活动，乐于与同伴共同参与榨汁、制作石榴点心等劳动活动。
4. 欣赏多种石榴的色彩和造型，学习运用手指点画、压印等方法表现石榴的造型。
5. 能按大小顺序给 3～4 个石榴排序，观察、发现其排列规律。
6. 乐于与同伴分享自己的劳动成果，体验采摘活动的快乐。

五、主要活动

活动一：采摘石榴

调查：石榴成熟一般在 8～10 月，石榴有不同种类，从外形色彩上区分，有红石榴、白石榴；按石榴籽软硬程度，可分为软籽石榴和硬籽石榴。

活动目标：

1. 尝试使用工具与同伴合作摘石榴。
2. 能积极与同伴商量摘石榴的方法，采摘时注意自身安全。
3. 乐意参与摘石榴活动，不怕脏、不怕累。

片段一：如何摘石榴？

花园里，几棵石榴树上的果实已经成熟了，有的已经开裂，孩子们来到石榴树下，迫不及待地想摘石榴，可是怎样采摘呢？

诚诚："我长得高，一伸手就能摘下来。"

小星："可以用手使劲儿拽。"

开心："可以用剪刀把树枝剪断。"

孩子们探索了许多办法，比如拉弯树枝后，用剪刀剪、用手拧下来等，也只能把离地面近的石榴摘下来，结在高处的石榴依然没有办法摘到，这可怎么办呢？孩子们积极动脑，想出了自己的采摘方法。

采摘石榴

片段二：采摘石榴

方法想好了，那就都来试一试吧。孩子们围着石榴树一起讨论着。

"用绳子拴住石榴，把石榴拽下来。"

"开消防车，用消防云梯将石榴摘下来。"

"爬到梯子上将高处的石榴摘下来。"

孩子们你一言我一语地讨论着，最后，借助了一块大石头，站在石头上把高处的树枝压弯，终于摘到了最上面的石榴。

活动二：石榴排排队

活动目标：

1. 学习按大小顺序将3～4个以内的物体进行排序。
2. 通过看一看、比一比、排一排等方法，将物体按序排列。
3. 能积极参与操作，对排序活动感兴趣。

片段一：运石榴

新的发现：摘下来的石榴怎么运送回班级？

小宇："我们可以用筐子。"

棒棒："娃娃家里的小车可以用，我们用小车把石榴推回教室。"

豆豆："我的衣服就可以，我可以用衣服兜着。"

孩子们再次讨论：用小车推、用手拿、用衣服兜……最终，他们用自己的方法把石榴成功运送到班级。摘下来的石榴有大的，有小的，有好的，有坏的，应该怎么办呢？于是孩子们提议把大的石榴放在一起，小的放在一起，烂的丢掉，紧接着，他们开展了石榴的分类活动。

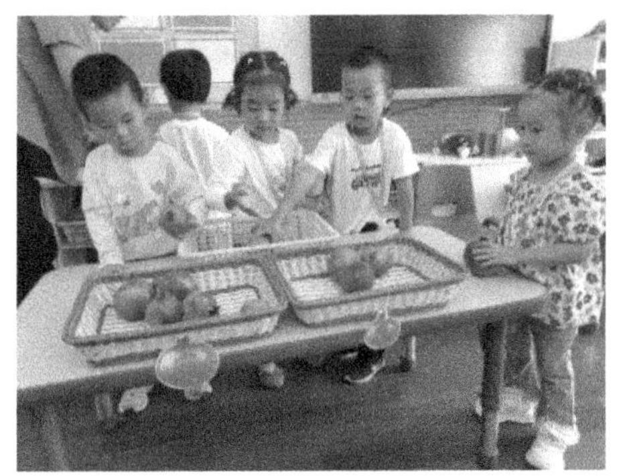
石榴分类

活动三：红红的石榴

石榴是什么样的？有什么作用呢？孩子们七嘴八舌地讨论着：

成成："石榴是红色的，石榴和苹果一样都是圆形的。"

小满："石榴上面有一个肚脐眼，肚脐眼里面有点脏。"

兴兴："石榴的头顶上有尖尖的三角形，像公主的皇冠。"

老师继续引导："吃石榴有什么好处？"

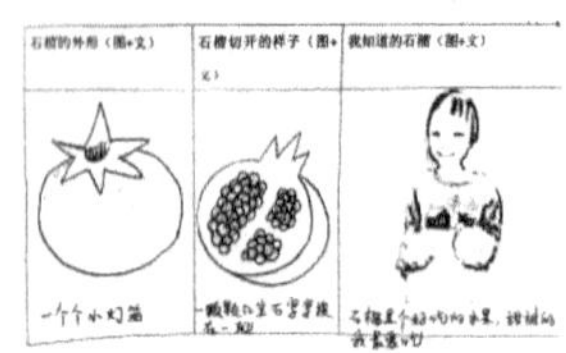

一个小小的灯笼，一颗颗红宝石紧紧挨在一起。

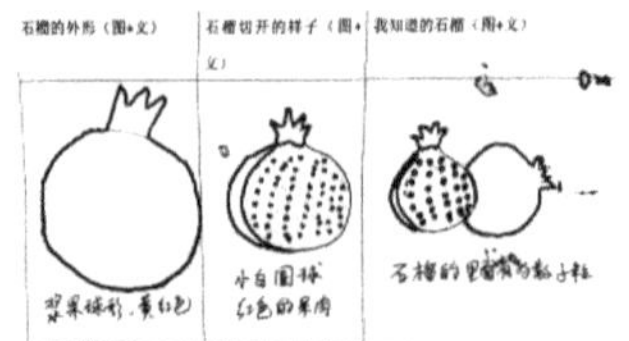

石榴球形，黄红色，里面有无数的籽粒。

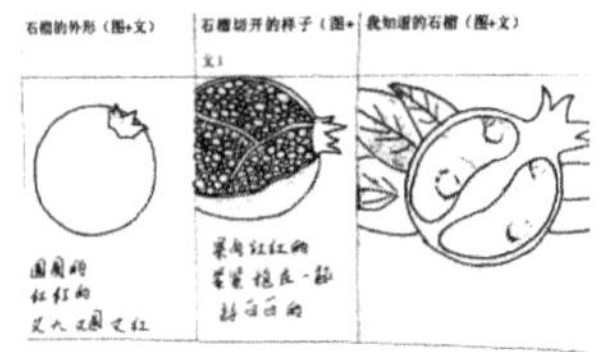

圆圆的、红红的，又大又圆，果肉紧紧抱在一起。

活动目标：

1. 了解石榴的成长过程（开花、结果、成熟）。
2. 仔细观察石榴的主要特征，品尝石榴并大胆表述自己的体验。
3. 喜欢与同伴共同探究并分享石榴的秘密。

片段一：探秘石榴

针对孩子们的发现，我们进行了小小的调查：每种水果都有不同的营养价值，作为水果的石榴到底有什么营养和作用呢？

小溪："是不是因为我喜欢吃石榴，所以我长得高。"

小葡萄："我爱吃石榴，我的皮肤很白。"

丁丁："我也爱吃石榴，所以我很帅。"

老师没有着急给予答案，而是支持、引导孩子自己想办法寻找答案：我们可以用什么方法来知道石榴有哪些营养呢？我们鼓励孩子带着对石榴的浓厚兴趣，和父母一起寻找石榴的秘密，再与大家交流分享。

片段二：解密石榴

第二天，孩子们将自己的调查结果和小伙伴分享交流。通过交流，孩子们对石榴有了进一步的了解，不仅知道了它开花的季节、果实的外形特征、生长过程、种类等，还知道石榴除了有丰富的营养价值，也可以入药、预防疾病等等，特别是石榴皮，还可以治疗拉肚子呢！原来石榴全身都是宝，身上的秘密还真不少呢！

活动四：剥石榴

石榴虽然美味，可是皮好硬啊，到底怎么剥呢？

琳琳："我吃过，可以请爸爸妈妈帮我们剥。"

冉冉："我们都长大了，要自己动手。我们可以把它摔开。"

小琛："那还能吃吗？还是用手吧。"

活动目标：

1. 感知了解石榴皮又硬又厚的特点。
2. 尝试用不同工具分离石榴皮和石榴籽，在劳动过程中不怕苦、不怕累。
3. 通过对比操作、实验，体验探索发现的乐趣。

片段一：怎样剥石榴

老师："石榴里面是什么样子的？我们怎样才能剥开又硬又厚的皮呢？"孩子们结合已有经验猜测，探索打开石榴的方法。

老师："用什么方法打开石榴，石榴籽不被破坏，自己手还不疼呢？"

孩子们结合已有经验提出了不同的打开石榴的方法：用嘴巴咬、用刀切、手剥……

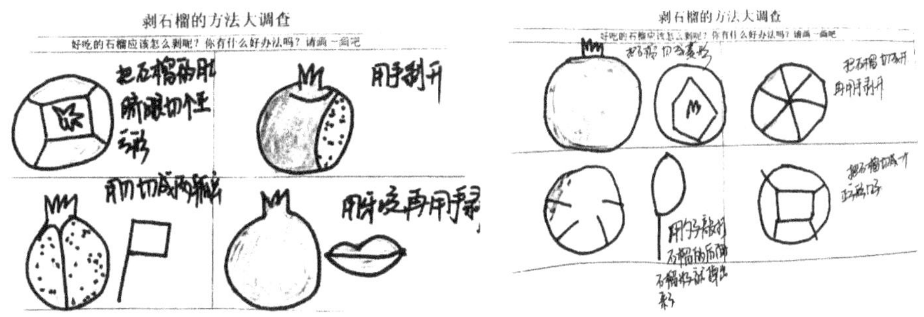

片段二：石榴剥开了

于是，我准备了孩子们提到的工具，如塑料菜刀、剪刀、小锤子等：你们去试一试，能用什么工具打开石榴？孩子们拿着工具去分别尝试，相互交流自己的体验。

老师："你用什么工具，发现了什么秘密？"

阳阳："我用菜刀切不动啊（因为菜刀是塑料的）！"

米豆："我用剪刀剪开了一点点。"

小满："我用锤子把石榴敲开了。"

孩子们觉得最好的方法是用刀把石榴划出几道口子，石榴就很容易打开。

剥石榴

教师反思：剥石榴的过程也是幼儿积极探索不同工具和材料的使用方法，并获得经验的过程。此外，在与同伴合作的过程中，幼儿体会到与同伴配合，石榴可以剥得更快更多，从而萌发了初步的合作意识。

片段三：品尝石榴

石榴剥好了，孩子们开心地品尝起来。"这个红色的石榴是甜甜的。""这个石榴好酸啊，像柠檬的味道。""这个石榴籽是软的，我把石榴籽都吃了。""我这个石榴籽硬硬的不能

吃。”通过品尝石榴,孩子们发现了石榴有的甜、有的酸、有的籽软、有的籽硬。原来,石榴有很多种类呢!

剥石榴

活动五:美味的石榴汤圆

孩子们将石榴一粒粒剥好,洗净以后放入安全榨汁机中,手摇榨汁机,石榴渐渐变成了果汁,接着,再将石榴汁和面粉和在一起,搓一搓、揉一揉,做成了好吃又好看的粉色石榴汤圆。

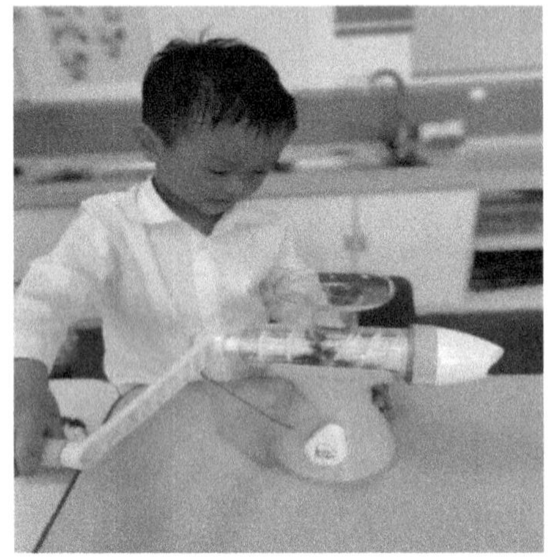

榨石榴汁

活动目标:

1. 知道石榴可以榨汁,石榴汁美味又营养。
2. 学习用榨汁机榨石榴汁,并尝试制作石榴汁汤圆。
3. 积极参加劳动,体验劳动的乐趣。

片段一:榨果汁

安全的手动榨汁机来了,孩子们将剥好的石榴籽放入碗中,一勺一勺地小心放入榨汁机,几个孩子尝试用力摇着,终于,粉红色的石榴汁榨出来了:“呀,石榴汁出来了。”“一定很甜哦,我好想喝啊!”几个孩子小心翼翼地将榨出的石榴汁倒入杯子中,再一小杯一小杯地分好,准备与小伙伴分享这美味的果汁。

片段二:搓汤圆

老师帮助孩子们取适量糯米粉放入盆中,接着,引导孩子们将榨好的石榴汁小心地倒进糯米粉里和成面。哎呀,面太稀了,没关系,再加一点面粉……粉色的石榴汁面粉终于和好了!孩子们开始动手搓汤圆,有的搓得太大,有的搓得不圆,没关系,重新再来……在不断尝试的过程中,孩子们的汤圆越搓越圆。

对于小班幼儿来说,榨汁、搓圆的劳动技能较为简单,容易获得成功,因此,他们能够直接体会到劳动带来的成果和收获,大大提高了他们的劳动热情。

主要区域活动

区域	活动名称	活动目的	活动材料	已有经验	指导要点
阅读区	石榴、水果类绘本	尝试用涂鸦的方式记录	绘本《石榴丰收啦》《果子红了》及水果类绘本、勾线笔等	认识石榴并有记录的经验	引导幼儿一页一页翻阅绘本，尝试用涂鸦的方式记录自己最喜欢的内容
美工区	石榴拓印画	学习用海绵印章拓印石榴并添画树叶	大小海绵拓印若干、画纸、红绿色颜料、抹布等	知道石榴的主要特点	能根据自己的已有经验，大胆拓印大小不一的石榴
	石榴红了	愿意大胆尝试使用多种方法添画，感受添画的乐趣	红色颜料、红色黏土、铅画纸等	有手指点画、搓圆的经验	学习用指腹压印、搓圆等方法装饰石榴，并注意保持整洁
益智区	石榴宝宝排排队	认识排序板，学习在排序板上排列石榴等水果	排序板、石榴图片若干	有区别物体大小的经验	尝试根据范例按从大到小或从小到大的顺序给3个石榴或其他水果排序
生活区	剥石榴	愿意自己动手剥石榴	石榴若干、盘子等	吃过石榴	了解石榴的外形特征，探索剥石榴的方法，体验剥石榴的乐趣
	榨石榴汁	愿意动手尝试榨石榴汁	石榴、榨汁机等	能正确使用榨汁机	尝试榨石榴汁并愿意与同伴分享劳动成果，体验分享的乐趣

六、活动反思

1. 充分挖掘自然主题资源

“生活即教育，处处皆课程”，教育资源随处可见，教师只要有一双善于发现的眼睛，就能发现生活中处处蕴含着教育契机，就能将生活和主题自然融合，让自然资源发挥出“1＋1＞2”的教育价值。

2. 自然生发的主题活动

幼儿的一次发现，衍生出丰富多彩的劳动探究活动。本次活动的主题完全源于生活，它从生活中来，在生活中展开。幼儿在采摘果实、加工制作美食的过程中，自然习得宝贵的劳动经验。

3. 把握主题蕴含的价值

在探究活动中，幼儿的每次新发现都是一个精彩的教育故事。在探索尝试中，幼儿对石榴有了更多的了解，也获得了相关的劳动经验和技能，从而对劳动的体验更加深刻。

陈鹤琴先生说：“大自然、大社会都是活教材。”大自然是如此的神奇，每一根树枝和每一颗果实，都是秋天送给我们的礼物。在和石榴的互动中，师幼共同体验到在大自然中学习的乐趣。一个石榴，一个故事，一种体验，一份收获，期待我们下一次的惊喜发现。

红红的山楂

一、主题来源

秋天是收获的季节，各种各样成熟的果实都充满了诱惑。“香香水果”主题活动正在进行中，孩子们散步的时候，发现幼儿园的山楂树上结满了红红绿绿的山楂果。那些果实悬挂在枝头，仿佛荡着秋千的精灵，孩子们立即被吸引过来。“为什么山楂有绿色有红色？”“山楂是什么味道啊？”“为什么山楂是圆的？”“我吃过山楂棒棒糖。”“我吃过山楂做的冰糖葫芦。”兴趣来源于生活，看着孩子们热情如此高涨，我顺势以山楂为线索继续探究秋天的水果，引导孩子们自己去寻找答案。

二、主题资源

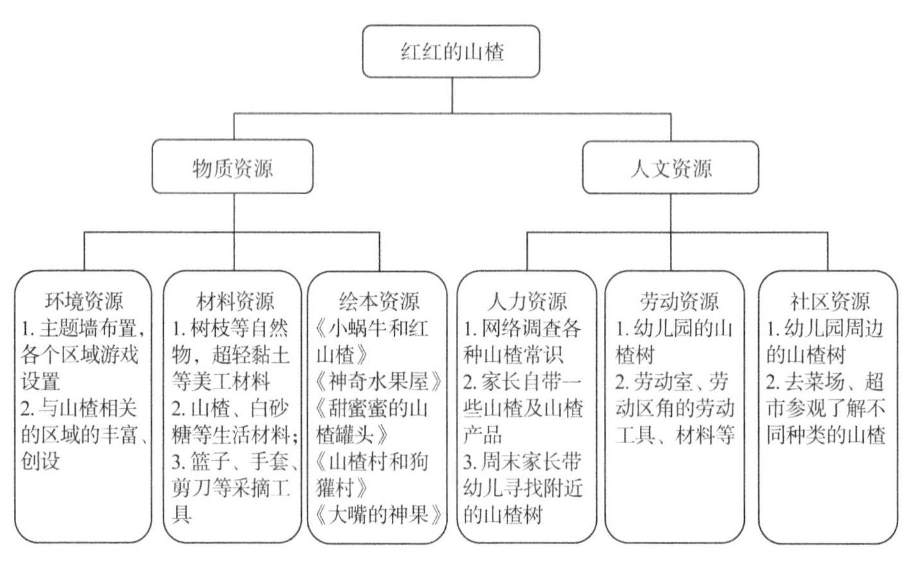

三、主题脉络

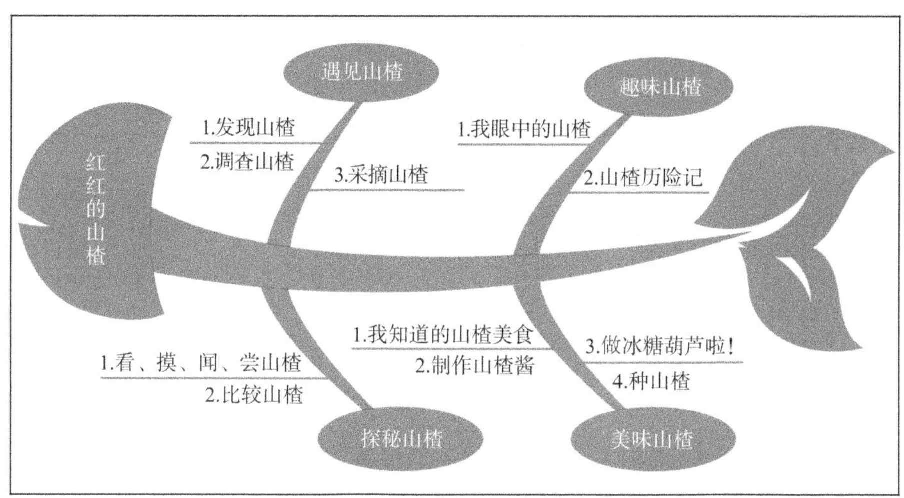

四、主题核心目标

1. 观察认识山楂，并能运用多种感官感知山楂的主要特征，包括颜色、形状、味道等，积极探索山楂的秘密。

2. 认识山楂的生长环境，知道山楂可以制成很多食品，如糖葫芦、山楂片等。

3. 在采摘山楂的过程中能积极动手动脑想办法，懂得保护自己的安全。

4. 了解山楂制成的各种美食，愿意动手体验制作。

5. 能够用简单的形容词描述山楂的主要特征，学习用泥工、撕贴、压印等技能制作山楂相关的艺术作品。

6. 愿意与同伴分享自制的山楂美食，感受劳动的快乐。

五、主要活动

活动一：遇见山楂

活动目标：

1. 观察山楂树和山楂果实，想出采摘方法。
2. 能够和同伴交流，共同合作采摘山楂。
3. 体验采摘劳动的快乐。

片段一：发现山楂

午后在小花园散步的时候，结满红红绿绿小果子的山楂树引起了孩子们的注意。

诗诗："快看，这是什么果子？可以吃吗？"

大齐："这是山楂吧，我在超市里见过。"

好好："是的，就是山楂，我还吃过山楂做的冰糖葫芦呢！"

贝贝："可是山楂不是红色的吗？这里怎么还有几个绿色的？"

片段二:调查山楂

由于幼儿园的山楂还未完全成熟,为加深孩子们对山楂的认识,我们开展了关于山楂知识的调查,请家长引导幼儿上网查找相关资料,到附近菜市场、超市和社区里寻找山楂,了解相关的知识。通过家长协助,孩子们了解到了山楂浑身都是宝,它的果实可以帮助消化,制作成药品,在我们觉得吃多了肚子很撑的时候,吃一点山楂,食物就可以很快地消化了。

发现山楂树

寻找山楂

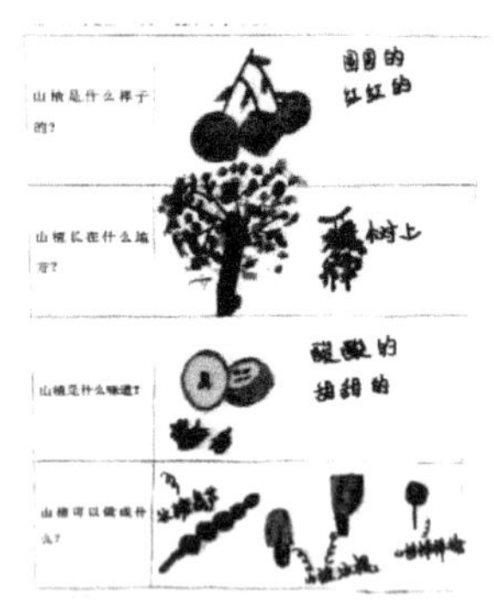

山楂调查

片段三:采摘山楂

新的发现:自从发现了山楂树,每天午饭后去山楂树下打卡已成为孩子们的日常。雨后的一天,有几颗小果子掉落在了地上,孩子们产生了采摘山楂的想法。

安安:"小山楂掉到地上了,我可以捡起来。可是树上的山楂那么高,怎样才可以摘到呢?"

小翼:"我们可以站到旁边的石头上,把山楂摘下来!"

朔朔:"树很高,我们可以拿根树枝把山楂打下来啊!"

小葡萄:"我要爬到树上去摘山楂,可我好像爬不上去,哈哈!"

可以用树枝把红的山楂敲下来

我捡到山楂啦

熟山楂掉在地上直接捡

片段四:实施采摘行动

孩子们热情地邀请高个子的门卫叔叔一起采摘山楂,门卫叔叔很快帮助孩子们完成了任务。这时候问题又来了,嘟嘟问:"我们用什么东西装山楂呢?这么多山楂,我们的手拿不下啊。”于是，孩子们又去班级里找来小筐子，山楂终于运到了班级，收获满满。

活动二：探秘山楂

回到班级，孩子们开始对山楂进行近距离的探究。他们通过看一看、摸一摸、闻一闻、尝一尝等多种方式观察山楂，比较山楂与其他水果的不同。

活动目标：

1. 了解山楂的外形特征和味道，知道山楂的主要作用。
2. 能运用不同的感官感知、体验山楂的特点。
3. 乐于参与山楂的探索和体验活动。

片段一：

谦谦：“山楂吃起来好酸啊，还是梨子比较甜。”

胡萝卜：“山楂摸起来有点粗粗的，上面还有一些白色的小斑点。”

言言：“山楂看起来小小的，比其他水果都要小，我两根手指就可以捏起来了。”

晨晨：“山楂外面的皮是红色的，可是咬开来果肉就是白色的，有的果肉有点红。”

孩子们相互讨论，交流山楂和其他水果之间的区别，共同品尝水果，体验山楂和其他水果的味道有什么不同。

摸一摸

尝一尝(好酸呀)

闻一闻

片段二：山楂排排队

教师：“有的山楂大，有的山楂小，怎么排队。”

豆豆：“大的在前面，小的在后面。”

言言：“我想让小的山楂在前面，大的山楂在后面。”

硕硕：“我让大的在上面，小的在下面。我看到树上面的山楂大，下面的小。”

教师：“好的，我们一起来排队吧，看谁排得最整齐。”

有的孩子拿了 4 个，有的拿了 5 个甚至更多，开始给山楂一一排队，不一会，一队队山楂就排好了。

活动三：趣味山楂

活动目标：

1. 尝试用不同的方法绘画、制作冰糖葫芦。
2. 能发挥想象力，大胆创编山楂历险记并记录。

片段一：画画做做

老师："想一想，山楂可以变成什么呢？用画笔和黏土表现出来。"

硕硕："我想搓一串糖葫芦。"

安安："我想画山楂树。"

丁丁："我想变成山楂火车"……

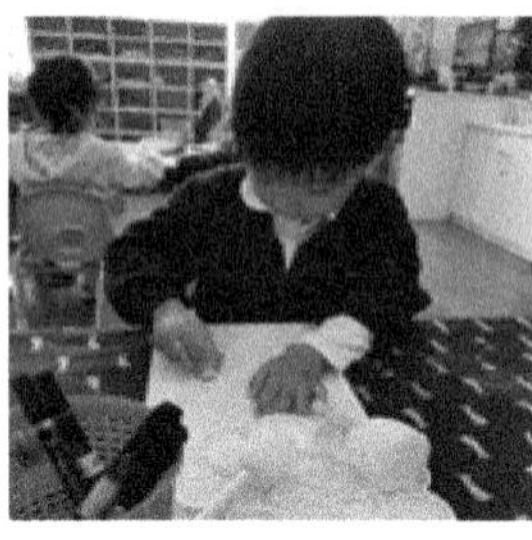

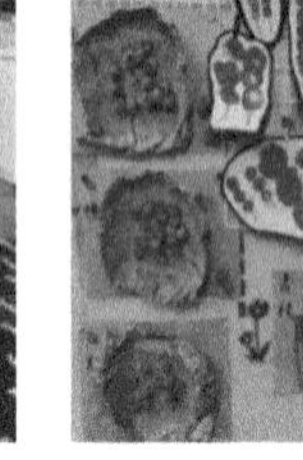

山楂拓印

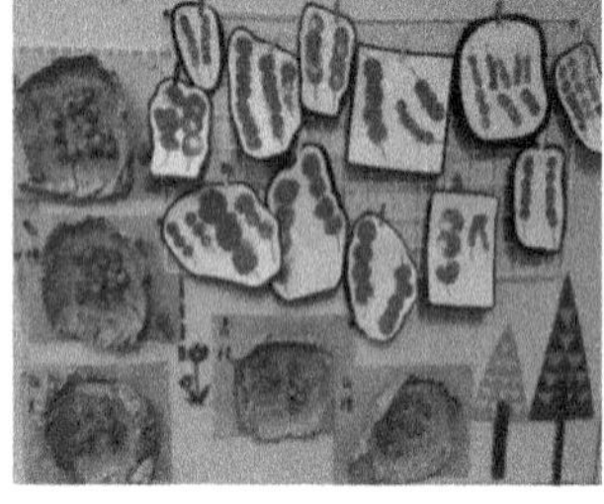

冰糖葫芦

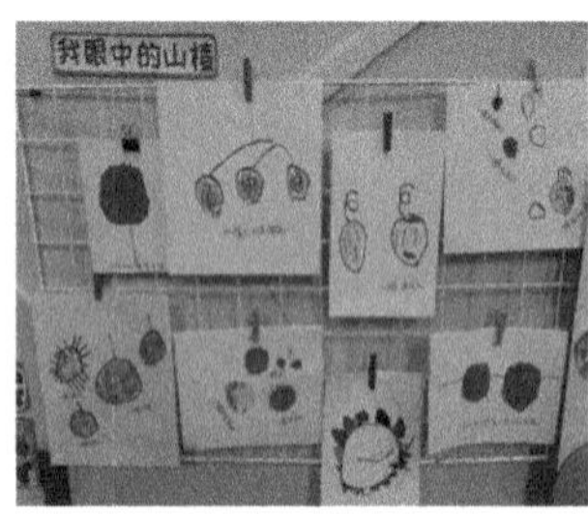

我眼中的山楂这个样

片段二：山楂历险记

孩子们对山楂的了解日益深入，喜爱之情也与日俱增，他们开始发挥奇思妙想，编创起了关于山楂的精彩故事。

齐齐："山楂这天全都成熟了，一个一个都从树上跳了下来，像山楂雨一样。山楂宝宝在树上待太久了，所以它们想坐船去海上看一看大鲸鱼！"（出海篇）

悦悦："山楂爸爸妈妈带着山楂宝宝一起去爬方山，带了好多的饮料和好吃的，还有香香的面包！它们准备去山上搭帐篷露营呢！"（爬山野餐篇）

彤彤："小山楂们喝了神奇的露水，长出了手和脚，它们可高兴了，还穿上漂亮衣服，和好朋友一起去游乐场玩。"（魔法篇）

出海篇　　爬山野餐篇　　魔法篇

活动四：美味山楂

活动目标：

1. 进一步巩固对山楂特征的认识和了解。
2. 能使用工具将山楂去籽，学习制作山楂美食。
3. 体验制作山楂美食的乐趣，在劳动中注意安全。

片段一：山楂变变变

孩子们品尝着亲手采摘的山楂："嘶，太酸了，一点也不好吃啊！""是呀是呀，我也不爱吃山楂了。""那山楂可以怎样变得好吃？你们都吃过哪些好吃的山楂美食呢？"老师刚抛出问题，孩子们便兴高采烈地讨论起来。

源源："我吃过冰糖葫芦，超级好吃！"其他孩子也都应和着："我也吃过，甜甜的，我爱吃。"

元元："我还吃过山楂棒棒糖，又甜又有点酸。"

萌萌："我在家里还吃过山楂罐头和山楂糕呢！"

片段二：我最喜欢的

孩子们想到了很多关于山楂制作的美食，那我们到底要制作哪一种呢？"我们来投票吧！"谦谦想到了一个好主意，于是每个孩子将小贴画贴到最喜欢的美食下面。最后，获得票数最多的是山楂酱和冰糖葫芦。

片段三：美味山楂酱

今天要做美味的山楂酱，但需要把山楂籽去掉，看一看孩子们都有什么好办法吧。只见沐沐拿了一颗山楂用力地想掰成两半，软软的山楂可以成功，可是硬硬的山楂试了好几次都不行。这时卓卓说："我们可以用刀、剪刀把山楂打开，然后去籽。"宁宁说："我用石头砸开。"小沁连忙反对："用石头砸完，就不能吃啦！"大家最后统一了方法，用刀切开去籽。最后，把去好籽的山楂放到锅里熬煮、加糖，美味的山楂酱便大功告成啦！

尝试用手掰开山楂去籽

用刀切山楂

大家一起试试

片段四:制作糖葫芦

老师把材料准备好,需要山楂、白砂糖和一些竹签。

小琪:"我们要把山楂放到水里,然后一个一个地清洗干净。"

泽泽:"再把红红的山楂一个一个地串在一起,一定要小心别被竹签扎到手哦。"

阳阳:"串完之后开始熬糖啦。"(熬糖是关键,要请老师帮忙哦。)

最后,把串好的山楂放在糖浆里小心地转一圈,静等糖凝固成脆脆的外壳,美味的冰糖葫芦便做好啦!"自己做的冰糖葫芦真的是太好吃啦!"别忘了送给其他小伙伴尝一尝哦。

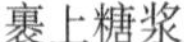

裹上糖浆

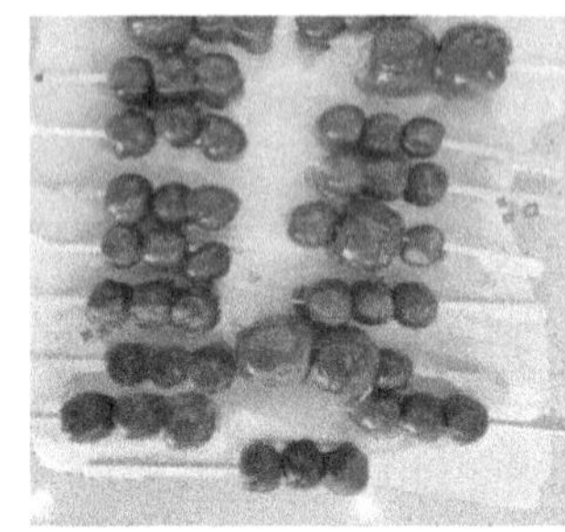

冰糖葫芦做好啦!

大家一起品尝吧!

延伸活动:一起种山楂

品尝过山楂后,孩子们看着被遗弃的山楂种子,问道:"山楂的种子可以种吗?""种进土里可以发芽长出山楂树吗?""我们把种子种进土里,等它长大就可以结好多山楂,做好多好吃的啦!"于是,我鼓励孩子们进行实验,一起找来小花盆,装进泥土,轻轻地把种子放进去。

"每天我都要来给山楂宝宝浇水才行。""我希望它快快长大。"孩子们许下美好的愿望。

主要区域活动

区域	活动名称	活动目的	活动材料	已有经验	指导要点
读写区	甜蜜蜜的山楂罐头	根据图片简单讲述故事内容	《甜蜜蜜的山楂罐头》的绘本	能一页一页翻阅图书	自主阅读,并将故事讲给同伴听
美工区	1. 冰糖葫芦 2. 山楂涂涂乐	1. 会搓圆串串 2. 能用油画棒或者水彩笔进行涂色	面团、签子、油画棒、没有涂色的水果简笔画底板	能将面团揉搓成球形,会使用油画棒	能将面团团成球形,串成冰糖葫芦,会均匀涂色

续表

区域	活动名称	活动目的	活动材料	已有经验	指导要点
益智区	1. 山楂排排队 2. 摘山楂	1. 能给3～4样物体进行大小排序 2. 能按数量取物	排序板、大小不一的山楂卡片和夹子若干	会比较大小，会使用夹子夹东西	根据大小标记，对山楂进行大小排序，能用夹子按数量摘山楂
生活区	美味的山楂酱	能用塑料刀切开山楂并知道如何去籽	山楂、菜板、塑料刀	会使用塑料刀	将一个山楂切成四瓣并去籽，并尝试用捣蒜器将山楂捣碎

六、活动反思

教育家陈鹤琴说："大自然、大社会都是活教材"。活教育的课程是把大自然、大社会作为出发点。我们以幼儿园里的自然资源——山楂树为教育契机，让幼儿从生活中学习，从经验中学习。通过亲身体验、自主探索、讨论互动，孩子们收获了别样的精彩，这就是"生活即教育"的魅力所在。坚持把大自然、大社会作为出发点，让幼儿以自己的方式来认识山楂、探索山楂，培养其动手能力，体验劳动带来的快乐，使其真正成为生活的主人，这一直是我们坚守不变的教育初心。一次愉快而有意义的活动，不仅让幼儿感知、认识了山楂，也体验到收获的喜悦，从而更加喜爱秋意浓浓的幼儿园。

叠叠乐

一、主题来源

午睡时，孩子们脱下的衣服裤子随手一团，有的放在床下，有的藏在被窝里，有的放在垫背下……杂乱不堪。《指南》中提出幼儿应“具有基本的生活自理能力”。而现实生活中，许多家长总是担心孩子小，在家中，事无巨细，处处包办代替，尤其是祖辈家长，更是喜欢全方位替代，剥夺了孩子学习劳动的机会，造成多数孩子自理能力不强，主动将衣物折叠整齐的意识较弱等。针对此现象，我们开启了一段有趣的“叠叠乐”之旅，以培养孩子们良好的生活习惯和独立能力。

二、主题资源

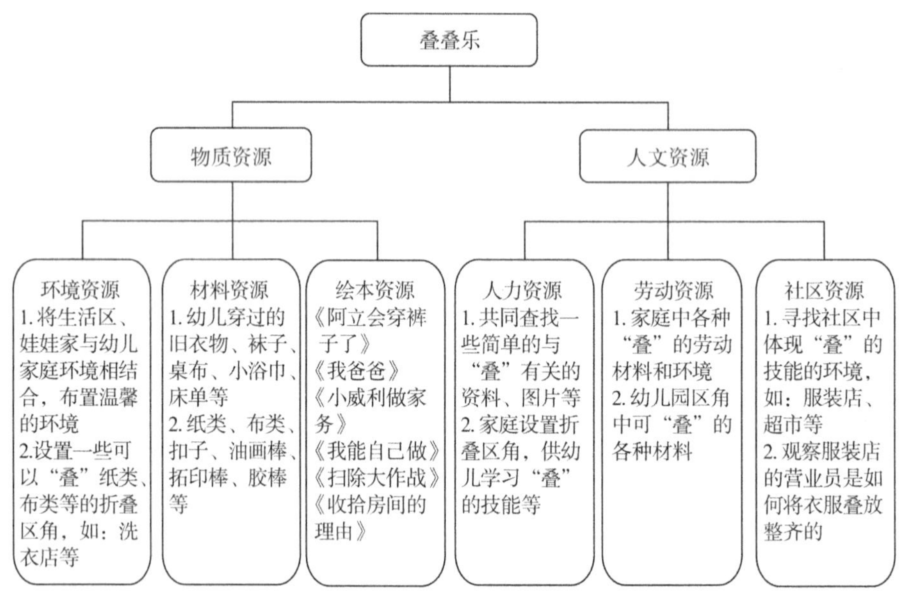

三、主题脉络

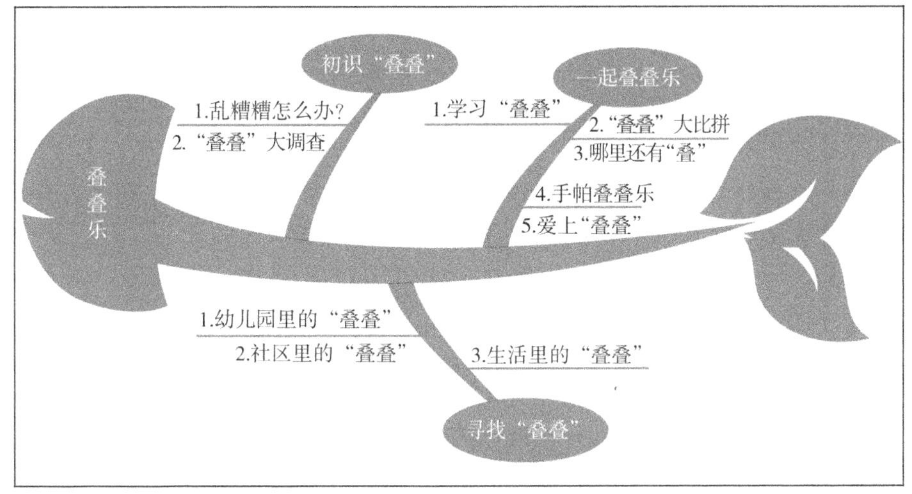

四、主题核心目标

1. 知道生活中有许多物品需要叠整齐,特别是自己的衣物等。
2. 对“叠”感兴趣,愿意尝试自己动手叠衣服和各种各样的物品。
3. 在实践过程中能够大胆与同伴交流自己的想法,有困难知道求助老师。
4. 逐步养成良好的折叠物品的习惯,乐于分享自己的劳动成果。

五、主要活动

活动一:初识“叠叠”

活动目标:

1. 知道生活中有许多物品需要叠好。
2. 在操作过程中积极表达自己的想法与感受。
3. 乐于参与叠物品的活动。

片段一:乱糟糟的衣服怎么办?

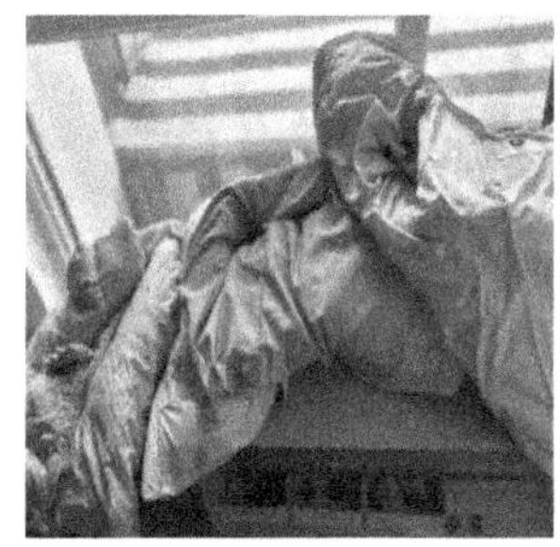
衣服乱糟糟

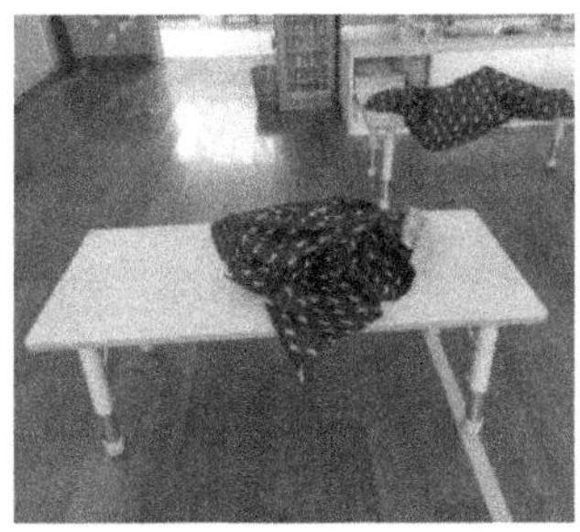
桌布也乱放

集体讨论怎么办

老师将收集到的班级孩子午睡时裤子衣服不叠放、混乱摆放，用过的小汗巾不折叠整齐，桌布混乱堆置等图片，以PPT的形式呈现出来，引发了孩子们的热烈讨论。

瑶瑶："衣服裤子都没叠好，好乱呀！"

问问："这样看起来真是太糟糕了！"

妞妞："为什么它们都堆在那里呀？"

多多："这样可不行，乱七八糟的。"

烁烁："我们应该把东西都整理好。"

安宁："下次我要把衣服裤子叠整齐。"

片段二："叠叠"大调查

经过讨论，孩子们对衣物未叠放整齐这一乱象有了初步的了解和认识。在此基础上，我们进行了一项调查，了解孩子们对叠衣服、裤子等技能的掌握情况。

调查结果是：三分之一的孩子会叠上衣和裤子，三分之一的孩子只会叠裤子，还有几个孩子基本什么都不会。究其原因，与家庭的教养方式紧密相关，多半家长认为这是可有可无的能力，孩子不会也没关系。

"叠叠"大调查

活动二：寻找"叠叠"

一方面，我们向家长积极宣传，使其转变观念，认可自理能力是幼儿应该具备的重要的劳动能力这一理念；另一方面，我们送给家长开启幼儿自理能力培养的"金钥匙"，引导家长帮助幼儿学习掌握自理服务的劳动技能。

活动目标：

1. 寻找生活中需要折叠的其他物品。
2. 知道常见物品的基本折叠方法。
3. 在寻找需要折叠物品的过程中，乐于与同伴分享自己的发现。

片段一：幼儿园里寻"叠叠"

首先，我们从幼儿园开始，引导孩子们寻找发现幼儿园里可"叠叠"的物品。只见孩子

美工区各种各样的纸类

桌布

汗巾

们四处张望，在班级里积极寻找着可以“叠”的物品。哈哈，原来班级里的桌布、窗帘、被子、汗巾都是可以“叠”的物品呢！

片段二：家中寻“叠叠”

每个孩子的家中也有好多可以“叠叠”的宝藏呢！带着满满的好奇心，他们在家庭的各个角落搜寻，找到了许多可以“叠叠”的物品，如衣服、床单等，他们兴奋地向爸爸妈妈展示着寻找到的成果，请爸爸妈妈帮助他们记下来。

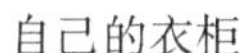

自己的衣柜

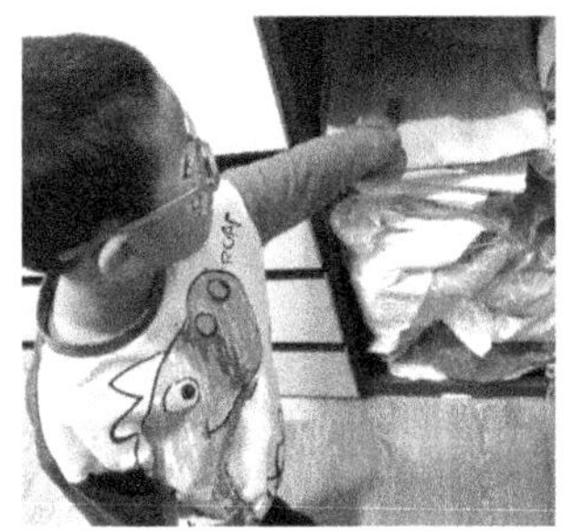

床单

被子

片段三：社区寻找“叠叠”

在社区周围，孩子们仔细地寻找着“叠叠”的物品，他们用自己的小眼睛去观察，用自己的小手去触摸，这不，还真的找到了！整齐的和不整齐的对比一下，果然大不相同。

婴儿用品店的小被子

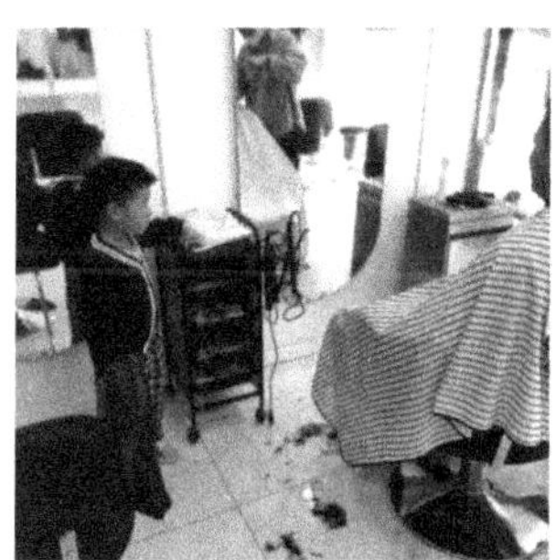

理发店的围布

商店的衣物柜

活动三：一起叠叠乐

在寻找可以“叠叠”物品的过程中，孩子们发现：生活中藏着许多能够被叠起来的物品，大到被褥、床单等大件物品，小到手帕、袜子等小件物品，都可以通过叠的方式，使其变得更加规整有序。

有了这么多体验，孩子们你一句我一句地讨论着，好不热闹！妞妞说：“我想学叠娃娃家的衣服。”乐乐说：“我想学叠我的小被子。”小米多说：“‘叠’的本领一定很难学吧？”我鼓励道：“你们用眼睛仔细看，一步一步慢慢来，一定能学会的，想不想来试一试？”孩子们纷纷点头表示愿意，开始参与学习“叠”的技能。

活动目标：

1. 借助儿歌，学习叠衣服、裤子、袜子及桌布的方法。
2. 提高生活自理能力，感受成功的喜悦。

片段一：不会叠怎么办？

1. 儿歌助力

为了让孩子们了解叠衣服的方法，老师组织了专门的“叠衣服”活动，引导孩子们在活动中通过叠衣服的儿歌，认识衣服的正面、反面，衣服的不同类型。在仔细按照步骤学习操作后，孩子们都迫不及待地想脱下衣服了。午睡前，孩子们边念儿歌边叠衣服，趣味十足。

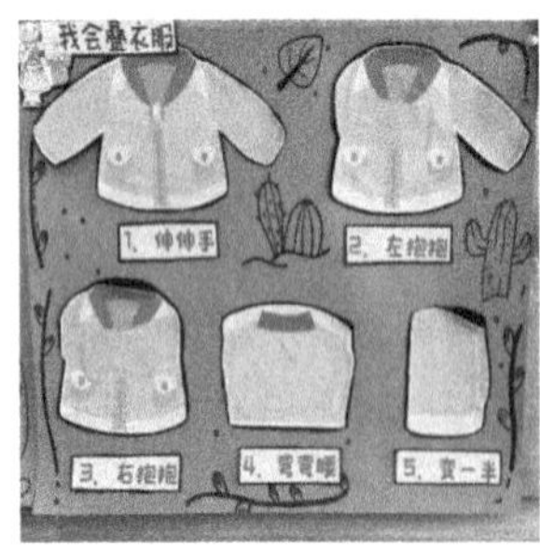

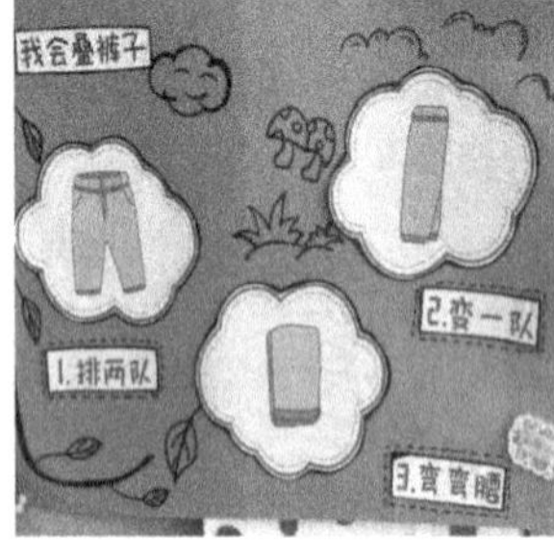

儿歌教学

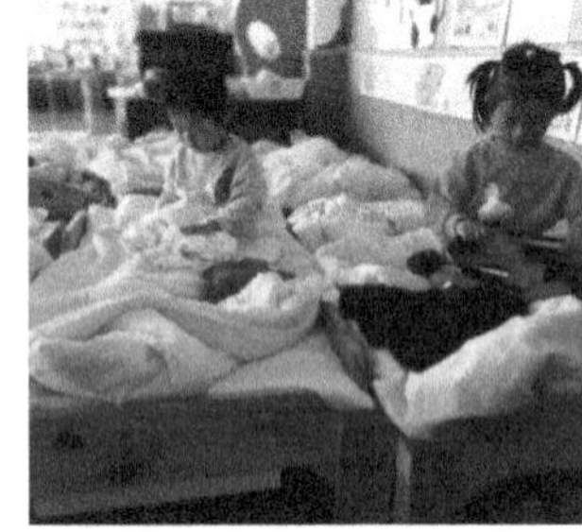

念儿歌叠衣服

2. 家园合力

通过在班级的多次学习，孩子们有了一定的经验。为了进一步巩固叠衣服的技能，我们鼓励家长在家中也放手让孩子尝试，看看孩子们在家中的表现吧。

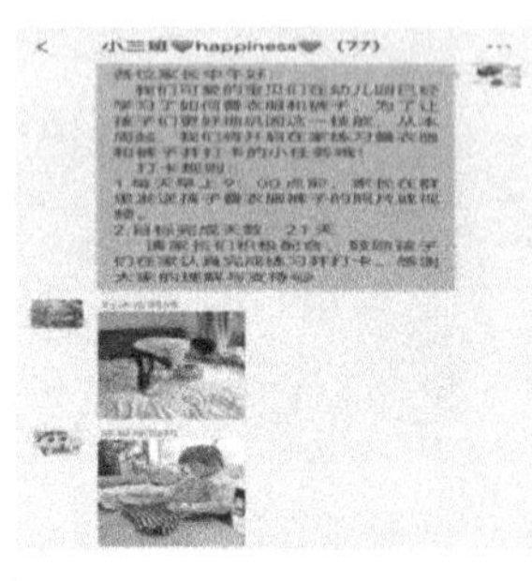
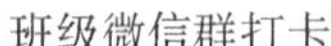

班级微信群打卡

叠自己的衣服

帮家人叠衣裤

片段二：叠叠大比拼

见孩子们“叠”的技能掌握得差不多了，我们趁热打铁，在班级组织了叠衣服叠裤子比赛。瞧！随着“预备——开始！”的指令声，孩子们迅速投入比赛，有的孩子动作灵活迅速，很快就叠好了衣服；有的孩子一紧张，就忘了叠衣服的方法，急得团团转。在一旁观看的孩子也情不自禁地喊着加油，赛场上洋溢着热烈、欢快的气氛，小小的比赛大大提高了孩子们“叠”的热情。

片段三:哪里还有“叠”?

1. 手帕“叠叠乐”(叠的纵向延伸)

手帕是小班孩子学习“叠”的适宜材料。我们在班级为每位孩子准备了1～2块小手帕,供他们在区角活动中随时巩固练习“叠”的技能。渐渐地,孩子们借助已掌握的基本技能,学会了将手帕用“叠”的技能进行不同图形的组合与变化:三角被、双层被……使“叠”的技能得到进一步延伸和拓展。

长方被

双层被

三角被

2. 生活中的“叠”(叠的横向延伸)

经过一系列丰富多样的学习体验,孩子们将掌握的“叠”的技能自然而然地运用到生活之中。他们在幼儿园里会与伙伴们合作叠桌布、一起叠汗巾,回到家中会主动叠浴巾、叠被子和衣物等,实现了从课堂学习到实际生活的自然过渡。

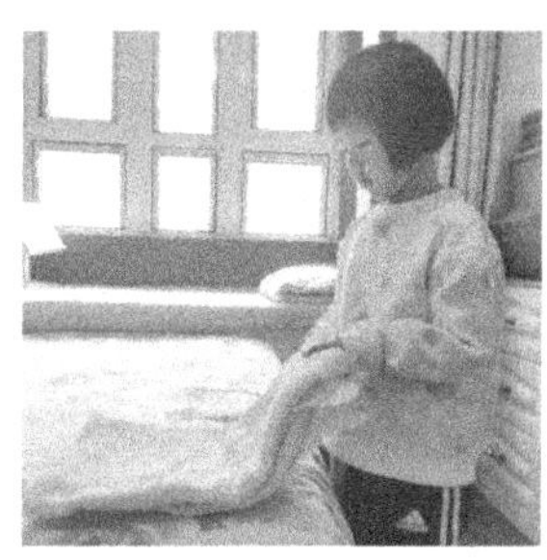
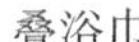
叠浴巾

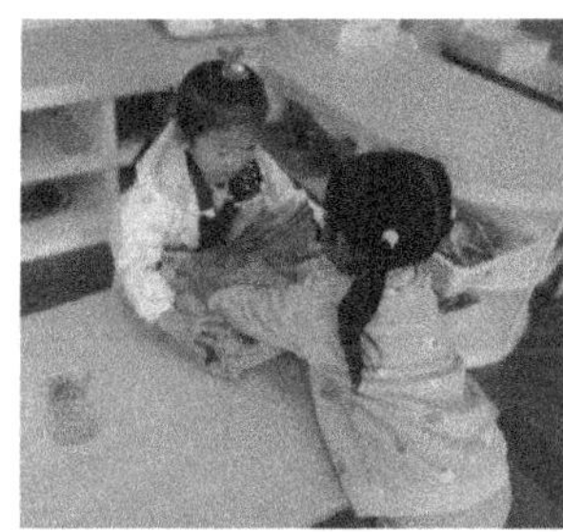
叠桌布

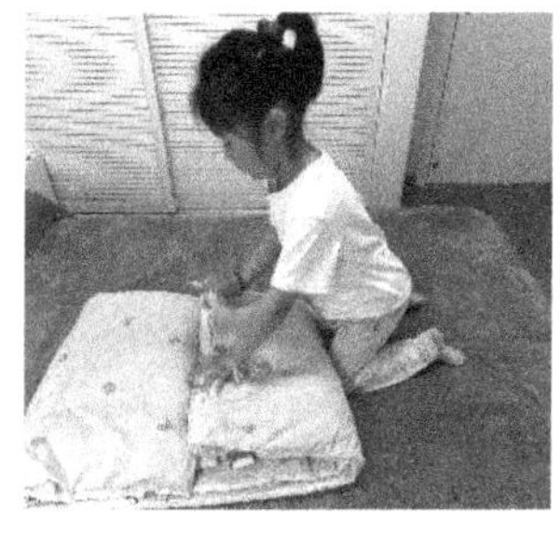
叠被子

片段四:爱上“叠叠”

体验了一系列“叠叠”活动后,孩子们的自主劳动意识有了很大提升。他们掌握了较为丰富的“叠”的技能,具备了良好的“叠”的习惯。在生活中,他们能够自觉地将自己的衣物、袜子、小被子等折叠整齐。

安安:“我的衣服叠起来很整齐哦。”

团团:“袜子叠起来就不会乱糟糟的,一下就能找到。”

珠珠:“被子叠好,看起来很干净。”

玥玥:“我喜欢叠我的小毛巾。”

问问:“叠手帕就像变魔术一样,能变出小老鼠。”

妞妞:“我喜欢叠纸,可以叠出很多小动物、小花……”

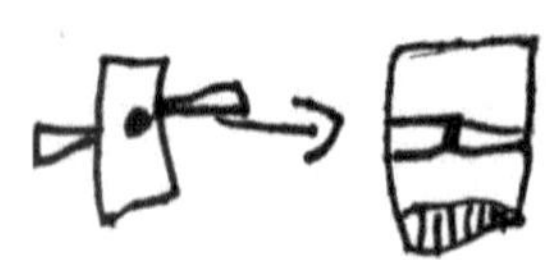
我的衣服叠起来很整齐哦

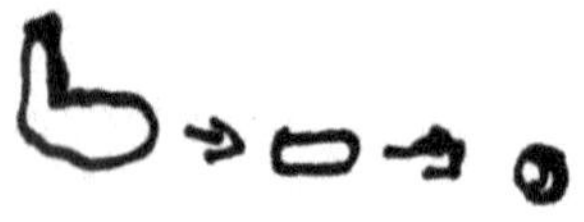
袜子叠起来就不会乱糟糟的

被子叠好，看起来很干净

主要区域活动

区域	活动名称	活动目的	活动材料	已有经验	指导要点
读写区	叠叠乐的故事	喜欢与同伴交流自己阅读绘本的体验	绘画纸、彩色笔等与叠叠乐相关的图书或故事	已具备一定的绘画能力和阅读基础	把叠叠乐的过程编成小故事或一句话，再用涂涂画画的方式记录下来
美工区	叠纸游戏	学习用对折的方式折叠小花、小鱼等	质地柔软、色彩鲜艳的彩纸，如粉色、红色等常见的郁金香颜色的纸张	有初步的对边折纸、对角折纸的经验	鼓励幼儿独立尝试，耐心完成每一个步骤
劳动生活区	小小洗衣房	能够自己叠衣服、裤子和袜子，发展手部精细动作	幼儿自己的衣服、裤子、袜子若干	已有初步的叠衣物的经验	鼓励幼儿将衣物叠得又快又好
	巧叠桌布	学会有序地叠桌布	不同颜色和材质的桌布若干条	能够进行简单的折叠动作	引导幼儿将叠好的桌布整齐摆放

六、活动反思

活动以叠衣服、叠裤子、叠袜子等幼儿日常自理劳动为起点，通过富有挑战性和趣味性的形式，如寻找“叠叠”游戏、小小竞赛等，让幼儿在熟悉的环境中学习与操作，激发了幼儿自理劳动的积极性和主动性。活动将生活教育与趣味体验相互渗透、相互融合，从最初的简单衣物折叠，到较为复杂的图形组合折叠等，使幼儿在实践中不断提升生活技能。这种融合既具有教育意义，又充满吸引力，让幼儿在愉悦的氛围中得到锻炼和发展。

完成任务后所获得的成就感，增强了幼儿的自信心，提升了他们对自我的认可程度。当幼儿遇到折叠困难并尝试解决时，他们解决问题的能力也得到磨炼和提升。更为重要的是，活动促使其形成了良好的物品整理习惯，强化了其生活自理能力。

你好呀，小橘子！

一、主题来源：

春天，孩子们发现小花园里有一棵树上开了好多香香的小白花，叽叽喳喳地问："这是什么花呀？""这是梅花吧？""不对不对，我觉得是桃花。""桃花是红色的，这个是白色的。"之后，我们每天都来看这到底是什么树，花慢慢掉落了，开始长出小果子。孩子们惊喜地发现："这个长出来的小果子原来是橘子呀！"渐渐地，青青的橘子开始泛黄。雨后的一天，孩子们突然发现地上落了许多橘子，于是七嘴八舌地议论起来："橘子是风吹到地上的。""不对不对，应该是蚂蚁咬的。""小虫子把枝子咬断了，橘子就掉下来了。""有人扔东西砸到橘子，橘子就掉下来了。"那么，到底是谁干的呢？我们对小橘子的探索悄悄开始了。

二、课程资源

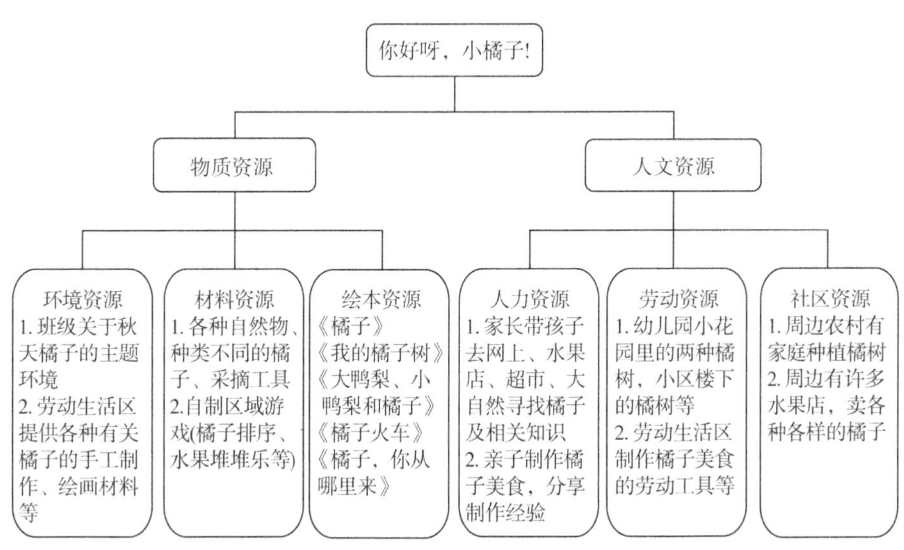

三、主题脉络

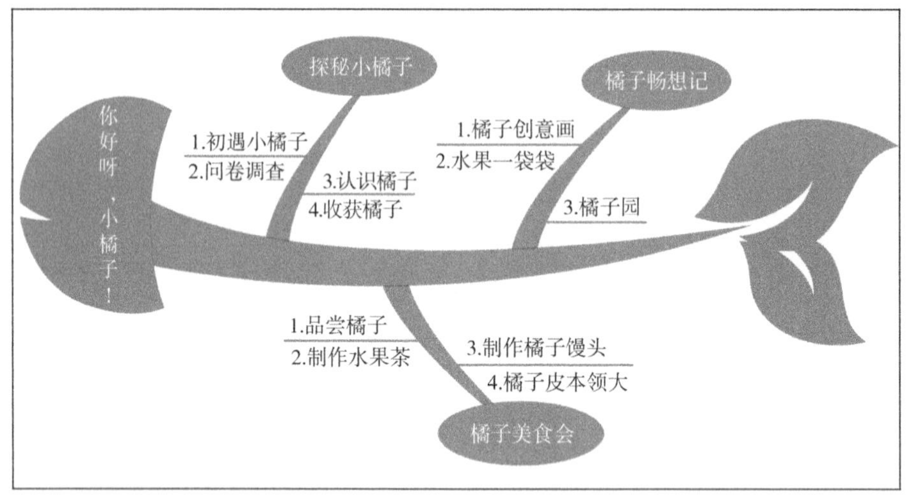

四、主题核心目标

1. 了解橘子的特性、生长过程，运用多种感官感知橘子的外部特征和味道。
2. 乐于参加采摘活动，愿意自己剥橘子及制作有关橘子的茶饮、美食等。
3. 大胆尝试用不同的材料开展橘子创意活动，比如绘画、黏土和手工制作等。
4. 喜欢阅读有关橘子的书籍，愿意表达自己的想法，并与同伴交流。
5. 喜欢参与橘子的系列劳动活动，体验与同伴分享劳动成果的快乐。

五、主要活动

活动一：探秘小橘子

秋天的午后，孩子们散步时发现有许多小橘子掉落在地上，大家七嘴八舌地议论起来。

散步时发现一棵橘子树。

咦，地上怎么会有这么多橘子？

活动目标：

1. 学习运用多种感官感知橘子的主要特征。
2. 能仔细观察橘子，会用简单的语言讲述自己的发现。
3. 体验剥橘子、吃橘子的快乐。

片段一：橘子大调查

孩子们发现了橘子树上的橘子，开始有了疑问。米果说："我在超市里见过好大的橘子。"妍妍说："幼儿园树上的橘子小小的。"这时，有孩子提出："为什么有的橘子是绿色的？有的橘子是黄色的呢？"也有孩子提出："为什么有的橘子大大的？有的橘子小小的呢？"我鼓励孩子们先回家和爸爸妈妈寻找、探索橘子的奥秘。

贝壳："小小的是砂糖橘，可甜了。"

泡泡："绿色的橘子叫青橘。"

齐齐："大大的橘子有可能是粑粑柑哦。"

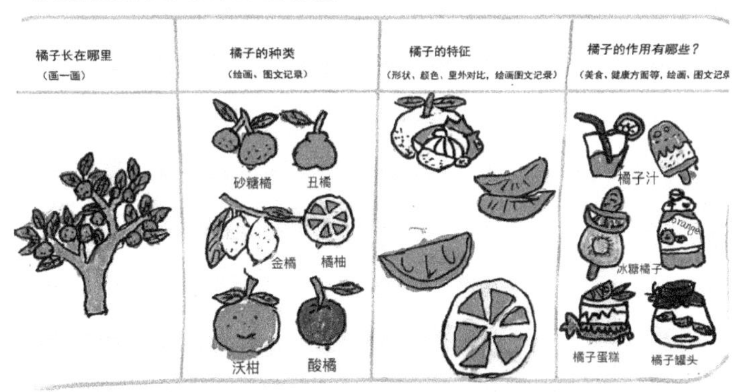

橘子大调查

片段二：收获小橘子

通过和爸爸妈妈查阅资料，我们知道了橘子有很多种类，幼儿园的橘子树是砂糖橘。渐渐地，橘子越来越黄了，直到有一天，满树的橘子全部都黄了，于是，我们开始了橘子的采摘活动。

摘橘子啦！

晨晨："这个橘子太高了，我得垫脚才能摘到。"

米乐："哇！我发现一个好大的橘子。"

墨墨："我觉得应该找个工具来摘橘子。"

片段三：观察小橘子

橘子采回来了，孩子们的兴奋之情溢于言表，接下来，我们再一起来仔细看看、摸摸、闻闻，认识一下可爱的小橘子吧。

依依："这个橘子摸起来有点糙糙的。"

唐唐："我觉得这个橘子摸起来好凉呀！"

丁柠："闻起来有种酸酸的味道。"

小乖："闻起来酸酸的，吃起来是甜的。"

米果："甜甜的橘子真好吃。"

闻闻小橘子

活动二：橘子美食会

片段一：水果茶

橘子全身都是宝，那么，除了果肉可以吃，其他的部分还可以做什么呢？我们开始再次探究。

米乐："橘子肉可以榨果汁喝。"

辰辰："可以做成橘子果冻、橘子味饮料。"

旭旭："应该可以做成橘子软糖吧。"

齐齐思考了一下："嗯……我妈妈说过橘子皮可以泡水喝。"

剥橘皮

知道了这么多用橘子可以做成的美食，那就让我们一起来试一试吧！

生活区里，孩子们洗水果、剥皮、切水果，准备制作水果茶。在制作的过程中，有孩子说："我想多剥点橘子放进去，应该会很甜吧？""我这个橘子闻起来就甜甜的，做成水果茶肯定很好喝。"在孩子们的共同努力下，美味的水果茶终于制作完成了，品尝着自己做的水果茶，大家开心极了，喝完一杯还要喝，看来还是自己动手做的水果茶最美味。

之后，我寻找了一些有关橘子的面塑造型，引导孩子："我看到早餐店里有卖橘子馒头的，我们来试试好吗？"新的提议得到了孩子们的积极响应。

片段二：橘子小馒头

我们准备了面、橘子汁等材料。在老师的帮助下，孩子们开始揉面，小手揉起面来力气可不小，面很快就揉好了，等候醒面是一个既期待又难耐的过程，孩子们焦急地等待着。终于醒好面，可以做橘子馒头了。揉面、分团、搓圆……不一会面团在小手里就变成了圆

制作橘子馒头

圆的小橘子，有孩子说："这个不太像小橘子呢。""我知道了，还缺个叶子。"可是叶子是绿色的，我们只有黄色的面怎么办呢？于是请生活老师来帮忙，原来用菠菜汁就可以把面染成绿颜色，做成橘子的小叶子。有了绿色的小叶子，孩子们开心地说："哇，太像橘子了。"

馒头蒸好了，孩子们品尝着自己亲手做的橘子馒头，开心地说："这个橘子馒头有点甜甜的，是加了糖吗？""我回家也要和妈妈做橘子馒头，真是太好吃了。"自己做的馒头，吃起来就是香。

片段三：晒橘子皮

橘子皮有什么用呢？孩子们开始了交流："橘子皮肯定不能吃。""我看到我爷爷用橘子皮泡水喝的。""橘子皮很苦的。"橘子皮到底有什么作用？怎么吃？我和孩子们共同查找了关于橘子皮的资料。原来橘子皮含有丰富的维生素，具有行气健脾、和胃止呕、燥湿化痰等功效。橘子皮对我们的身体有这么多好处，那我们也来加工制作橘子皮吧！

橘子皮茶必须使用干的橘子皮，这样才好保存。于是，我们先把橘子皮剪一剪，趁着阳光正好，赶紧晾晒橘子皮，还要不时地翻一翻。

馨怡："这个要晒几天才能好呢？"

方辰："好想喝到橘子皮泡的茶。"

又过了好多天，我们的橘子皮终于晒干了，孩子们迫不及待地要品尝橘皮茶了！

剪橘子皮

穿橘子皮

晒橘子皮

片段四：橘皮茶品尝会

孩子们将橘子皮清洗一下，放在透明的电茶壶里。"你看，这个水已经有点变色了。""我好像闻到一股味道了。""这个味道怎么不像橘子的味道呢？"茶煮好啦，让我们开始品尝橘皮茶吧！"哇，好烫呀！""喝起来有点暖和呢！""太好喝啦，我还想再喝一杯！"喝茶的时候，孩子们就着小点心和瓜子，别提多惬意了！

活动三：橘子变变变

接下来，孩子们化身为小小艺术家，在他们的手里，橘子皮也能成为艺术品，一起来看看吧！瞧！孩子们正在精心创作自己的作品。

活动目标：

1. 知道橘子皮软软的，可以做出不同的形状。
2. 能够借助一些辅助材料制作橘灯。
3. 体验用橘子皮做成橘灯的快乐。

做橘灯

挂橘灯

挂橘灯

橘子皮在孩子们的手里变成了可爱的小橘灯，让我们一起把橘灯挂起来吧。除了做橘灯，孩子们还通过剪贴、绘画等各种形式表现可爱的小橘子，在操作游戏中体验创作的乐趣。

孩子们从认识橘子皮的形状、颜色和特征，再到创作橘子皮的不同造型，一系列操作活动发展了他们的创造力、想象力和动手能力。

活动四：橘子畅想记

片段一：故事《当橘子落下来》

在听绘本故事的过程中，孩子们了解到故事里的橘子掉落下来变成了老虎，赶走了大灰狼，帮助了小绵羊，于是开始延伸他们的想象：如果有一颗小橘子掉落下来，会发生什么事呢？

一个橘子掉落下来变成了公主，和小鱼做游戏。

两个橘子掉下来，一个变成了蘑菇，一个变成了橘子人。

一个橘子掉落下来变成了大恐龙，保护了小绵羊。

片段二:畅想画《我和橘子做朋友》

如果小橘子和我做朋友,我会带着它去做什么呢?

①我会带小橘子去游乐场,坐摩天轮。

②我会带小橘子去玩滑梯和蹦床。

③我会带小橘子去参观博物馆,看恐龙化石。

我带着橘子去投篮,饿了就带它去吃饭。

我带着小橘子在房间里跳舞。

我和小橘子是好朋友,我带它去坐船、转圈圈。

主要区域活动

区域	活动名称	活动目的	活动材料	已有经验	指导要点
读写区	我和小橘子做游戏	想象、交流自己和小橘子发生的趣事	关于橘子的绘本、勾线笔、绘画纸	会用涂涂画画的方式记录	用自己喜欢的方式记录自己和橘子发生的趣事并讲述
美工区	橘子大不同	学习用搓圆的方式制作橘子造型	橘子图片、橙色皱纹纸、橙色小纸球、橘子轮廓、绿色树枝及树叶形彩纸	会粘贴、搓球等	会用皱纹纸搓圆、粘贴,用辅助材料进行装饰等
益智区	橘子宝宝排排队	能按照规定的顺序排列	橘子卡片、排序板	了解游戏规则	能按照从大到小或者小到大的顺序进行排序
劳动生活区	1. 水果茶 2. 橘子馒头	1. 能自己洗水果、削皮、剥橘子 2. 尝试用搓圆、按压的技能做橘子造型	1. 苹果、梨子、橘子、冰糖、各种盘子 2. 面粉、冰糖、酵母、橘子、菠菜	会剥橘子,已掌握搓团的技能	1. 能通过剥橘子、洗水果进行水果茶的制作 2. 能搓圆、按压做出橘子的造型,做出橘子馒头

制作橘子造型

剥橘皮

橘子宝宝排排队

六、活动反思

橘子是幼儿熟悉又喜欢的水果，一系列的自主游戏、户外观察活动等，为幼儿提供了丰富的探究橘子的机会，他们在游戏中通过直接感知、实际操作、亲身体验，对橘子有了越来越多的了解，也更加愿意谈论自己对橘子的认识，与橘子进行更多的“亲密互动”。他们在探中“识”橘、玩中“品”橘、学中“创”橘，在亲历的过程中学会观察、发现、探索，增进了感恩生活、感恩自然的美好情感。

大自然赋予了我们取之不尽的天然材料，幼儿园的一草一木都可成为激发幼儿创作灵感的素材。陈鹤琴先生说过：“儿童的世界是儿童自己去探讨、去发现的，他自己所求来的知识才是真知识，他自己所发现的世界才是他的真世界。”关于橘子的探索让我们看到了生活经验在与自然互动的过程中发挥着重要作用，幼儿在亲近自然的过程中获得了丰富的体验。

当然，小橘子的探秘之旅远不止这些，我们的故事还在继续……

夹夹乐

一、主题来源

一天，我正在做孩子们晨锻用的夹子飞镖，夹子有点多，我就顺势把夹子夹在自己身上方便操作。几个孩子见了，围着我说："老师，你变成刺猬了。"我好笑地说："是呀，我还是彩色的刺猬呢。"涵涵说："我也要变成刺猬。"我说："好呀，我这儿还有好多夹子呢。"于是，孩子们拿着各种颜色的夹子就玩了起来，有的孩子一下就捏开了夹子，然后兴奋地说："看，我打开了，我夹好了。"有的孩子使劲地捏夹子，可就是打不开。还有的孩子两只小手都用上了，突然"噗"的一声，夹子弹飞了……见孩子们对夹子兴趣正浓，于是，我们就组织他们一起去玩转小小夹子。

二、主题资源

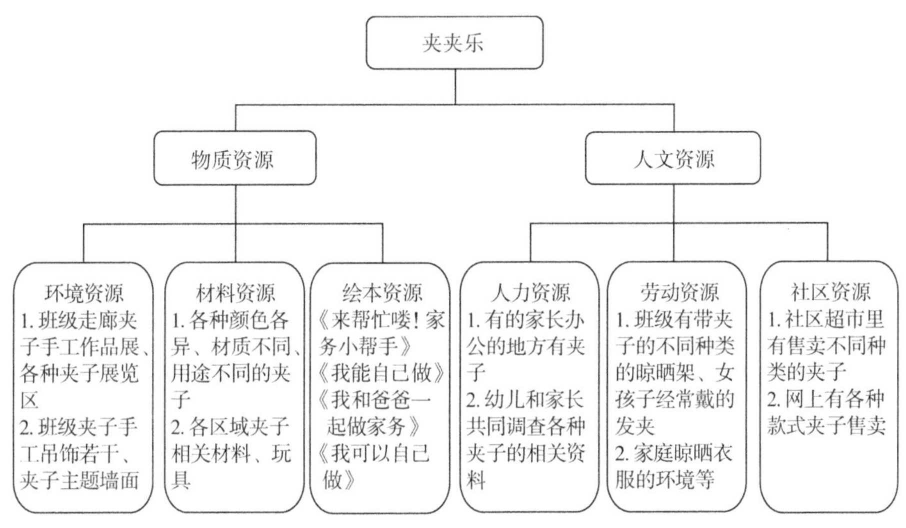

三、主题脉络

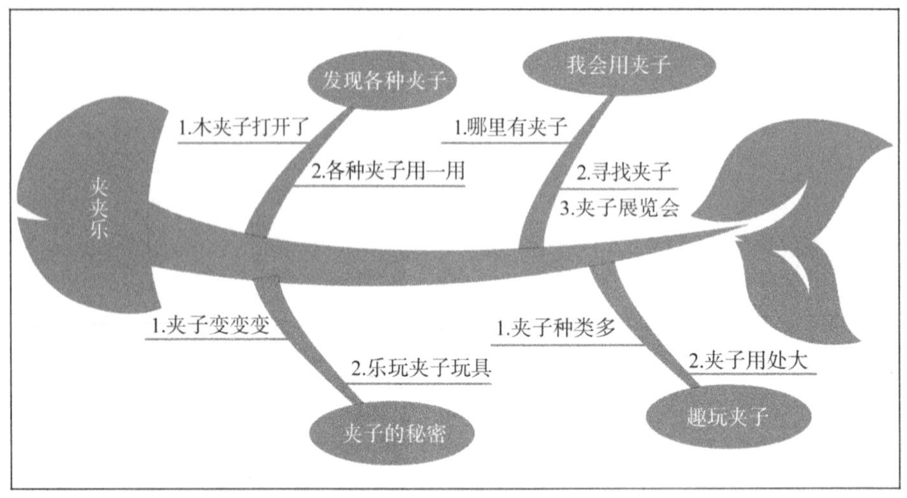

四、主题核心目标

1. 知道夹子的种类有很多，生活中很多地方都会用到夹子。

2. 了解夹子的不同用途、功能，并观察不同夹子的主要区别。

3. 学会使用常见的几种夹子，乐意使用夹子解决生活中的一些小问题，有困难会求助成人。

5. 喜欢在木夹上涂涂画画，乐意用夹子创造出不同造型的作品，乐于和同伴分享自己的成果。

6. 在操作过程中能够大胆尝试，愿意与同伴分享自己的劳动成果。

五、主要活动

活动一：夹子在哪里？

活动目标：

1. 通过回忆和寻找夹子，发现生活中很多地方都会用到夹子。
2. 能完整地讲述自己的发现。
3. 乐于分享自己寻找的结果。

片段一：在哪儿见过夹子？

老师引导孩子们回忆："你们在什么地方发现过夹子呀？"

涵涵："我家里有夹子，妈妈晒袜子用夹子夹袜子。"

开心："我家里有大大的夹子，可以夹被子。"

笑笑："我家里也有夹子，在衣柜里。"

浩浩："我还在超市里看到有卖夹子的。"

孩子们基本都接触过夹子，而且大多数孩子分享的夹子是用来夹衣物、毛巾的。基于幼儿的经验，我们开展了关于夹子的调查，引导孩子们发现生活中很多地方会用到夹子，夹子种类繁多。

片段二：身边哪里有夹子？

带着调查任务，孩子们回到家中、外出游玩时都在寻找夹子，来到幼儿园后互相分享着自己的发现，小贝说：“我家阳台有很大的夹子。”小翔说：“哥哥的书房里有夹子。”彤彤说：“超市里有好多不一样的夹子。”依依说：“我爸爸办公室有夹纸的夹子。”开心说：“我的发夹也是夹子。”安安说：“我家冰箱里用夹子夹袋子。”喜宝说：“我家里墙上有夹子，夹照片的。”

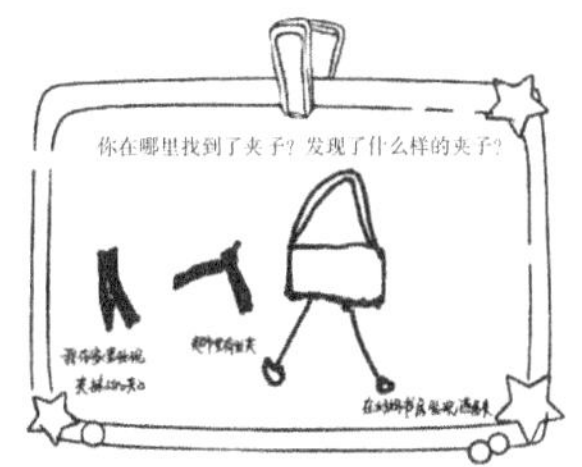

在家里、超市发现夹子

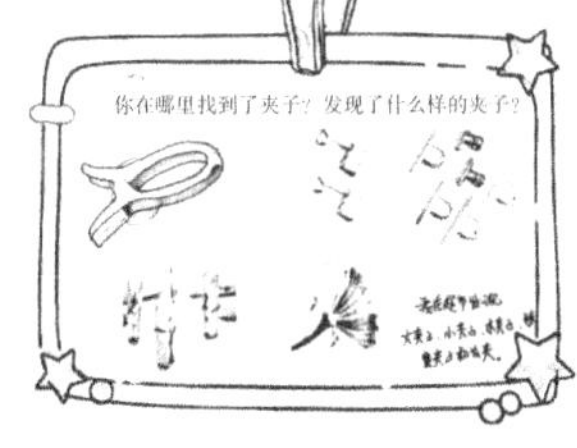

在超市里发现各种夹子

在头发上发现发夹

孩子们在家中、超市等地方发现了很多夹子，为了进一步拓展他们对夹子的认知，我们在班级里开始了夹子大搜索。有的孩子在墙上发现照片、作品是用夹子夹的；有的孩子发现老师的文件、资料也是用夹子夹起来的；有的孩子在角色区的理发店里找到了发夹；还有的孩子在盥洗室发现晾毛巾的夹子，原来我们班里藏了这么多的夹子呢！

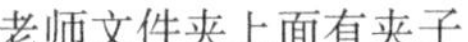
老师文件夹上面有夹子

晾毛巾用夹子

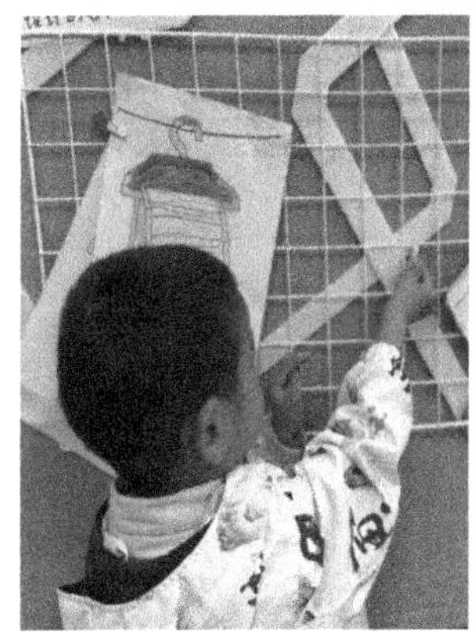
班级墙上的作品用了夹子

《幼儿园教育指导纲要（试行）》指出：“幼儿园应与家庭、社区密切合作，与小学相互衔接，综合利用各种教育资源，共同为幼儿发展创造良好的条件。”在“夹子在哪里？”活动中，教师积极利用家庭、社区、学校资源，让幼儿在不同场所及成人帮助下发现生活中处处会用到夹子，对夹子的种类也有了初步的认知。

活动二：夹子有什么用？

活动目标：

1. 了解生活中有各种各样的夹子，它们都有不同的用途。
2. 通过儿歌、肢体动作大胆表现夹子的特征和作用，体验创作的乐趣。
3. 积极参与探索夹子的活动。

片段一：各种夹子一样吗？

经过家庭大搜索，孩子们将自己家中闲置的夹子带到了班级。

老师："谁拿自己的夹子跟大家说一说，它长什么样子呢？"

睿睿："夹子打开后像鲨鱼的大嘴巴。"

然然："这个夹子是透明的。"

文文："我带的这个叫抓夹，是妈妈用来夹头发的。"

老师："你们看一看，它们长得一样吗？哪儿不一样？"

多米："夹子有的大有的小，颜色也不一样。"

浩浩："有的夹子开口大，有的夹子开口小。"

又又："还有的夹子上面有图案。"

好多不同的夹子

这个夹子嘴巴好大

生活中处处都有夹子，且夹子种类多，材质也不一样，有的是用木头做的，有的是用竹子做的，有的是塑料的，有的是金属的。为了让孩子们更直观地感知和体验不同的

玩一玩好多不同的夹子

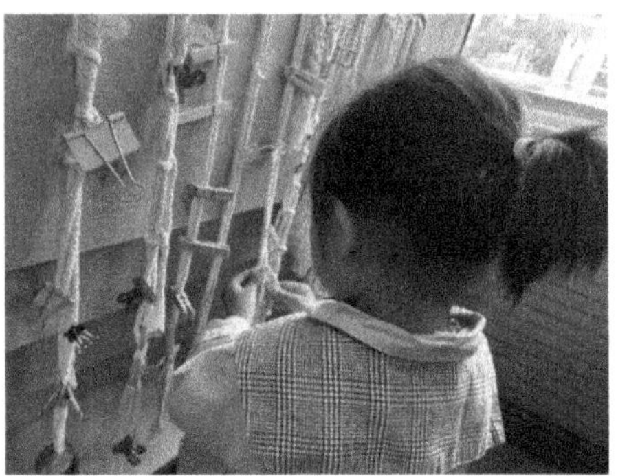

夹子颜色好多呀

夹子，班级里举办了夹子展览会，幼儿围在夹子展览区看一看、用一用每种夹子。环境的创设大大激发了他们的探究兴趣，教师也充分满足和支持幼儿自主探究，并鼓励他们去使用每种夹子，帮助他们积累丰富的经验。

片段二：不同的夹子有什么用？

“这么多夹子，它们有什么作用呢？”问题一抛出，孩子们就争先恐后地回答：“大夹子可以夹被子、夹衣服。”“小夹子是夹毛巾的。”“燕尾夹可以夹纸。”“发夹夹在头发上，会让我们更漂亮。”“每个夹子都能咬住东西，这样东西不会掉。”大家开心地分享着自己的发现。

孩子们对于夹子的认知变得更加丰富了，在教师的引导下，一起创编了有趣的儿歌《夹子本领大》：“夹子种类真不少，它的本领更不小，夹被子、夹衣服、夹报纸、夹头发，大家不要小瞧它，有它生活真方便。”

小班幼儿是在边说边玩中记忆事物特征的，于是我通过“夹子怎么夹东西？”的小游戏来引导孩子们表演、模仿不同的夹子，加深了幼儿对各种夹子的印象。

大夹子张开大嘴巴夹夹夹

看我的夹子嘴巴这么大

生动有趣的儿歌和动作，充分调动了幼儿参与“夹子用处大”活动的积极性，并以游戏化的方式突出了幼儿的主体性，使他们获得更加积极、愉悦的情感体验。

活动三：木夹子不听话怎么办？

我们收集了各种各样的夹子，大多数夹子对孩子们来说并不难打开，有的夹子只要稍微用点力气就能打开了。可是大的木夹子就没那么简单了，木夹子很调皮，要么打不开，要么弹飞了。夹子展览区还有几个木夹子都散架了，怎么办呢？教师准备了很多木夹子，供孩子们探索、游戏。

活动目标：

1. 通过摸、看、玩木夹子再次认识夹子并学习使用木夹子。
2. 学习正确使用木夹子并能够用它夹起物品。
3. 在“夹”的游戏中体验成功的喜悦和快乐。

片段一：怎么打开木夹？

老师：“今天老师带来了很多木夹子，这些夹子宝宝可不听话哦，试一试，谁可以打开

它？”“我会！我会！”“我可以！”孩子们拿到木夹子就开始捏，好几个孩子使劲地捏，就是捏不动。“你捏错地方啦！”新新对旁边的同伴说：“要捏这边。”其他孩子也都试了试从两边捏，真的只有一头才能捏开，木夹子两头长得差不多，孩子们不太容易分辨，只好一头捏不动再换一头。晨晨说：“彤彤的夹子坏掉了。”彤彤说：“我捏它，它就自己开了。”原来，木夹子是由中间的弹簧连接两片木片组成，两块木片要对齐捏，如果被捏错位了，弹簧就会掉出来，夹子就散架了。

老师请孩子们仔细看看到底该捏哪头。“老师，这个夹子有一头像小鸟的尾巴，长长的。”“老师，我知道要捏着有长尾巴的那一头，你看，我打开了。”“老师，我也打开了。”能干的孩子们终于发现了打开木夹子的正确方法。

于是，结合孩子的经验，我们编了儿歌：“捏紧长尾巴，张开大嘴巴，啊呜一口咬下去。”就这样，孩子们顺利地找到要捏的地方，两只小手一起用力，夹子就打开啦。

夹子两头长得不一样

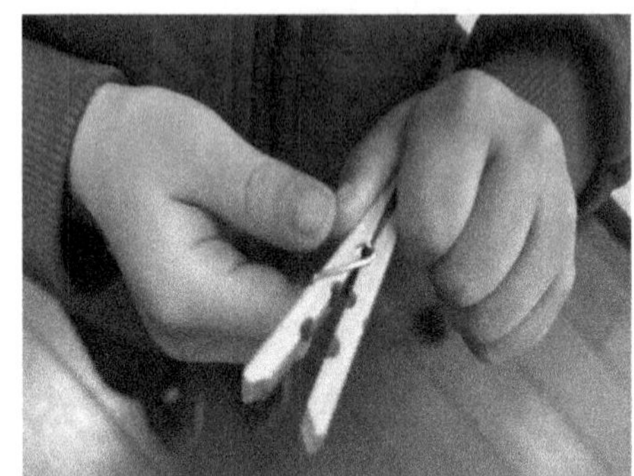

要使劲捏才能打来夹子

在活动中，幼儿的科学探究兴趣、操作能力都得到了发展。根据《指南》的精神，幼儿的科学学习是在探究具体的事物和解决实际问题中，尝试发现事物间的异同和联系的过程。为了让幼儿发现木夹子两头的区别，教师多次引导幼儿细致观察和尝试操作。通过自主探究式的学习，幼儿在一次次尝试、重复、试错中获得了初步分析和解决问题的能力。

片段二：夹子可以夹什么？

老师：“试一试，木夹子可以夹什么东西？”

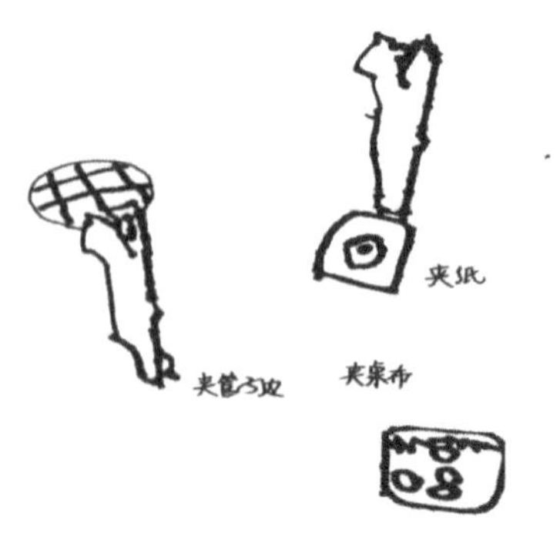

夹子可以夹纸、筐子边、桌布

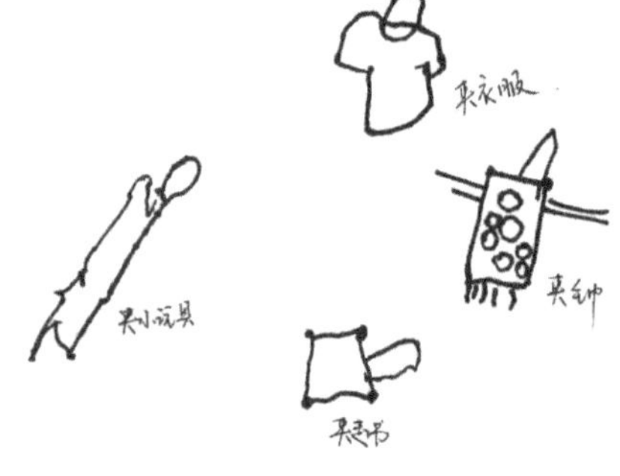

夹子可以夹小玩具、衣服、毛巾

孩子们在班级里到处寻找可以夹的物品，不一会儿就有孩子说："老师，我夹起书了。"有的指着自己的衣服说："老师，我把夹子夹在我衣服上啦。"有的说："这个夹子太小了，不能夹大东西。"有的说："老师，你看，可以夹在盒子边上。"孩子们纷纷"炫耀"着自己夹住的物品。

不光木夹子可以夹很多东西，其他夹子也是作用多多。于是教师通过收集生活中夹子的妙用图片，引导幼儿了解更多夹子在生活中的妙用，不仅开阔了幼儿的视野，激发了幼儿继续探究的欲望，同时提高了幼儿的想象力和创作力。

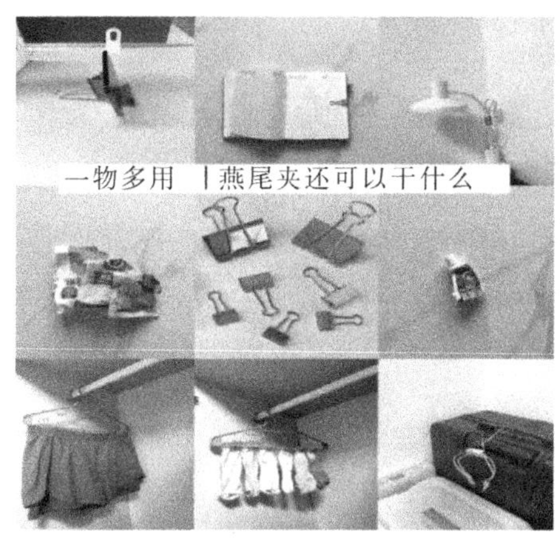

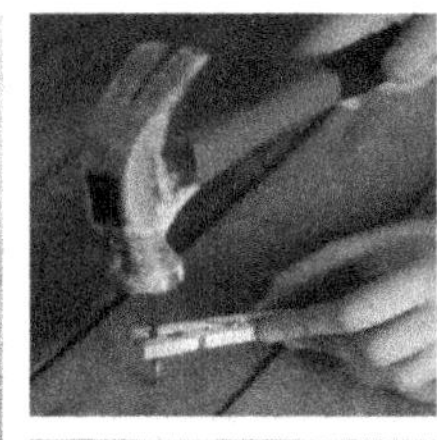

夹子在生活中的妙用

活动四：夹子可以怎么玩？

夹子给我们的生活带来了方便，那我们可以和夹子做什么游戏呢？木木："夹子可以做飞镖。""是的，还可以做什么呢？"于是，我们一起在班级里开启了"玩转夹子"游戏活动，如：夹子大变身，把夹子涂上色组合在一起变成好看的画；用夹子夹虫子喂小鸡；用夹子进行物品分类整理；用夹子玩益智游戏；等等。

活动目标：

1. 知道夹子的各种用途，学习组合夹子进行创作。
2. 能结合辅助材料用夹子创作出不同造型的作品。
3. 体验玩夹子游戏的快乐。

片段一：夹子大变身

"夹子不仅可以夹东西，还可以大变身哦。"老师提供了很多夹子，请孩子们试一试将夹子和夹子连在一起，可以变身成什么？孩子们尝试后，教师出示了几个夹子在一起组合成不同造型的图片，请孩子们观察。

老师："你们想不想试一试用夹子变出不同的造型？"接着，孩子们有的变出了一个大三角，有的变出了一条毛毛虫，有的变出了一架小飞机。

老师："老师还带来了一些材料，请你们用夹子把它们合在一起，变一变。"

这次孩子们做出了小鹿、烤串、机器人……

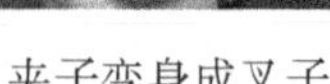

夹子变身成叉子

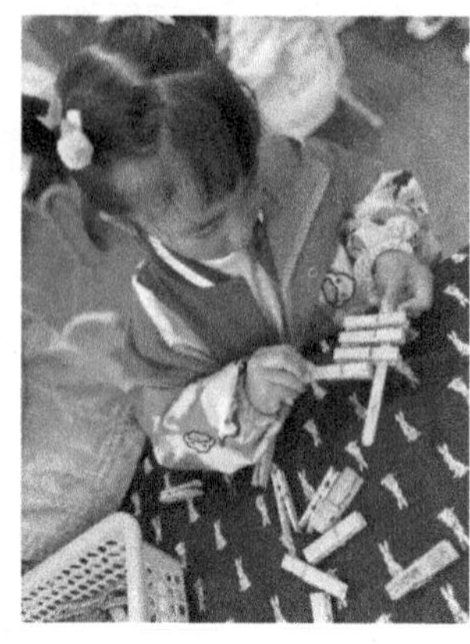

夹子和雪糕棒变身成串串

夹子变成了一个圆

幼儿对探究世界充满好奇和欲望，也正是在与周围环境和物体建立联系的过程中，幼儿的身心得到发展。幼儿在自主选择材料并不断地尝试或动手实践中，自由发挥想象，提高了自信心和动手能力。

片段二：漂亮的发夹

在美工区，我引导孩子："这个发夹身上没有好看的颜色呢，这里有很多材料，你们想不想来装饰发夹呀？"孩子们听到后开心地说："我想！我想！"有个孩子端了一筐黏土来，他们用黏土做成小花、彩虹、棒棒糖，然后用双面胶黏在发夹上。之后，在老师的提醒下，有的孩子以毛根为材料、有的孩子以毛线为材料，制成各种装饰，老师帮忙用胶枪粘牢，哈哈，美美的发夹完成啦！

孩子们把发夹送到了"理发店"，吸引了很多"顾客"到店里来试戴漂亮的发夹。

装饰发夹

看我做的发夹漂亮吧

在"理发店"，给小朋友试戴发夹

夹子的玩法还有很多呢，我们充分利用各个区角，在不同的区域里投放了不同种类的夹子，通过与夹子、环境、材料之间的互动，幼儿充分感知各种夹子的特征和作用，在游戏中逐步掌握与夹夹子相关的劳动技能，来看看我们在区域里都是怎么玩转夹子的吧！

主要区域活动

区域	活动名称	活动目的	活动材料	已有经验	指导要点
美工区	装饰大夹子	模仿不同的线条装饰大夹子	大竹夹子、各色彩笔	会使用画笔,会画直线、锯齿线等简单线条	使用不同的颜色和线条装饰夹子,有一定的坚持性
	小狮子、小鱼	练习使用夹子装饰狮子的毛和鱼骨头等	塑料夹子、竹夹子、铁夹子若干,小动物底板等	知道使用夹子的基本方法	尝试使用不同的夹子来装饰狮子头、小鱼的身体等
益智区	晾衣物(排序)	进行AB模式排序	底板,帽子、衣服等图片若干,木夹子	学过按间隔方式进行排序	能使用木夹子将图片按AB模式排序夹好
	小刺猬背果子(点物对应)	点物对应,能对应点和物品的数量	刺猬底板、点卡、带有红果子的夹子若干	已学过4以内点数,能正确说出点卡上的点子数量	按点数量取相同数量夹子,并能手眼协调夹好夹子
	送毛毛虫回家(颜色分类)	按物体的某一个特征进行分类	4种颜色的盒子各一个,毛毛球和各类夹子若干	会进行颜色分类	按颜色分别将毛毛球用不同的夹子送回相应的家
劳动生活区	晾衣物	尝试使用不锈钢大夹子	毛巾、帽子等若干,不锈钢夹子,塑料夹子	会进行简单的分类	能将物品分类,用夹子进行晾晒活动
	夹袜子	能找出配对的袜子并夹好	塑料夹子、袜子若干	进行过袜子配对,基本会使用夹子	先找出一对一对的袜子,再进行夹袜子整理活动
建构区	夹子变变变	能用不同的夹子和辅助材料进行搭建活动	塑料夹子、铁夹子、竹夹子等各种材料的夹子,雪糕棒,纸杯,卡片,毛根等	知道如何使用夹子	能用不同的夹子和不同的材料进行组合搭建,积极分享自己的作品

美工区:装饰大夹子

益智区:晾衣物

益智区:小刺猬背果子

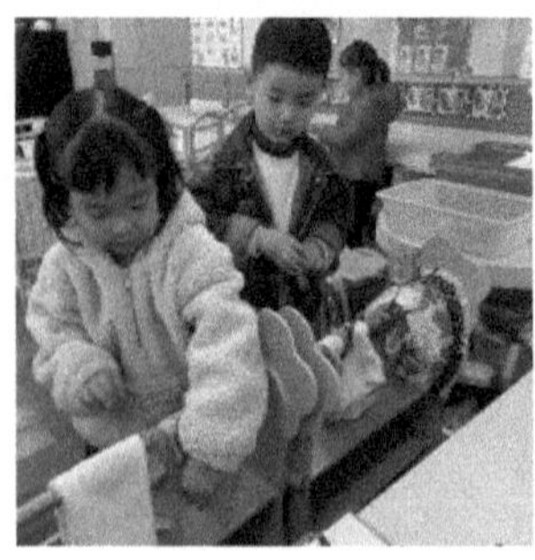

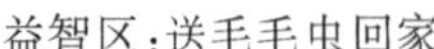

益智区:送毛毛虫回家　　劳动生活区:晾衣物　　建构区:夹子变变变

六、活动反思

夹子看似不起眼,可对于小班幼儿来说,却是锻炼小手精细动作的宝贝。一次无意的动作,引发了一段奇妙之旅。自从班级"夹子宝宝"出现后,很多幼儿都对夹子产生了兴趣,他们聊着自己头上戴的发夹,玩着娃娃家里晾衣绳上的夹子,说着家里有什么样的夹子等。《指南》指出:要重视幼儿的学习品质。幼儿在活动过程中表现出的积极态度和良好行为倾向是终身学习与发展所必需的宝贵品质。

在班级的环境创设中,活动前期教师已在幼儿园暗藏了许多夹子,活动开展中又通过在走廊、班级投放夹子潜移默化地影响幼儿。游戏中,教师在每个区角都放置了不同层次的夹子,幼儿可以自由选择喜欢的夹子进行游戏,去自主地使用、探究和创作。此外,教师还鼓励幼儿尝试用不同的夹子进行游戏,挑战更有难度的任务。

活动中,教师还通过儿歌和动作,让幼儿在边说边做中加深对夹子特点和作用的认知,激发幼儿的探究兴趣。教师在活动中细致观察,如发现木夹子在使用中总是出现散架、打不开的现象,就及时引导幼儿,总结正确的使用方法。为了让幼儿了解更多的夹子,教师还积极调动家庭、社区资源,让幼儿在家中、附近的超市、网上等寻找夹子,大大提升了资源的覆盖度和利用效率。

总之,教师要及时捕捉幼儿在活动中的精彩瞬间和存在的问题,根据幼儿的水平和需要,科学引导,有的放矢。

中班主题活动

和无患子玩游戏

一、主题来源

夏季的一天，安安发现幼儿园门前的树上长出了一簇簇绿色的小果子，好像龙眼。他到班上兴奋地告诉同伴："我看到龙眼长在树上，就在幼儿园外面。"其他孩子问："真的吗？在哪里？"大家决定一起去寻找"龙眼树"。孩子们来到树下，抬头一看，一串串小果子正挂在枝头呢！顿时欢呼道："太好啦！太好啦！我们有好多龙眼可以吃了。"原来，这就是安安口中的"龙眼树"。孩子们继续讨论："这个龙眼现在还是绿色的，不能吃！""这要等到什么时候呀？""老师，龙眼什么时候可以摘呀？"面对这一连串的问题，我反问道："水果是什么时候成熟呢？"孩子们回答是秋天。"那我们再等等，等秋天再摘。"接下来，每天放学时，孩子们都要看看"龙眼树"上的龙眼有没有成熟。

一场秋雨过后，地上掉落了许多"龙眼"。早上来园时，安安说："老师，我捡了很多龙眼，可是妈妈说这不是龙眼。"孩子们讨论着："这个圆圆的小果子到底是不是龙眼呢？"如果不是龙眼，那它叫什么名字呢？""小果子里面有什么，可以吃吗？"……小小的"龙眼"引起了孩子们极大的兴趣，我及时捕捉教育契机，追随孩子的脚步，和无患子来一个亲密接触。

二、主题资源

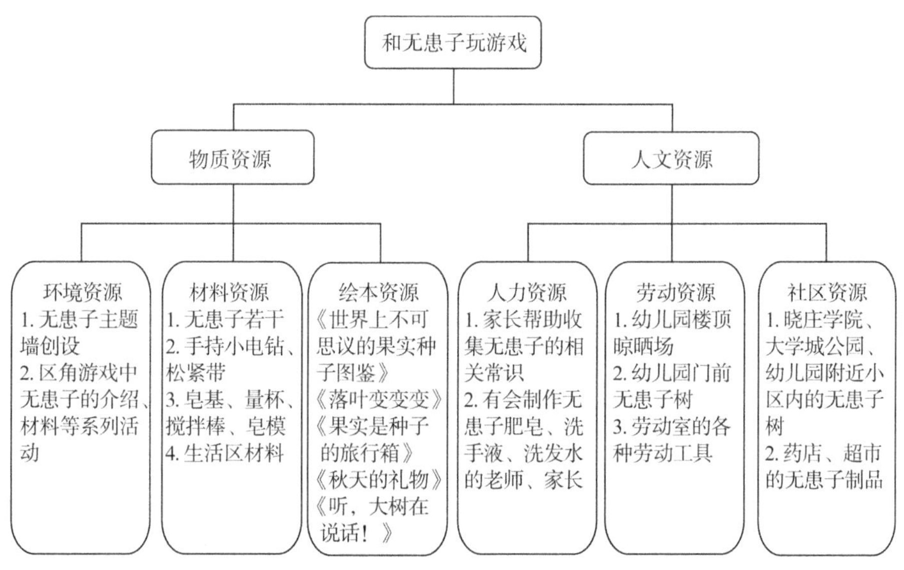

三、主题脉络

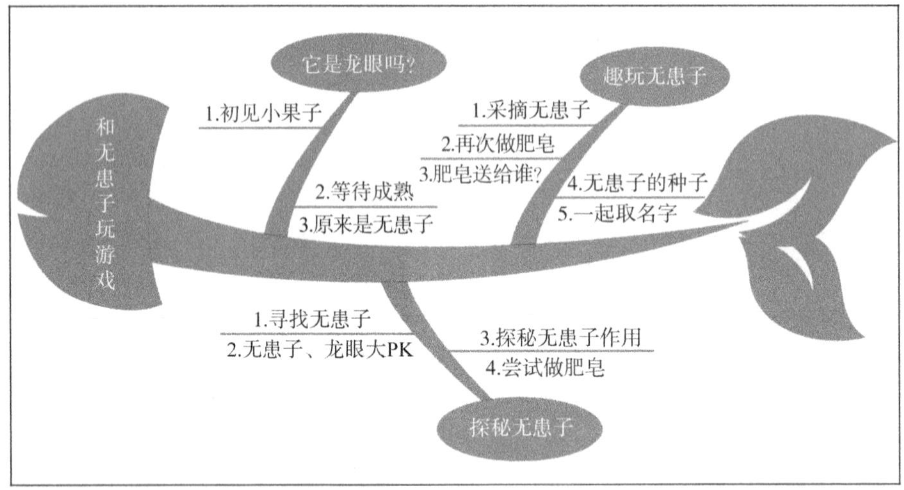

四、主题核心目标

1. 能积极、主动收集有关无患子的各种信息,感受无患子的奇妙。
2. 通过对比、观察、探索,了解无患子与龙眼的区别,知道无患子的作用。
3. 寻找并收集各种无患子制品,在探寻无患子的过程中能较完整地表达对无患子特征、作用等的认识。
4. 能根据自己的意愿制订计划,并尝试按照自己的计划采摘无患子,在采摘过程中不怕困难,有一定的坚持性。
5. 学习运用多种材料表现、制作无患子工艺品,能够记录自己的发现。
6. 在活动中有探究的兴趣,尝试种植无患子。

五、主要活动

活动一:神奇的无患子

调查:我们上网调查了这个小果子,它学名叫无患子,每年10—11月会成熟,成熟时果皮呈黄色或棕黄色。龙眼、荔枝都属于无患子科,无患子可是这一科的“科长”呢!

活动目标:

1. 运用多种感官,感知无患子的特点。
2. 通过对比,能大胆地用语言表述无患子和龙眼的区别。
3. 体验探究无患子秘密的乐趣。

片段一:寻找无患子

第二天,孩子们带来了很多无患子,都是在周边小区捡到的。有的在幼儿园门口,有的在周边的河埂上,有的在小区里,还有的在大学城公园里……原来在我们身边有很多无患子树呢！

捡来的无患子，有的是绿色的，有的是黄色的。孩子们在一起探讨无患子的秘密。

无患子有什么秘密呢？

①圆圆的，可以滚动。

②果皮有一些粗糙。

③闻起来有淡淡的气味。

片段二：比较无患子

无患子和龙眼有什么不一样的地方呢？一起来观察比较吧！

小鱼："龙眼的皮薄薄的，很光滑，吃起来很甜，香香的。"

森森："龙眼皮上有很多点点，无患子外皮很光滑。"

安安："无患子果实有厚厚的肉，剥开很费劲。"

阳阳："无患子闻起来有奇怪的味道。"

轩轩："无患子的壳上还有两个小帽子，就像小屁股一样。"

凯凯："它们里面都有一颗黑黑的核。"

悠悠："无患子的核上面还有一层毛毛呢。"

原来它们有这么多不一样的地方，那无患子到底有什么作用呢？通过调查，我们发现无患子是天然的洗涤剂，它可以用来洗东西，或做成肥皂、洗发水，还可以用来做手串，它还是一味中药呢！

片段三：晾晒无患子

孩子们每天都会去捡无患子，但是绿色的无患子不易保存，还会发出臭臭的味道，孩子们便不愿意再碰无患子了。见此情景，我引导道："无患子湿湿的，放在一起容易腐烂，所以才会有臭臭的味道，怎么办呢？"于是孩子们想出办法：将捡来的无患子放到楼顶上晾晒。大家分成小组，来到天台开始翻晒无患子。一筐筐无患子整齐地摆在地上，孩子们每次都争着帮无患子翻身晒太阳，还比赛看哪一组晒得又快又好。在翻晒的过程中，孩子们不仅学会了与同伴共同合作，还感受到了劳动的乐趣和成就感。

树下一起捡无患子

到顶楼晾晒无患子

晒干的无患子

活动二：趣摘无患子

新的发现：初冬季节，无患子的叶子落了一地，树枝上留下很多无患子。

孩子们讨论起来："树上的无患子怎么不掉下来呀？"

安安："上次刮风后，掉了很多无患子，这次怎么不掉下来呢？"

硕硕："我们把无患子摘下来吧！"

森森："怎么摘呀，树那么高，我们根本够不到。"

芊芊："我们一起来摇一摇大树吧，把无患子摇下来。"

说完，芊芊抱着大树摇起来，可大树纹丝不动。于是大家一起抱着大树使劲摇，大树仍然一动不动。

这时阳阳说："老师高，请老师帮我们摘。"

孩子们蹦蹦跳跳地过来对我说："老师，无患子树太高了，我们够不到！""老师，快帮我们把无患子摘下来吧！"大家你一言，我一语。

听到孩子们的求助，我尝试去摘无患子，但够不着。孩子们发现这一点，就提议："老师，你跳一跳，跳一跳就能够到了。"我跳起来还是够不到，孩子们失望极了。

活动目标：

1. 尝试使用工具，与同伴合作摘无患子。
2. 能积极与同伴商量摘无患子的方法并尝试，采摘时注意安全。
3. 乐意参与摘无患子活动，采摘过程中不怕苦、不怕累。

片段一：寻找工具

老师提出："可以用什么工具来帮助我们摘无患子呢？"孩子们热烈地讨论着。

阳阳："可以用木棍够。"

芊芊："用竹竿也可以的。"

徐徐："用梯子可以爬上树摘无患子。"

乐乐："请小鸟帮忙。"

安安："可以开个挖掘机来撞一撞树，让无患子落下来。"

其他孩子表示反对："我们又不会开挖掘机。"

"对呀对呀，这个肯定不行。"

"那我们还是用木棍吧！"孩子们尝试起来，用木棍、竹竿、梯子还是够不到。

这时，阳阳召集起孩子们说："我有一个好主意……"商量一番后，只见他们抬来架子，把梯子横在架子上，小心翼翼地站在梯子上，他们试了试，还是够不到。大家聚在一起，共同商量办法。

小鱼："我们有梯子、木架、竹竿、棍子，可以站在梯子上拿棍子够。"

小羽："这样太危险了。"

用用："我们保护他就可以了，像我这样手扶着梯子就会比较稳。"

用挖掘机、梯子、绳子、棍子等采摘无患子。

用弓箭射、请小鸟帮忙、等无患子自己掉下来……

片段二：尝试采摘

谁敢来尝试呢？

孩子们你看看我，我看看你，有点害怕。过了一会，阳阳勇敢地站出来："我来试一试。"他小心翼翼地爬上梯子，小羽把竹竿递给了他，阳阳手拿竹竿，终于够到了，下面的孩子欢呼雀跃，同时还提醒上面的孩子要小心。一颗、两颗……无患子纷纷落了下来。但是，许多无患子依然高高地挂在树上。于是，我们请来了高个子保安师傅，在他的帮助下，无患子一颗一颗地落了下来……

找来竹竿尝试，竹竿太短了，又换了梯子还是没够到。

小鱼提出，可以站在梯子上拿棍子够。

无患子一颗一颗掉落下来，孩子们开心地捡无患子。

活动三：趣剥无患子

制作肥皂、洗手液，需要无患子的果实，这么多的无患子，怎么样剥开壳呢？孩子们大多表示："用手直接剥开吧！用指甲掐开，就像剥龙眼一样。"大家开始剥无患子了，剥着剥着，问题又出现了。安安说："老师，我的手好黏呀！""是的，我的手也好黏呀！""我的手都

黏在一起了。”“我的手都抠疼了。”手剥无患子无法继续了。

活动目标：

1. 知道无患子的果壳比较坚硬，在剥壳过程中不怕苦、不怕累。
2. 尝试用不同工具分离无患子果肉和壳，并能大胆表达自己的想法。
3. 乐于接受剥无患子壳的任务，体验劳动的艰辛和收获的乐趣。

物质准备：无患子、记录表、笔、捣药罐、积木、玩具、核桃钳、矿泉水瓶等。

片段一：打开无患子

老师：“怎样打开无患子？无患子里面长什么样子？”孩子们大胆猜测，结合已有经验讨论打开无患子的方法。

乐乐：“无患子实在太硬了，里面还黏黏的。”

西西：“是的，这个黏黏的是不是就是洗手液？”

阳阳：“之前的无患子都臭了，这一次可不能放臭了，我们要快点打开它们。”

芊芊：“我们可以用工具来开无患子。”

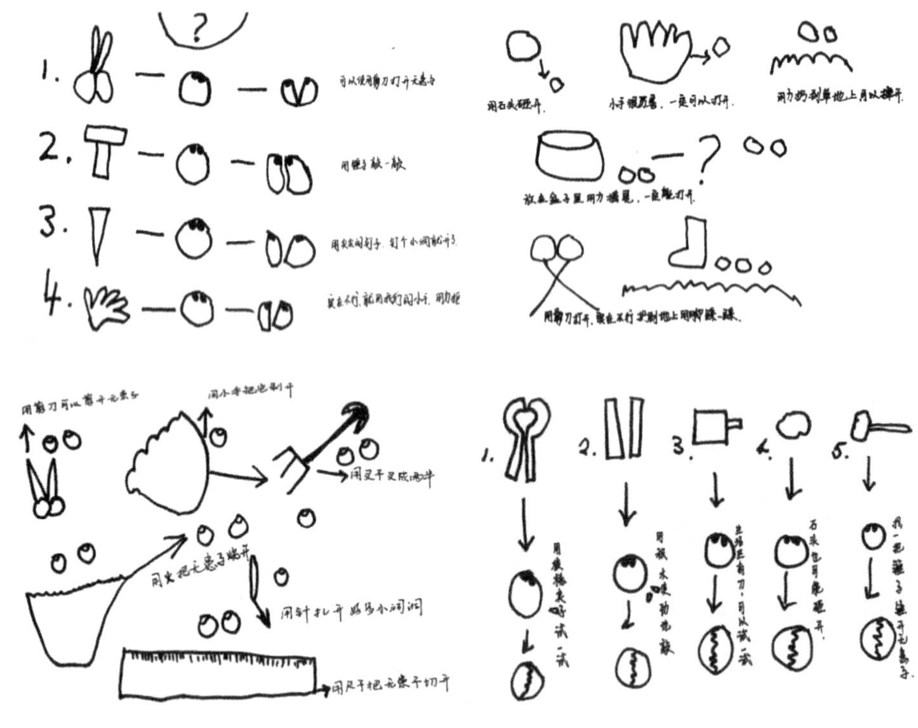

打开无患子的方法

片段二：寻找工具

“用什么方法打开无患子，不黏手而且手还不疼呢？”

“可以用石头砸开，用刀切开，用锤子把它锤开。”可是我们没有找到这些工具，有孩子提议用积木代替石头来敲。

“使劲扔在地上，让它自己裂开。”

“用剪刀剪开。”

“用小刀切开。”

“用脚踩开它。”

片段三:打开无患子

老师出示工具:“你们去试一试,能用什么工具打开无患子。”

1. 分组操作,探索怎样打开无患子。

2. 相互交流关于无患子的秘密:你用了什么工具?发现了什么秘密?

3. 共同小结:无患子由果肉和核组成,经过摩擦会产生泡泡。

于是,孩子们分组继续尝试,知道了干的无患子很好打开,用积木敲、用脚踩、用剪刀剪都可以打开。湿的无患子只能用剪刀剪开一个口子,再用手剥。

接着,孩子们一边剥无患子一边交流自己用了什么工具?发现了什么秘密?

得出结论:无患子很硬,需要工具才能打开。无患子由果壳、果肉和核组成,经过摩擦会产生泡泡。

老师:“是的,它的黏液可以变成泡泡,用来洗手。”

老师出示装了水的矿泉水瓶,并提出:将无患子果肉放进去摇晃,会发生什么变化?孩子们继续操作,终于制作出了无患子洗手液。

活动四:趣做手工皂

刚剥完无患子,孩子们洗手时发现,没有打肥皂手上就会有很多泡泡,而且越搓越多。基于幼儿的调查经验,他们提出:用无患子制作肥皂。

比一比谁的泡泡多?

我也搓出泡泡了。

好神奇,我手上的泡泡最多!

活动目标:

1. 通过操作、实验,发现无患子清洁的秘密。

2. 会按照步骤用无患子制作肥皂,能用语言表述无患子的秘密并能大胆去验证自己的发现。

3. 体验制作无患子肥皂的乐趣。

片段一:泡泡哪里来?

老师提出问题:“我们在清洗无患子时,为什么会出现这么多泡泡?果肉里有泡泡还是核里有泡泡?”孩子们分别用果肉和核进行操作比较,原来,无患子的果肉上有很多黏液,遇水搓一搓会变得滑滑的,产生泡泡。

片段二:做肥皂

西西提出:“我们用无患子做肥皂吧!”孩子们找来一个起泡网,把无患子装进去,可以直接当作肥皂来用。每次洗手时,搓一搓起泡网,都会产生大量的泡泡。但是,孩子们又发现:湿的无患子放在起泡网中,起的泡沫会更丰富。干的无患子不容易起泡泡。那这么多干的无患子怎么办呢?带着这个问题,孩子们各抒己见。

芊芊:“用水把无患子泡一泡,就能出泡泡了。”

阳阳:“把这个煮一煮就可以当洗手液了。”

实验又开始了,我们找来起泡瓶后,一组泡无患子,一组煮无患子。过滤的水真的成了天然的洗手液。把洗手液装到瓶子里,洗手的时候挤一挤,就更方便啦!过了几天,孩子们发现,无患子的水变得臭臭的。原来,纯天然的洗手液容易腐坏,怎样才能保存更久呢?

孩子们给出了自己的建议:一起来做香香的肥皂吧!

片段三:做香皂

无患子的味道不好闻,做出来的肥皂也不好闻,怎么办呢?

悠悠:“可以加一些香水。”

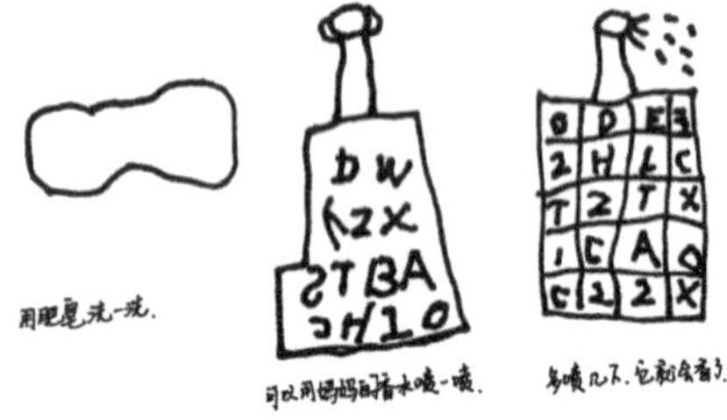

用香水喷一喷,无患子肥皂就香啦!

将无患子的果实用锅炒一炒,把它炒香,就像炒瓜子一样,然后就可以做香香的肥皂。

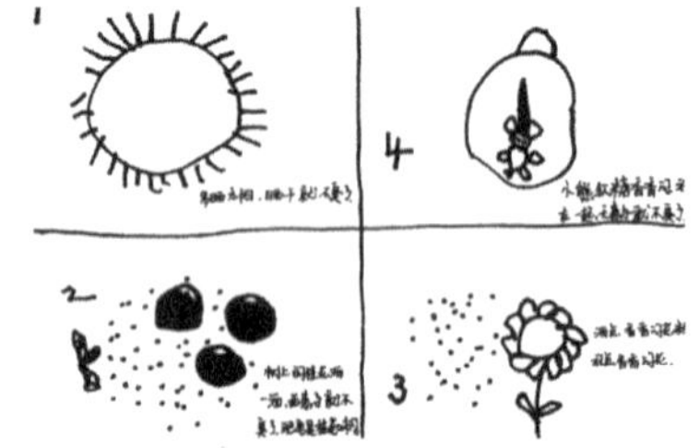

做肥皂时加一些香香的花、很多甜甜的棒棒糖、树上的桂花,做出的肥皂就不会臭啦!

我们一起将无患子带到楼顶晒太阳,这样加一些香香的花、甜甜的糖,做出的肥皂香香的。

晴晴:“加上我们班级的花露水也会香香的。”

安安:“还可以加入一些香香的花。”

铭铭:“放很多甜甜的棒棒糖。”

凯凯:“放一些香香甜甜的水果。”

孩子们提出了这么多的妙招,那就一起动手操作吧!我们准备了手工皂材料包,先过滤无患子水,然后将无患子水倒入融化后的皂基中,再倒入模具,放凉,等待脱模。第一次没有凝固成功,失败了。总结原因:原来无患子水加得太多了。于是又将没有凝固的肥皂水再次融化后加入皂基,还是没有成功。经过一次又一次实验,最后我们只加入了少量的水,漂亮的手工皂才大功告成!孩子们欢呼雀跃,我们可以用自己做的肥皂洗手啦!

片段四:肥皂送给谁?

采摘无患子时,我们得到了很多人的帮助,最终做成了可爱的肥皂。那么,可爱的手工皂可以送给谁?

硕硕:“送给爸爸妈妈,他们上班的时候可以洗手,洗掉细菌。”

淇淇:“送给我们的生活老师,帮助我们清洗毛巾。”

乐乐:“还可以送给奶奶洗衣服。”

我们分组行动啦!一组孩子将手工皂包装起来,分别送给幼儿园里想送的老师、小朋友,一组帮助同伴洗洗小毛巾。看,我们用自己做的手工皂进行劳动,真开心!

小兔子肥皂真可爱!

放在盥洗室洗手。

可以洗洗我们的小毛巾。

活动五:趣玩无患子

孩子们一起去捡无患子的时候,大家会比一比谁捡得多,谁捡到的大;圆圆的无患子可以滚动,孩子还会比一比谁的无患子滚得远……除此之外,无患子还可以怎么玩呢?

孩子们提议:“我们可以把它放在生活区练习夹筷子。”“放在美工区做手工。”“无患子是不是还能串珠子呀?”“这个要怎么串呢?”“打个洞就可以了!”……于是,我们的区域游戏就围绕着无患子展开了。

主要区域活动

区域	活动名称	活动目的	活动材料	已有经验	指导要点
读写区	我和无患子的故事	记录并分享自己设计的无患子游戏、与无患子发生的趣事	一篮子无患子，勾线笔、绘画纸	会用多种方式记录	用自己喜欢的方式大胆记录自己和无患子的故事并讲述
美工区	无患子拼贴画	用无患子核设计造型，并使用简单的辅助材料	玉米粒、白乳胶、超轻黏土	用无患子和核创作，采用多种方法摆放、粘贴各种造型	能大胆想象各种不同的造型进行创作，会使用辅助材料
益智区	1. 我和无患子捉迷藏 2. 小小足球赛	1. 幼儿合作，用自然物进行躲藏、猜测游戏 2. 能合作用无患子核开展桌面足球游戏	记录单、笔、无患子核、桌面足球材料	和同伴商量无患子游戏的具体玩法，了解游戏规则	能遵守游戏规则开展游戏
生活区	1. 无患子手串 2. 无患子香皂	1. 能有规律地穿手串，并尝试用辅助材料进行装饰 2. 通过溶解皂基、搅拌、倒入脱模器等步骤制作肥皂	各种串珠、松紧线等；无患子果肉、皂基、量杯、搅拌棒等	已进行过串珠游戏和学习过制作肥皂	1. 能按照规律进行串珠游戏 2. 能按照步骤进行肥皂制作活动

活动六：一起取名字

在活动进行到尾声的时候，老师提出：咱们一起捡了无患子、想办法打开了无患子、用无患子做了肥皂，经历了这么多有趣的事情，我们给它取个什么好听的名字呢？

孩子们听完，非常兴奋，都要给故事取名字。

悠悠："我想取——'无患子做肥皂'。"

凯凯："又不是只做了肥皂，我们还用无患子洗东西了，叫'无患子小泡泡'。"

芊芊："不是不是，洗东西的时候有很多泡泡，叫'无患子大泡泡'。"

鹏鹏："我最喜欢和小朋友去摘无患子了，应该叫'树上摘个无患子'。"

徐徐："应该叫'和无患子玩游戏'。"

淇淇："我们叫'小无患子'吧。"

孩子们越说越多，到底叫什么名字呢？还是用投票的方式来决定。

最终"一起去摘无患子""和无患子玩游戏"票数最多，各得 12 票，到底选哪一个呢？来个二次投票，孩子们慎重选择，确定了故事名称——和无患子玩游戏。

"和无患子玩游戏"获得 12 票。

"无患子小泡泡"获得 5 票。

"一起去摘无患子"获得 12 票。

"无患子大泡泡"获得 5 票。

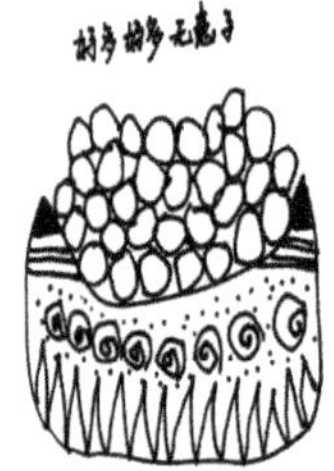

"好多好多无患子"获得 6 票。

六、活动反思

1. 精密观察,捕捉兴趣点

真正的课程应建立在幼儿感兴趣的现实生活中,建立在幼儿的行动和操作中。观察幼儿行为让我们更深入地了解幼儿,发现教育契机,解读幼儿行为背后的原因,因材施教,给予正确的引导。本活动是基于教师观察发现而引发的一系列活动,教师聚焦幼儿的探究点,在时间和空间上给予充分支持,使幼儿能深入探究,主动建构自己的经验。

2. 挖掘资源,丰富主题

在主题活动实施中,课程资源非常重要。幼儿园周边的无患子树很多,除校园门口,周边小区、公园里、马路边都有无患子树。在实践过程中,我们从物质资源和人文资源进行挖掘,注重课程资源与各领域的有机融合,以此来充实和丰富主题。

3. 活动游戏化,提升经验

《指南》指出:“幼儿的学习是以直接经验为基础,在游戏和日常生活中进行的。”活动中,教师带领幼儿一起去捡无患子、摘无患子、制作肥皂等,将幼儿对无患子的认知转变为与实践相结合的操作探索。通过亲身感知、实际探究、自主体验等游戏化的操作活动,提升幼儿的探究精神和生活经验,推动主题深入前行。

附:

劳动主题能力评价检核表

劳动主题		和无患子玩游戏	评价等级		
			☆	△	○
主要评价指标	认知	1. 知道无患子的生长过程、特征、作用以及与人们生活的关系			
		2. 了解无患子与龙眼的区别,能够比较它们的异同之处			
		3. 在寻找并收集各种无患子制品的过程中,知道无患子可以做成许多生活用品			
	能力	1. 能与同伴协商采摘无患子,并尝试用工具剥无患子			
		2. 通过对比、观察、探索,能使用无患子的核以及辅助材料有规律地穿手串;学习用无患子等材料制作不同造型的肥皂			
		3. 能够将自己对于无患子的观察体验用自己的方式记录并大胆表达			
	品质	1. 在探索无患子的过程中,能努力克服困难,积极寻找解决方法			
		2. 在采摘无患子的劳动过程中不怕苦、不怕累,有一定的坚持性			
		3. 能够尝试与同伴合作完成采摘、制作等劳动			
	情绪情感	1. 乐意将自己的劳动成果(手工作品)与他人分享			
		2. 萌发爱护生命、保护环境的意识			
		3. 在采摘、制作活动中感受劳动的辛苦和快乐			

评价等级为:☆—熟练、△—发展中、○—尚未出现。

社区里的新年

一、主题来源

准备远足了，我和孩子们交流："我们远足都去过哪里？"仔仔说："晓庄学院呀，我喜欢在那里玩！"嘟嘟说："我们去过菜场买菜！"九月说："我去逛过超市！"安安说："我还去过××，是吃饭的地方！"小虎说："还有糕点铺，里面有好吃的点心！"我说："这些地方都在幼儿园附近，是我们的好邻居。你们还想拜访哪些好邻居？"孩子们七嘴八舌地说："我想去警察局，我喜欢警察叔叔！""我想去快递站看一看！""我想去理发店，看叔叔剪头发！""还有烤鸭店呢，烤鸭好香啊！"……

适逢元旦新年将近，我和孩子们共读了绘本《好忙的除夕》，看到"年货大街"这一页时，孩子们被深深地吸引住了，小虎说："我们也办一个年货大街吧！"这个想法得到了小伙伴们的一致赞同。为了进一步了解社区里人们的工作，我们再一次走进了社区，拜访了许多邻居。由此，我们的主题活动"社区里的新年"自然地展开了。

二、主题资源

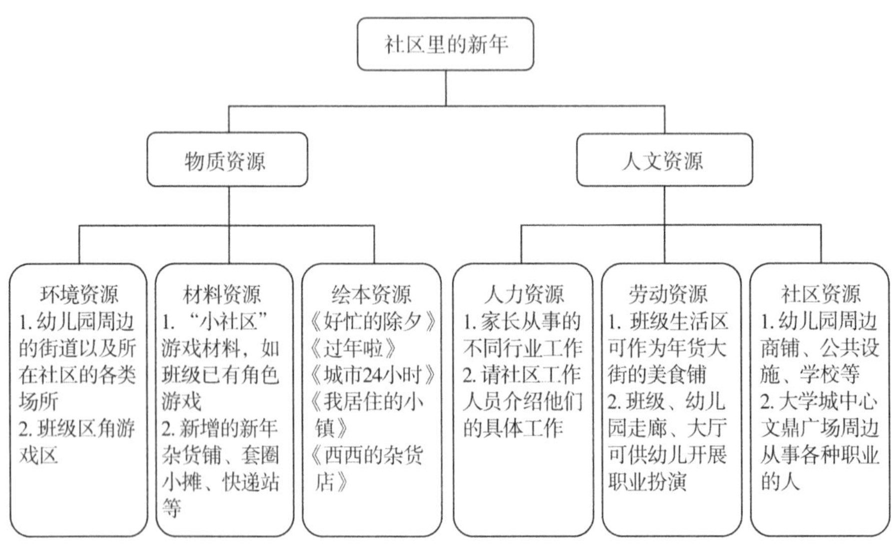

三、主题脉络

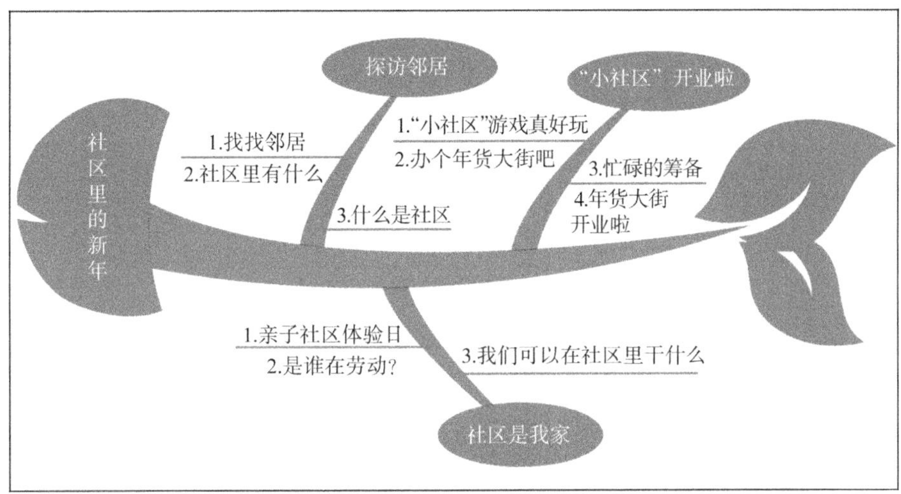

四、主题核心目标

1. 主动关注、了解周边社区各种场所和在那里工作的人，感受他们的工作与人们生活之间的关系，感恩社区里为大家服务的人。

2. 进一步体验社区生活，大方地使用礼貌用语交流，感受公共设施给人们生活带来的便利，喜欢自己所在的社区，尊重他人劳动，爱护劳动成果，对社区环境有初步的保护意识。

3. 关注社区在新年到来时的变化，能以建构、绘画或手工制作等方式创造性地表达自己对过新年的认识与理解。

4. 在游戏中主动与人交往，大胆地表现社区里人们的工作和生活，结合新年传统文化以及日常生活内容，丰富年货大街的游戏情节。

5. 喜欢阅读新年主题的绘本及其他书籍，结合已有的新年生活经验，积极讨论年货大街的计划并分步筹备，能够在集体中进行交流，提出自己的问题，并用喜欢的方式记录。

6. 能积极主动地参与活动，面对困难时积极寻求解决办法。

五、主要活动

活动一：探访邻居

孩子们进入中班，体能增强，远足能去的范围不断扩大，为了满足角色游戏的开展需要，我们根据孩子们的想法，带领孩子们走访社区的警务室、门诊部等场所，帮助他们了解更多社区里的各种场所，进而提出自己的看法与疑问。

参观社区商铺

参观地下菜场

参观社区门诊部

参观社区警务室

活动目标：

1. 主动关注、了解周边社区的各种场所和设施，积极参与社区的活动。
2. 乐于通过参观、讨论、分享记录等方式，表达对社区的认识和理解。
3. 关心自己生活的社区，有初步的责任意识。

片段一：什么是社区？

为了帮助孩子们增进对社区的理解，老师引导他们展开了关于什么是社区的讨论。

九月："社区就是医院，医院有很多人看病。"

元宝："不对！社区就是小区，我家在××小区！"

毛毛："我们小区门口还有水果店呢！"

珠珠："还有药店，我和妈妈买过药的。"

嘟嘟："社区应该是有人住的地方吧？"

小宝："社区是人们建造出来的吧？"

安安："我觉得社区就是许多房子，人住在里面。"

超超："社区就是很多马路，路上有汽车。"

糯糯："社区就是城市吧。"

……

老师："对，幼儿园附近有许多邻居，还有许多房子和设施，我们都生活在这里，大家相互帮助，一起劳动、学习和玩耍，做很多事情，组成了一个大集体，我们叫它'社区'"。

我眼中的社区

我们一起画社区

片段二：社区里有什么？

社区里到底有什么？怎样才能让大家知道呢？几个孩子商议绘制一幅社区地图，好按照标记去寻找。但在过程中出现了问题，有些场所记不清了，于是他们就邀请了全班孩子一起来参加，收获还真不小。

孩子们兴奋地回忆和分享："我看到有停车场。""我知道有水果店。""有零食店。""我去过地铁站。""有小学。""有卖蛋糕的店。""有超市和菜场。""还有文鼎广场，有好多好吃的！"

水果店　　零食店　　地铁　　医院

活动二：社区是我家

活动目标：

1. 进一步体验社区生活，感受社区环境与人们生活之间的关系。
2. 能提出自己的问题并主动交流，用自己喜欢的方式记录。
3. 喜欢自己所在的社区，感恩社区里为我们提供服务的劳动者。

片段一：我们可以在社区里干什么？

随着对社区生活的深入了解，孩子们开始积极大胆地进行谈论和记录，感知社区与自己的密切关系。

"社区里有公园，大家可以在公园里玩！"

"我和妈妈会去菜场里买菜。"

"公交车站可以乘坐公交车哦！"

"我爸爸还带我去电影院看电影了！"

"马路上有红绿灯，能指挥交通！"

“社区里还有图书馆，我经常去借书呢！”

社区里有许多房子和人，我们去玩、去买东西。

我们社区有大学城公园，许多人排队去看喷泉，好不好看？

我们还可以去电影院里看电影。

我们在公交车站等车，绿色出行。

活动三：和爸爸妈妈一起去探访（亲子社区体验日）

通过参观和了解，孩子们对社区生活更加关注。但远足所去的范围有限，因此，我们邀请了爸爸妈妈们协助孩子们进行更大范围的探访。有的去了广场、体育馆、图书馆；有的去了大学城公园、地铁站；有的还参与了理发、取快递、陪家长去加油站等活动，观察了成人的工作，进一步了解了这些场所的功能。

片段：是谁在劳动？

一场大雪的来临，使我们采访劳动者的计划改为了线上，孩子们通过观看视频和图片、听老师的介绍，进一步关注到社区里默默奉献的劳动者们，对他们的工作有了新的认识，萌发出体验邻居工作的想法。

“环卫工人要起这么早啊？”

“我们还在睡觉他们就来扫地了，真辛苦！”

“就是，所以不能乱扔垃圾！”

“下雪了，快递员叔叔还要给我们送快递吗？”

“是啊，外面这么冷！”

“早上我还看到交警叔叔在指挥交通，也很冷吧？”

“是啊，绿灯才能过马路，这样交警叔叔就不累了！”
“我长大了就想当警察！”
“我想当超市老板！”
“我想当公交车司机！”
“我想当大厨师，烧好吃的菜给客人吃！”
“游戏里不就有厨师吗？”
“但是没有快递员、环卫工人，还有很多工作都没有。”
“可以把没有的工作加到游戏里来玩吗？”
孩子们小眼睛一亮，期待地你看看我，我看看你……

活动四：“年货大街”开业记

为了满足孩子们的愿望，我们再次交流：社区里的工作和职业有很多，选哪一种来玩游戏呢？大家各抒己见，可是说了半天，也没有统一意见。

新年即将来临，小区里、大街上、幼儿园都挂上了红红的灯笼和彩旗，社区里充满了浓浓的新年气氛，新年越来越近，这让孩子们兴奋不已，迫不及待地想与小伙伴分享自己的新发现。

早上一来，润润就兴奋地告诉我：“老师，幼儿园大厅好漂亮啊！”“是因为要过年了吧？”伽伽问道。小虎说道：“肯定是，我看到小区里也挂了好多灯笼，红红的真好看！”二宝接过话茬：“我和妈妈去逛超市，还买了好多窗花和福字呢！”元宝补充说：“我和爸爸去图书馆了，借了两本过年的书，已经放在书架上了！”“啊，那我们快去看看吧！”伽伽兴奋地说道。

区角活动中，孩子们兴奋地分享起自己带来的关于新年的绘本，他们边看边谈论着。

元宝说：“过年要吃美味的饺子！”

九月说：“过年要贴春联的，我和爸爸一起贴过。”

超超说：“过年要放烟花，你们看！可好玩了！”

程程说：“看，这个小朋友收到了红包，我也收到过！”

轩轩兴奋地说：“看，他们在舞龙！也太厉害了吧！”

《好忙的除夕》之“年货大街”

大家一起看立体新年绘本

你一言我一语地谈论绘本

在阅读绘本《好忙的除夕》“年货大街”这一页时，孩子们被丰富的画面深深地吸引住了，大家七嘴八舌地说着自己对新年的理解，新羽说：“我在老家赶过庙会，就是这样的，可好玩了！”小泽舔舔嘴巴说：“还卖好吃的糖果呢！”“看，这是卖春联的吧？”“对，他在写字。”小虎提议说：“我们也办一个年货大街吧！”这个想法得到了小伙伴的一致赞同。

活动目标：

1. 在游戏中主动与人交流，大胆地表现社区人们的工作和生活。
2. 大胆地结合新年传统文化以及日常生活不断丰富游戏情节。
3. 积极地以建构、绘画或手工制作等方式创造性地表达自己的认识与理解。

片段一：年货大街准备中

我们的年货大街怎么玩呢？“做好吃的糖葫芦吧。”“还要买甜甜的糖果！”“可以卖灯笼，小区门口都要挂灯笼的。”“可以卖对联和拉花，挂在家里好看！”“我来卖窗花，窗花也好看，我会剪哦！”“还有大红包呢！”“我想看舞龙表演！”“对对，还有套圈游戏！”……孩子们七嘴八舌地表达着自己的想法，越说越兴奋，还开心地拍起手来。

我们一起准备了计划表，孩子们在表格中记录自己想玩的内容，有游戏、新年杂货铺、做新年美食、送快递……于是，我们开始准备材料了。

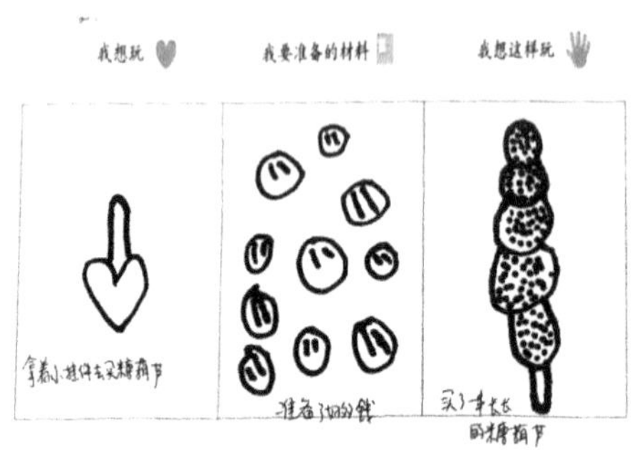

我想开一个卖糖葫芦的铺子。

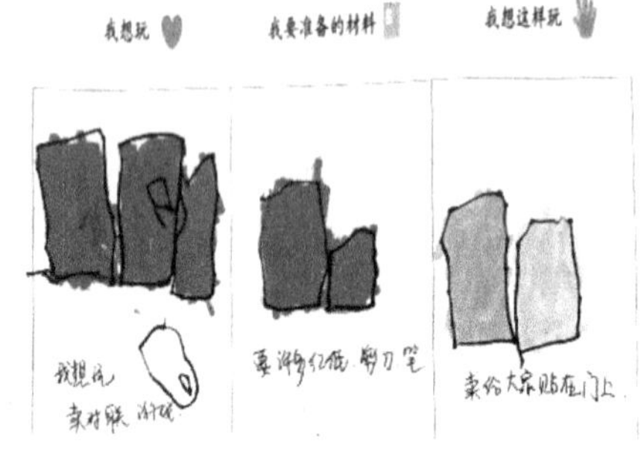

我想开一个卖春联的店。

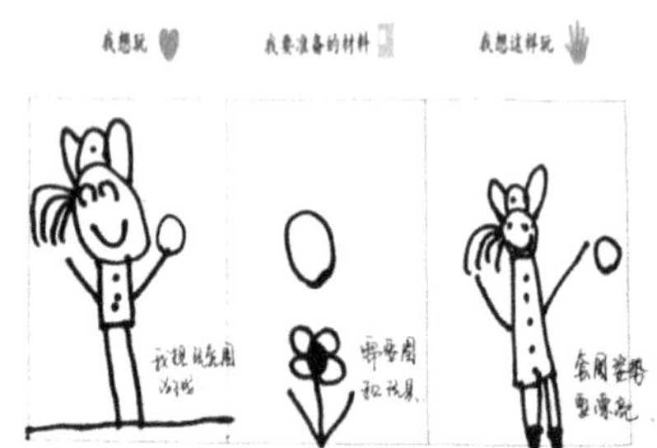

我想玩套圈的游戏，庙会上就有。

我想在生活区包饺子，大家都来吃饺子。

区角游戏时，美工区的“小巧手”已经忙碌起来，置办新年装饰品。在老师的协助下，孩子们制作了花花绿绿的窗花、红包、福字、新年贺卡，收集了许多快递盒，还带来了套圈等玩具。有了第一批年货，大家迫不及待地开始布置年货大街了。

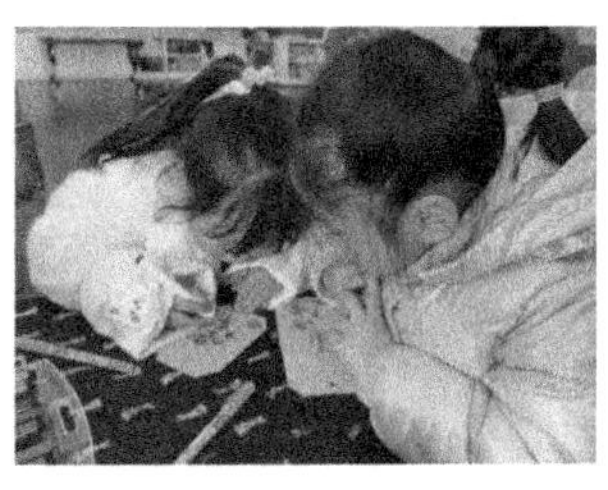

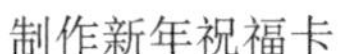

制作新年祝福卡

制作新年凌霄花束

画福字、红包

片段二:试营业第一天

试营业第一天,地点的设置和货物的摆放又成了问题,孩子们一起讨论商量:"'杂货铺'要生产年货,美工区有许多材料和工具,哪里最合适?""套圈小摊开在哪个位置呢?""年货这样摆放是不是更方便拿取?""糖葫芦做好了插在哪里呢?""这里有厚纸板,插上去试一试?""挺合适啊,窗花整齐排列起来比堆在篮子里好看多啦!"

快递站试营业中

套圈小摊客人很多

新年杂货铺的商品也不少

"益智区还有一些空间,要不就把'快递站'开在那里?""这些快递盒子有大有小,总是码放不好,容易倒下来怎么办?""哎,快递员,你们的'快递站'能不能帮忙送年货?""'套圈小摊'是不是太挤了?""是不是套圈玩具太少了,所以客人都走了,那么再加点新玩具呢?"

"我们的班级也要装扮一下吧?""要挂上灯笼和拉花,'杂货铺'加一个喜庆的门头,别忘了贴上春联和福字儿,才有新年的味道!"

挂灯笼

挂拉花

贴窗花

片段三:"年货大街"开业啦!

一切准备就绪,"年货大街"赶在元旦这一周正式开业!伴随着喜庆的音乐,"工作人

员”有的忙着生产新年饰品和玩具，有的忙着制作美味的糖葫芦，有的忙着送年货，还有的忙着招呼客人。此时，“年货大街”热闹非凡，吆喝叫卖声不绝于耳：“欢迎光临！”“快来买糖葫芦，一元一串的糖葫芦！”“看，刚做的舞龙玩具，买一个吧！”套圈小摊也传来一阵欢呼：“哇！套中了！太厉害了吧！”大家玩得不亦乐乎，还热情地邀请了隔壁班的小伙伴来赶年集。

新年杂货铺门口排起了长队

一起来串糖葫芦

工作人员正在努力生产年货

游戏渐入佳境，孩子们又产生了新计划：每周上新两种新材料或新游戏，一直延续到寒假，再把年会小舞台、舞龙表演、变装游戏都筹备起来，我们的“年货大街”游戏未完待续……

主要区域活动

区域	活动名称	活动目的	活动材料	已有经验	指导要点
读写区	小社区里的故事	记录并分享自己在游戏中的有趣故事	绘本、勾线笔、绘画纸	会用多种方式记录	用自己喜欢的方式大胆记录年货大街的故事
美工区	新年杂货铺	大胆绘画、剪贴，制作新年饰品和玩具	红纸、超轻黏土、水彩笔、剪刀、胶棒、竹签等	有剪贴等活动经验	能选择喜欢的材料，大胆尝试制作，不断挖掘新的制作内容
角色区	套圈小摊	游戏中学习制定规则，体验投准游戏的趣味	套圈、玩具、地垫、小篮子等	知道游戏规则	尝试在游戏时发现问题，如排队、玩具摆放等，独立思考解决问题
劳动生活区	糖葫芦	能有规律地串水果，小心地保护食材	草莓、竹签、圣女果、香蕉等	会简单的烹饪	能按照规律串糖葫芦并裹糖
	搓汤圆	通过包、搓等方式制作汤圆，体验和家人一起劳动的快乐	糯米粉、芝麻馅料	有搓圆的经验	能使用简单的方法包馅儿、搓汤圆

六、活动反思

1. 立足兴趣是前提。日常生活中，教师应仔细观察幼儿行为表现，遵循幼儿认知的发展规律和兴趣特点。“年货大街”的游戏活动源于幼儿的兴趣，即使遇到各种问题或困难，他们也愿意不断地去投入、去尝试，最终获得了全新而快乐的成长体验。

2. 链接生活促成长。陶行知先生说：“生活即教育。”生活是丰富多彩的，其中充满着教育的契机。游戏贴合了幼儿的真实生活，社区生活环境随着新年来临而产生的变化，激发了幼儿的积极感知、回忆、思考和表达，并迁移、创新、运用、整合内化成新的有益经验，最终服务于生活，加强了幼儿个体与社区的横向拓展联系。

3. 传统文化是根基。中国传统文化丰富多彩、博大精深，其中蕴含着许多幼儿能够理解和感兴趣的元素，过新年作为幼儿日常生活的重要部分，不失为一个良好的切入点，我们遵循幼儿发展规律和学习特点，通过适宜的形式，融入传统文化元素，将其作为课程有力的背景文化支点。

4. 大胆放手促发展。在活动中幼儿提出年货大街的设想时，起初教师是有不少担忧的，担心他们关于新年的经验不够，也没有自主策划游戏的能力。但当教师慢慢放手时，看到的却是幼儿"工作"的认真和投入，从制订计划到筹备再到试营业，呈现出思考、分析、解决问题的初步能力和积极态度，充分展现出他们是有能力的学习者，教师惊叹并见证着幼儿的成长。

我们来种蒜

一、主题来源

秋季是收获的季节，也是播种的季节，我们班的小菜地要种植新的蔬菜了，种点什么好呢？孩子们商量着："我想种小豌豆，我最喜欢吃小豌豆了！""我想种青菜。""我奶奶在阳台种了大蒜，我们种大蒜吧！"孩子们七嘴八舌，讨论得热火朝天，有的要种比较简单的，有的要种容易活的。孩子们对想种的蔬菜进行投票，最终大蒜胜出。遵循着孩子的兴趣，跟随孩子的步伐，我们开启了有趣的大蒜种植活动。

二、课程资源

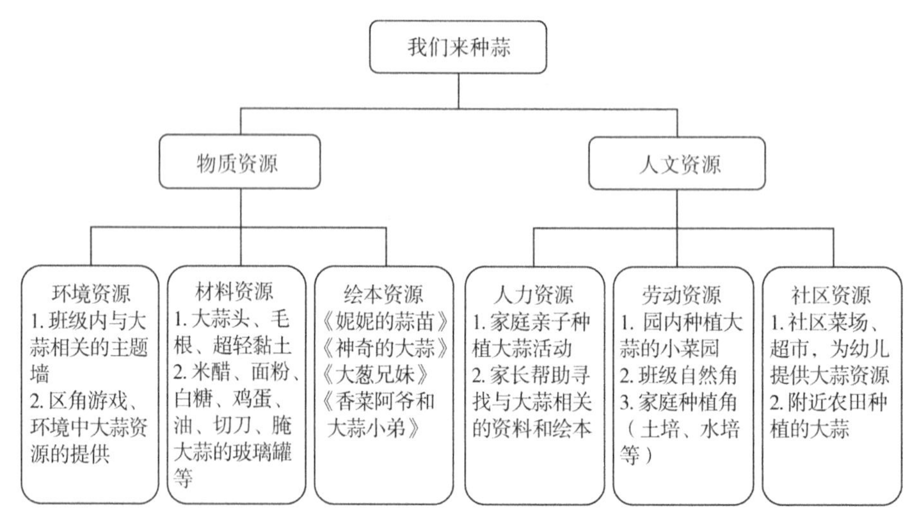

三、主题脉络

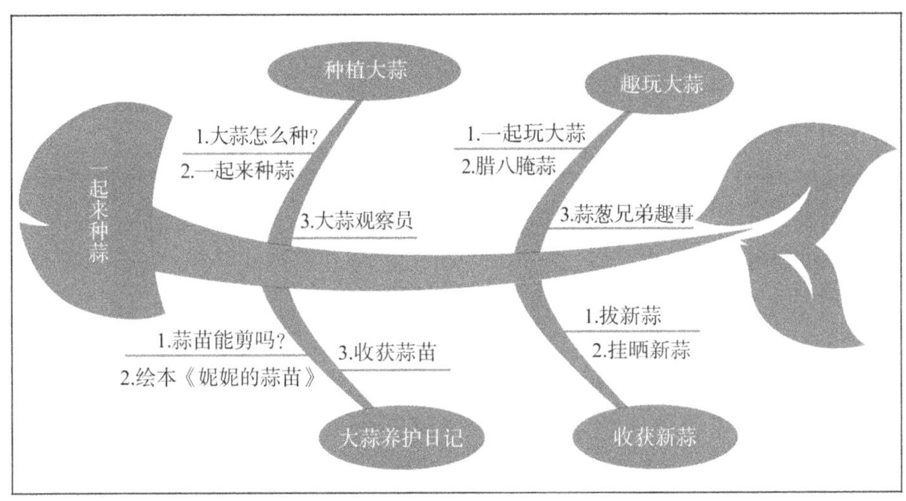

四、主题核心目标

1. 学习并尝试用按、压等方法种植大蒜，会照料大蒜。

2. 愿意连续观察种植的大蒜，并用自己的方式记录大蒜的生长过程。

3. 能够较为完整地讲述对大蒜的认识和发现，并根据自己的想象进行简单的故事创编。

4. 探索大蒜的不同食用方法，知道大蒜是对身体有益的食物，养成不挑食的好习惯。

5. 了解蒜苗剪掉以后还会继续生长，感受生命的奇妙。

6. 通过种植大蒜，感受劳动的辛苦和收获的喜悦，懂得珍惜劳动成果。

五、主要活动

活动一：种植大蒜

活动目标：

1. 尝试用按、压的方法种植大蒜。

2. 能用语言、符号等多种形式记录自己的发现。

3. 乐意参加种植活动，有探索自然的兴趣。

种大蒜

片段一：大蒜怎么种?

确定种植大蒜以后，新的问题接踵而至。大蒜怎么种？需要什么工具？大蒜是一瓣一瓣种还是整头种？种大蒜是尖头朝上还是尖

头朝下？种大蒜的时候需要把它外面的“衣服”剥掉，还是直接种？

针对孩子们的问题，老师选择了绘本《神奇的大蒜》，绘本介绍了大蒜的种植方法以及周一至周日的生长变化。通过阅读、讨论，孩子们慢慢找到了答案，他们知道了大蒜的成长需要泥土、水、阳光、空气等。

片段二：一起来种蒜

小种植，大学问。孩子们从绘本中习得了经验，说干就干。孩子们带着大蒜头、浇水瓢、小铲子等来到小菜地开始种大蒜啦！

出现的问题：大蒜种得太密了。

小满：“我们种的大蒜靠得太近，好像种歪了。”

小柔：“对呀，大蒜宝宝挤在一起会不舒服！”

嘉禾：“这样的话，长得高的大蒜，就会把长得矮的大蒜遮住，没有阳光！”

我们请来了有丰富种植经验的门卫师傅来帮忙。原来，种大蒜之前，需要先把地分成一垄一垄的，中间间隔一定的距离，种得太密会影响大蒜的生长，孩子们又获得了新的种植经验。

第二次种植：先分行，再间隔一定的距离进行种植。

多多：“我觉得好像在种树一样！”

皮皮：“你们种好了，我来给大蒜宝宝浇水！”

大蒜种好啦，快快长大吧！

根部朝下，轻轻按进泥土里。

一垄一垄种整齐。

我给大蒜浇浇水。

片段三：我们的发现

孩子们每天都会去看一看大蒜的生长变化。

月月：“我们种的大蒜有没有发芽呢？需要浇水吗？”

晞晞：“大蒜宝宝，我来给你浇水啦，喝饱水快点长大哦！”

嘟嘟：“快看！大蒜有一点点绿绿的，大蒜宝宝长出小芽啦！”

东东：“大蒜开始发芽了，我们给他浇点水吧！”

琦琦：“快看，大蒜宝宝又长高了一点点！”

在孩子们一天天的细心照料下，原本平平的土地上慢慢地冒出了小芽，一个接一个，小蒜苗一天天长大啦！孩子们认真地把自己的发现记录下来，在观察过程中不断感知植物的生长，学习使用数字、符号、图案来记录。

10月10日,刚种的大蒜头。

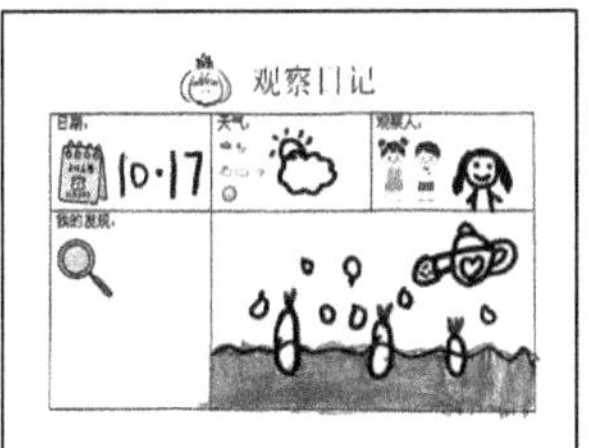

10月17日,大蒜长出绿芽啦!

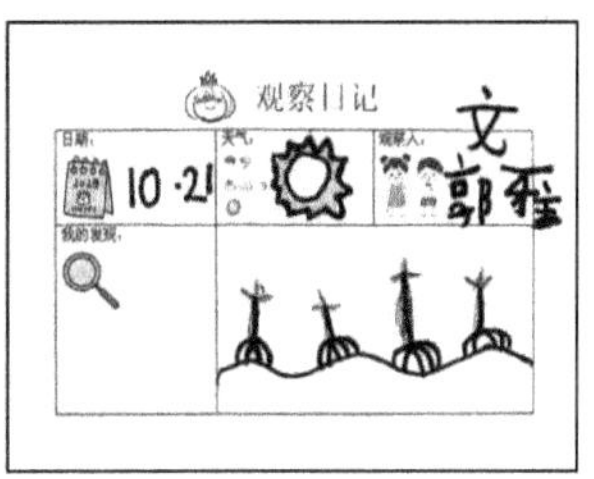

10月21日,大蒜长高了一点点。

10月30日,大蒜长得更高了。

11月8日,大蒜越来越茂盛。

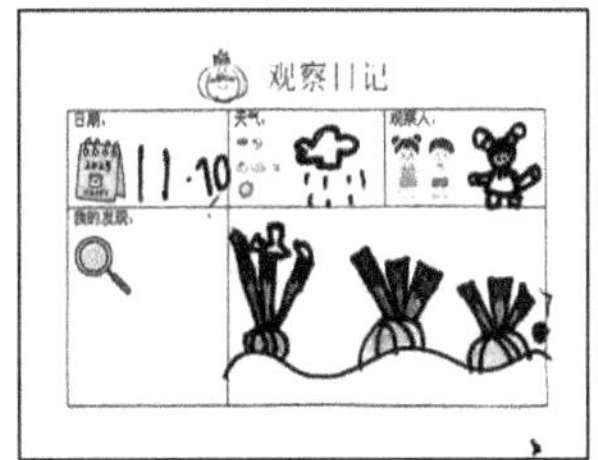

11月10日,大蒜可以收获了吗?

活动二:大蒜养护记

活动目标:

1. 关注大蒜的生长,知道蒜苗剪掉后会继续生长。
2. 通过直接感知、亲身体验、快乐品尝,对大蒜的味道有进一步的了解。
3. 在制作大蒜美食的活动中体验收获的喜悦。

片段一:蒜苗能剪吗?

为了便于孩子们观察,我们在班级自然角也种下了蒜苗。时间仿佛有魔法一般,经过两周的酝酿,种下的大蒜宝宝早已探出头,并且慢慢长高啦!孩子们发现有的蒜苗开始变成黄色,有的蒜苗长得太长,已经弯下了腰。

嘟嘟:“蒜苗叶子像小女生的辫子一样长!”

十一:“大蒜苗长得好高啊!”

皮皮:“大蒜苗这么长,我们把它剪了吧!”

妙妙:“我不想剪,剪了蒜苗,它会死掉的!”

多多:“我也不想剪,好不容易长这么高!”

壮壮:“剪掉蒜苗它不会死!”

“我们问老师去!”孩子们来到我面前,有的说要剪,有的说不能剪,争得面红耳赤。我决定尊重孩子们的选择,想要剪的可以剪,不愿意剪的就继续观察。大家一起来观察剪掉的蒜苗还会再长出来吗?没有剪掉的蒜苗又会怎样呢?借着这一契机,我带着孩子们共读绘本《妮妮的蒜苗》。

片段二:共读绘本《妮妮的蒜苗》

剪掉的蒜苗还会再长出来吗?借着这一契机,我带着孩子们共读了绘本《妮妮的蒜苗》,读到故事的上半段,我启发孩子思考:“妮妮的蒜苗被外婆剪掉了,还能长出来吗?”

帅帅:“蒜苗剪掉可以长出来的。”

茜茜:“不会长出来了,我奶奶种的青菜剪掉就不会长了。”

阳阳:“会长的,我家的葱剪掉了会再长的。”

我没有给孩子们答案,而是继续读了下去。听完故事,孩子们知道了蒜苗剪了还会再长出来,不禁露出了欣慰的笑容。茜茜开心地说:“原来蒜苗很神奇,它被剪掉还能再继续生长。”

剪蒜苗

继续观察

绘本阅读

片段三:收获蒜苗之蒜苗炒鸡蛋

菜地的蒜苗只有孩子们的小手掌这么高,但是班级自然角的蒜苗却越长越高,不知不觉都弯了腰,他们迫不及待地剪下自己种的蒜苗。剪下来的蒜苗准备怎么吃呢?

涛涛:“我想用蒜苗炒肉。”

言言:“我想用蒜苗包饺子”。

小妮:“我妈妈在家做的蒜苗炒鸡蛋可好吃了,我们也来试一试吧!”

栗子:“我想到马上就可以吃到蒜苗炒鸡蛋,我感觉口水都要流下来了。”

制作蒜苗炒鸡蛋

大家你一言,我一语,讨论着蒜苗做成的各种美食,恨不得马上就去尝试一下呢。于是,他们来到生活区,自己动手洗净、翻炒,制作了美味的蒜苗炒鸡蛋。品尝过蒜苗炒鸡蛋,阳阳感叹道:“哇,蒜苗炒鸡蛋真好吃!明年我们还要再种大蒜苗。”

孩子们体验到劳动、收获带来的喜悦,享受着亲手种植、收获大蒜的“独有的美味”!

片段四:收获蒜苗之蒜香花卷

大蒜苗除了可以炒着吃,还可以怎么吃呢?

乐乐:"我妈妈把大蒜捣成大蒜末煮大虾吃!"

泡泡:"我和爸爸吃火锅的时候也放蒜末调料的!"

东东:"我爸爸烧烤店里有烤蒜香馒头,我们做蒜香馒头吧!"

听了东东的话,老师提议:"葱香花卷我们都吃过,蒜香花卷大家一定没尝过吧?我们做蒜香花卷怎么样?""好呀,好呀!"孩子们高兴地举手赞成!

制作蒜香花卷

活动三:收获新蒜

不知不觉,已到立夏时节,孩子们种植的大蒜越长越高。一天,乐乐在拔草时不小心将一棵蒜苗拔了出来,他惊奇地发现,新的蒜头已经长出来了。于是,乐乐喊来其他小伙伴:"大家快看,蒜头长出来了,我们可以收大蒜啦!"大家看到乐乐手中的大蒜,问道:"这个大蒜已经成熟了,怎么和我们种下去的不太一样呢?""我们种下去的时候,是一瓣一瓣种下去的,收获的怎么是一整个大蒜头?""这也太神奇了吧!"伴随着强烈的好奇心,孩子们纷纷跑过来拔新蒜。

刚拔出的新蒜嫩嫩的。

收获的新蒜真多呀!

挂晒新蒜啰!

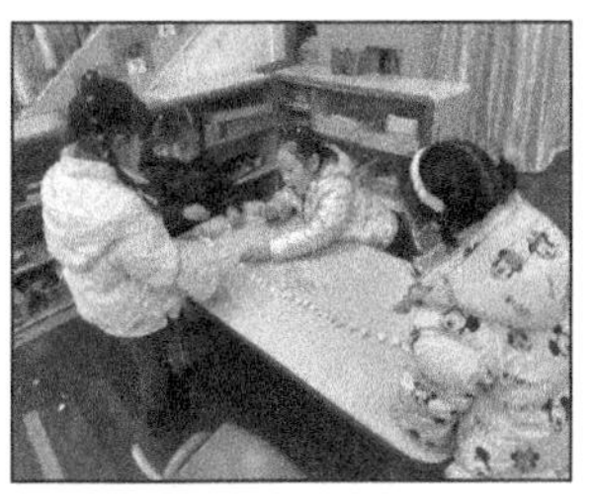

蒜瓣排队

蒜头娃娃

腌蒜

小雪:"老师,你看,我拔到一颗超大的大蒜头!"

元宝:"哈哈哈,我们就像在拔萝卜一样!"

毛毛："我发现手往下抓一抓更容易拔出来！"

泡泡："老师，今天我们大丰收啦！"

孩子们一边交流一边将一根根成熟的大蒜连根拔起，不一会儿工夫，收获了满满一筐……大家一起把新蒜编在一起，挂晒起来，这大蒜又可以吃一年喽！

活动四：趣玩大蒜

活动目标：

1. 观察大蒜的结构，尝试自主剥蒜、品尝大蒜，探索大蒜奥秘。
2. 能够描述自己对大蒜的认识和发现，并创编关于大蒜的故事。
3. 体验种植、加工大蒜带来的乐趣。

片段一：一起剥大蒜

大蒜里面到底是什么样子的呢？我们一起来看一看，剥开闻一闻吧！

阳阳："老师，大蒜看上去像一个小包子。"

小栗子："大蒜是白色的，外面像穿了一件衣服。"

乐乐："它们好像几个好朋友抱在一起，剥开以后，闻起来臭臭的。"

嘉禾："我咬了一点点，大蒜有点辣嘴巴！"

片段二：腊八腌蒜

临近腊八，俗话说"腊八不腌蒜，一年都白干"。看着图片上翠绿的腊八蒜，孩子们跃跃欲试。

品旭："我吃过腊八蒜，是我妈妈买的！"

十一："老师，腊八蒜是怎么变绿的呢？"

安安："绿绿的大蒜会是什么味道呢？"

涵涵："绿色的大蒜有点奇怪，吃了会不会中毒呀？"

孩子们提出了这么多的疑问，那我们一起动手操作吧！准备好米醋和白糖，孩子们一瓣一瓣地剥开大蒜，洗净、晾干，放到透明的玻璃罐里，倒入酸酸的米醋和甜甜的白糖，密封后放在阴凉处，让我们一起期待"白玉"慢慢变成"翡翠"吧！

一起剥大蒜。

将大蒜放在糖醋水里。

快看，大蒜慢慢变绿了！

片段三：蒜葱兄弟趣事

随着大蒜越长越高，孩子们又发现，菜地里的葱和蒜长得差不多，有点分不清了，它们的区别到底在哪里呢？经过观察，孩子们发现了其中的秘密：原来葱是空心的，大蒜是一片一片的长叶子，就像一位大哥哥，那么蒜葱一家在一起会发生哪些有趣的故事呢？它和葱弟弟葱妹妹在一起会不会吵架呢？孩子们进行了趣味故事的想象创编。

大蒜宝宝走累了，在爸爸肩上骑大马。

大蒜宝宝和小花、大树比身高。

蒜哥葱弟一家早上去跑步，锻炼身体。

大蒜宝宝过生日，收到了朋友们的礼物。

天冷了，大蒜宝宝一家开车出去喝羊肉汤。

大蒜宝宝和好朋友一起去搭帐篷、野餐。

野餐途中去加油站给汽车加油。

蒜哥葱弟听钢琴演奏会。

蒜哥葱弟一起跳广场舞。

主要区域活动

区域	活动名称	活动目的	活动材料	已有经验	指导要点
读写区	妮妮的蒜苗	了解绘本中蒜苗的生长过程	绘本、记录纸	有阅读绘本、记录的经验	自主阅读绘本，体验故事中妮妮的情感，并尝试记录
	大蒜的秘密	了解更多关于大蒜的知识	平板、“大蒜的秘密”视频、笔、纸	会操作平板、有记录经验	观看视频，了解关于大蒜的秘密，并尝试记录下来
美工区	大蒜洋葱拓印	学习拓印不同的大蒜造型	大蒜、洋葱对半切开，颜料	有拓印画的经验	将大蒜、洋葱切面涂上颜料，在纸上印出漂亮的肌理纹路
	蒜头娃娃	用不同的材料制作蒜头娃娃	大蒜、毛根、棉签、超轻黏土等	使用过辅助材料	自主选择自己喜欢和需要的辅助材料创作蒜头娃娃
劳动生活区	腌蒜	能够学会用调味料制作糖蒜	白酒、冰糖、白米醋、蒜瓣	有学习腌蒜制作的经验	完整剥出大蒜并清洗干净，加入合适调味料制作腌蒜
	剥大蒜头	掌握剥大蒜头的技能	大蒜、小碗	有剥大蒜的经验	能仔细将大蒜皮剥净，有一定的坚持性

六、活动反思

1. 精细观察，捕捉幼儿兴趣点

此次种植大蒜的活动，紧贴幼儿生活经验，激发幼儿在劳动过程中探索植物秘密的兴趣。活动前教师首先和幼儿讨论种什么、怎么种，并将最终决定权交给幼儿，让幼儿充分参与进来。教师在幼儿“一步之外”的距离，静静观察，满足幼儿的需求，及时回应幼儿。在种植过程中，幼儿会关注植物的生长过程，关心自己的种植结果，对自己的大蒜产生“责任感”，与同伴一起发现、交流、分享其中的秘密等。在面对幼儿的疑问时，教师敏锐捕捉幼儿的兴趣点，察觉到可能蕴含的教育价值，从而引导幼儿自主探索，去寻找问题的答案，帮助幼儿建构新的经验，继而引发后续的观察和进一步的思考。

2. 教学做合一，提升幼儿经验

虞永平教授提出的“全收获”种植理念，帮助我们看到了种植活动与课程之间的联系。从“种什么”到“怎么种”，从“观察照料”到“收获蒜苗”，基于幼儿的经验和兴趣，教师艺术地“教”，幼儿创造性地“学”并有意义地“做”。幼儿在种植过程中收获的不只是经验和能力，还有情感和态度。从讨论种什么到跟爸爸妈妈查阅资料、亲自播种、观察照顾蒜苗再到收获蒜苗，幼儿已经对自己种植的大蒜产生了深深的感情，他们观察着、猜测着、期待着……并在种植过程中获得了主动观察探究、沟通交往、协商合作、分享交流、解决问题等多种能力的发展和提升。

3. 存在不足

本次主题活动开展过程中也存在一些不足之处，比如对家长、社区资源的利用不足。一个活动的开展，离不开资源的供给。资源从哪里来？幼儿园、家庭、社区等，都蕴藏着丰富的教育资源。在接下来的日子里，我们将加大与家庭、社区的合作，充分利用可挖掘的资源，为幼儿提供更多的机会。

挖呀挖红薯

一、主题来源

在幼儿园小菜园收获蚕豆之后，孩子们就再种什么展开了讨论，有的说："我喜欢吃土豆，我们可以种土豆。"有的说："胡萝卜好吃，我喜欢吃，小兔子也喜欢吃。"到底种什么呢?我们开始了一个关于"我想种什么?"的小调查。正巧，下午点心时间，我们吃的是蒸红薯。孩子们一边吃一边讨论："红薯甜甜的，真好吃!""红薯长在哪里?""我想种红薯。"于是，我们举手表决，结果想种红薯的人最多。说做就做，我们邀请了幼儿园的种菜能手——门卫师傅，在他的帮助下，孩子们种下了红薯苗。

二、主题资源

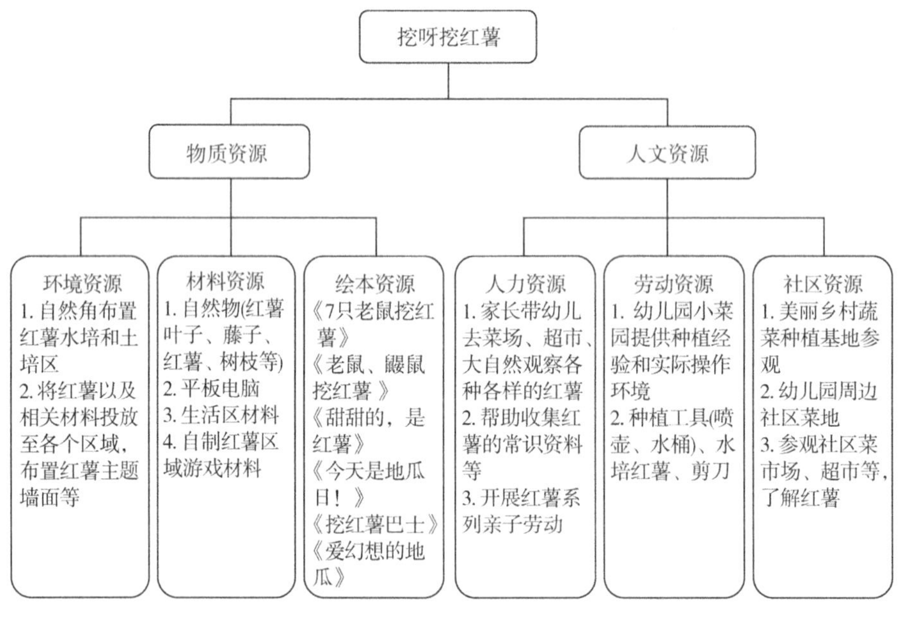

三、主题脉络

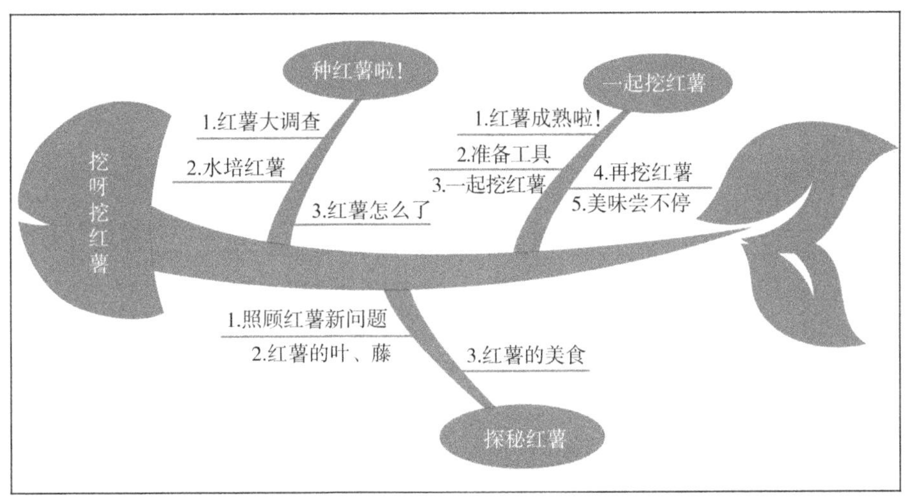

四、主题核心目标

1. 了解薯类的外观、颜色、形状等特征，并能用较完整的语言表述。

2. 在种植、养护、收获红薯的过程中，仔细探索、观察、对比其在不同生长时期的变化，能够用简单的图形、符号等记录观察中的发现。

3. 大胆想象，能用红薯及辅助材料设计各种各样的造型。

4. 积极和家长查找关于薯类的资料及种植方法，阅读有关薯类的科普绘本、故事绘本等，在养护红薯过程中主动与同伴讨论交流自己的想法。

5. 探索挖红薯的方法，会使用小铲子、小锄头等劳动工具。在种植、挖掘红薯的活动中不怕脏、不怕累。

6. 积极参与红薯的美食制作，如揉面、刨丝、切片等，乐意与同伴分享劳动果实。

五、主要活动

活动一：红薯大调查

红薯苗种下去了，每天散步时，孩子们都会去小菜地观察：红薯有没有长大？红薯是长在哪里的？鉴于孩子们的疑问，我们做了一份关于红薯的调查。

活动目标：

1. 在观察、比较中感知薯类的外观、颜色、形状等特征。
2. 能用语言描述自己的观察和发现，并能清晰地表达自己的想法。
3. 体验种植、观察的乐趣，感受劳动的美好。

在和家长的讨论交流中，孩子们了解到红薯的特征、种类、吃法以及生长过程，知道了红薯的味道及营养价值。原来红薯全身都是宝，各种部位都可以做成美食。红薯还有什

么样的小秘密呢？大家一起观察观察吧！

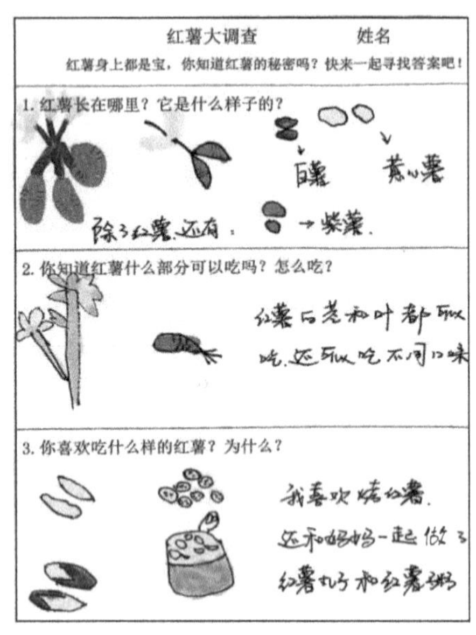

红薯问卷调查

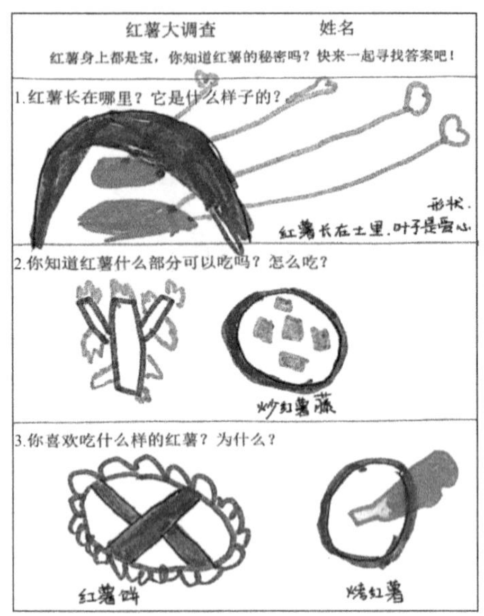

红薯问卷调查

片段一：各种各样的红薯

在家长的帮助下，孩子们带来了各种各样的红薯，通过观察发现：红薯有细有长、有胖有圆，形态各异。红薯的表皮也有不同颜色，有的是黄色，有的是棕色，有的是紫色。

红薯是什么样子的呢？

①圆圆的，可以滚动。

②外皮有不同的颜色，还有很多泥土，是从土里挖出来的。

③闻起来一点都不甜，这样的红薯好吃吗？

生的红薯可以吃吗？究竟是什么味道呢？红薯皮是什么颜色，里面就是什么颜色吗？孩子们决定切开看看红薯里面是什么样子的。切开后，孩子们发现原来红薯有四类：红心薯、白心薯、紫心薯、黄心薯，生活中最常见的是黄心薯。

片段二：谁吃了叶子？

长长的暑假结束了，回来时，孩子们看到红薯地里一片碧绿。一个雨后，爱心形状的红薯叶上悄悄冒出了很多小洞眼，究竟是怎么回事呢？

“红薯的叶子上有小洞洞，是谁吃了红薯叶子？”有的说：“我知道，一定是虫子咬的，它们就爱吃叶子。”有的说：“是小蜗牛吃的，你看这个泥土里有好多的蜗牛壳。”

大家叽叽喳喳地议论着：“为什么它们喜欢吃红薯叶子？”“因为红薯的叶子甜！”

经过查找资料，孩子们知道了原因。原来红薯叶子很嫩，它既是蜗牛的遮阳伞，又是蜗牛可口的食物。

活动二：水培红薯

透明的容器能让孩子们清晰地观察和发现红薯生长的秘密。他们惊讶地发现水培红薯不仅会长出根须,也会长出不同形状和颜色的叶子呢,好神奇啊。

活动目标：

1. 尝试水培种植红薯,感知红薯生长变化。
2. 能积极与同伴谈论自己的观察与发现,并简单记录。
3. 乐意参与种植、观察红薯的活动。

片段一:水培红薯

孩子们观察了一段时间以后,发现地面上只能看到大大的叶子。

肖肖:“红薯在哪里啊？根本看不到呀。”

小唯:“红薯藤好长呀,弯弯的像小蛇一样。”

丁丁:“它们的叶子好多,把红薯都挡住了。”

皓皓:“红薯什么时候才能长大？”

为了更全面地观察红薯生长状态,帮助孩子们进一步寻找答案,我们开始尝试水培红薯。

“怎么水培红薯呢？”孩子们热烈地讨论起来。

“就是把红薯泡在水里？这样它就能长大了吗？”

其他孩子反驳:“那红薯会泡烂的。”

“要用透明的罐子,不然和菜地里的红薯一样,看不到的。”

于是我们请家长收集了一些透明的器皿,准备将红薯放入其中。

器皿来了,可有的红薯太大,罐子太小放不下,孩子们正在犯难,我提供了一些工具引导他们:有什么办法可以让红薯种进去？这些工具有用吗？

小余:“红薯太大了,我可以换一个小的。”

小奕:“我就要我自己的红薯。”

肖肖:“要不我们切一刀,这样它不就小了。”

齐齐:“我想写一个我的名字,不然我怕找不到。”

清洗红薯进行水培

观察红薯在水中生长过程

于是我们清洗红薯并将之装入瓶中，每个孩子都有了一个属于自己的红薯宝宝，他们画上属于自己的标记，每天都来给红薯换水，观察红薯的生长变化。

片段二：红薯的根须和叶子

每天餐后，孩子们都会主动来到植物角，观察自己的红薯宝宝有没有长大，有什么变化。一个周末回来，孩子们惊讶地发现，红薯开始长叶子啦！水里面还长出了一根又一根白色的根须。

"你看我的红薯长出叶子来了！"

"小小的叶子好可爱哦！"

"这个叶子比菜地里的小多啦？"

"还要多久才能长出来？"

"为什么我的没有长出来？"

"看，这个叶子长出来的颜色不一样，有的是紫色，有的是绿色。"

"我知道，因为有的是红薯，有的是紫薯。"

渐渐地，红薯都开始发芽，长出不同大小的叶子，孩子们细心地发现：有的叶子是鸡爪形状，有的则是爱心形状的；红薯底部则长出了白色的根须。

观察红薯根须

观察红薯叶子的形状

对比叶子的不同颜色

片段三：我们的发现

观察中，孩子们发现原来水培红薯不能泡太多的水，它需要光合作用。水蒸气能使红薯发芽，红薯苗儿想要喝水，就会不停地向前延伸，向水中伸展；水太多反而会泡烂红薯。水培红薯还在继续，孩子们仔细观察红薯的生长变化，并用喜欢的方式进行记录。

红薯需要换水、补充水分

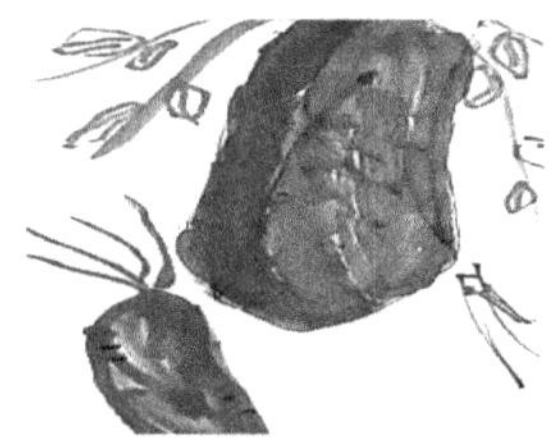

红薯的叶子比紫薯长得快

红薯在水中长出了根须

红薯发芽了，身上长了好多芽

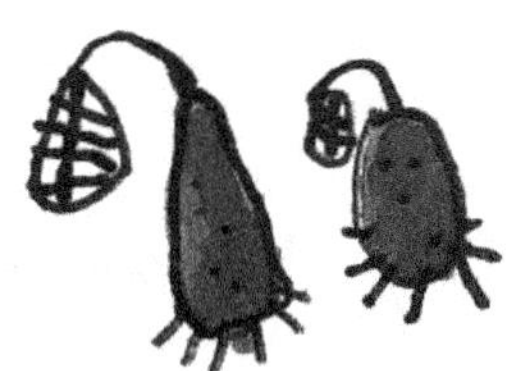

紫薯也开始发芽啦！

红薯长出了叶子，还有短短的须

活动三：照顾红薯

新的发现：又过了一阵子，菜地里叶子上的虫洞越来越多，孩子们发现还有许多小虫子懒洋洋地躺在叶子上一动也不动，该怎么办呢？

活动目标：

1. 大胆想象，根据已有生活经验帮助红薯治虫。
2. 尝试用不同方式进行实验以验证猜想，并进行简单记录。
3. 通过亲身经历、实际操作，提升照顾红薯的责任感。

片段一：治虫大猜想

点点："我们可以摘点辣椒泡水，辣死小虫子。"

浩浩："那红薯不就变成辣红薯啦？"

丁丁："要不我们制作一瓶消毒水给红薯消毒？"

《指南》提出：和幼儿一起发现并分享周围新奇、有趣的事物或现象，一起寻找问题的答案。针对孩子们的发现，我们开展了讨论，并进行了简单的实验。孩子们大胆想象，把杀虫的办法记了下来。

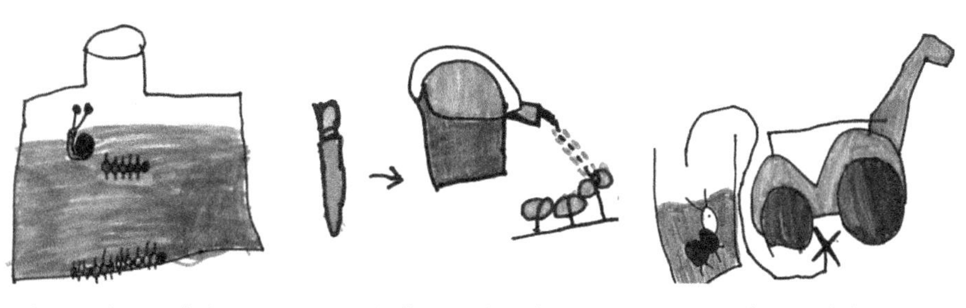

尝试用水淹死害虫　　制作杀虫辣椒水　　用车子碾碎虫子

片段二：一起来杀虫

几个孩子带着制作的辣椒水、工具、瓶子、夹子，准备去杀虫了，来到菜地后，他们小心翼翼地翻开叶子，土里面瞬间爬出了好多小虫，看到那么多的虫子，孩子们吓了一大跳，大声叫喊着，一窝蜂地跑了出来。这可怎么办啊？我们去请教了门卫师傅，师傅笑着解释道："没关系，因为我们不洒农药，地里的虫子只会越来越多。"接着，几个胆大的孩子尝试着用自制的"武器"去杀虫子，好不容易完成了杀虫任务。然后大家都期待着红薯快一点长大。

片段三：红薯藤翻一翻

“被虫子咬过了，红薯还能不能长大？”面对孩子们的疑问，门卫师傅解释道：“叶子上的虫子发现得早，也不多，不会影响红薯的生长，我们可以把红薯藤经常翻一翻，这样长出的红薯又大又甜。”孩子们跃跃欲试，在老师的帮助下，孩子们学得有模有样，手拿红薯藤，扭一扭，转个方向，一会儿就给整块地的红薯藤翻了身。

丁丁：“这个翻红薯也不难嘛，看我一抓一大把。”

小喻：“你可不能用大力气，不然就拉断了。”

小沫：“是的，藤断了，红薯就没有办法输送营养了！”

凡凡：“我在老家也翻过，奶奶说要轻轻地翻。”

孩子们经过亲身体验，知道了原来种植红薯还要付出这么多劳动，要想吃到红薯可真是不容易呢，更加体会到了养护红薯的艰辛。

翻一翻红薯藤

使用工具翻藤

和许伯伯翻红薯藤

活动四：一起挖红薯

每天，孩子们都会去菜地看看红薯到底长大了多少，他们好奇地拨开叶子看了又看，可总是看不到红薯的全貌：“红薯什么时候长大？”“什么时候可以挖？”

终于有一天，门卫师傅对孩子们说：“可以挖红薯喽！”孩子们开心地欢呼起来，个个跃跃欲试，准备挖红薯喽！原来，挖红薯的时机是根据叶子的颜色来判断的，只有当顶尖的四五片叶子还是绿色的，其他叶子都是黄色时便可以挖了。

活动目标：

1. 通过观察、挖掘，了解红薯的生长环境和特点。
2. 学习使用工具挖红薯，掌握正确的挖掘方法。
3. 乐于参与挖红薯的劳动，体验收获的喜悦。

片段一：共读绘本《老鼠、鼹鼠挖红薯》

教师出示绘本：“秋天来了，老鼠、鼹鼠幼儿园的宝宝们发现了一个大红薯，猜一猜，它们会怎么挖红薯呢？”

妙妙：“我觉得它们可以找一把铲子。”

晓晓：“它们会用尖利的爪子挖红薯。”

暖暖：“我猜它们会找一个挖掘机。”

瑞瑞：“我知道，它们会在地下挖一个洞吧。”

到底红薯是怎么挖出来的呢？看到答案，孩子们不禁开怀大笑，原来是老鼠在地上，鼹鼠在地下，大家一起齐心协力把大红薯给挖出来的，太有趣了！

通过阅读绘本，孩子们不仅拓展了生活经验，还在诙谐幽默中感受到挖红薯的乐趣，调动了挖红薯的积极性，对即将开始的挖红薯劳动十分期待。

片段二：准备挖红薯

准备挖红薯了，孩子们迫不及待地想要一试身手。观察中，有的孩子发现红薯被厚厚的叶子覆盖，认为要先剪掉叶子和藤蔓才能找到红薯，而有的孩子则认为，红薯和藤蔓是长在一起的，需要借助藤蔓才能拔出红薯。于是，大家开动脑筋，设想自己挖红薯的方法。

瑞瑞："我觉得可以用锄头。"

妍妍："我带一把我奶奶挖荠菜的铲子来挖。"

小希："好多好多叶子啊，看不见红薯。"

小念："用剪刀把叶子剪掉，不过有小虫子，我有点害怕。"

美美："还要准备篮子来装红薯，不然我们怎么把红薯带走呢？"

奇奇："我们是小孩，没有劲挖，要找保安叔叔来帮忙。"

见此情景，我顺势鼓励孩子们用自己的方法来试一试、比一比，看看谁的方法最合适。

首先要用剪刀剪掉多余的叶子

要用耙子把土松一松

用铲子把红薯铲出来

片段三：一起挖红薯

孩子们跃跃欲试，都期待着能把自己种的大红薯挖出来。一个孩子发现地里有一个好大的红薯冒出了头，于是大家一起铲，把周围的土松开，可是红薯太大了，根本挖不动！看来需要大一点的工具帮忙，最后老师拿来了一个大铁锹，帮忙挖出了一个超级大红薯！孩子们一片欢呼！

挖红薯的过程比想象中要复杂，菜园里的土比较硬，如果不事先松土，很难挖出来，于是我们请来了门卫师傅帮忙松土，之后很多红薯冒出了小脑袋，大家激动地用小铲子使劲挖呀挖，最终挖出满满一筐红薯。看到这丰收的场景，孩子们都露出了灿烂的笑脸。

发现一个大红薯埋在土里了。

大家齐心合力挖红薯。

我们挖了一篮子红薯。

片段四：美味大作战

红薯挖了一大筐，孩子们激动不已，纷纷展示自己挖到的成果。这么多的红薯，要怎么吃呢？

可可："直接放在火上烤一烤，烤红薯可好吃了！"

小徐："我喜欢吃幼儿园的红薯粥。"

幂幂："红薯也可以炸成薯条，甜甜的。"

每个孩子都有自己的想法，于是大家分组设计菜单，根据每个人的喜好尝试制作美味的红薯。

煮一锅红薯粥，香香甜甜。

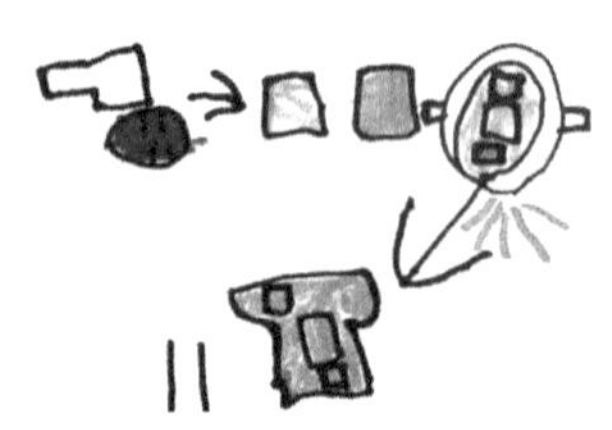
切成一块一块，炸成薯条。

把红薯放到烤箱，烤红薯最香。

在我们讨论和投票后，大家决定先做个薯泥花卷，于是孩子们开始行动了。先把红薯上锅一蒸，蒸熟的红薯散发着扑鼻的香味，接着，把它变成甜甜的馅儿卷进擀好的面皮里，再用刀切一切，最后上笼蒸熟。大功告成！孩子们品尝着自己制作的薯泥花卷，别提有多开心了！

一锅薯泥花卷来喽！

擀面皮，包薯馅儿。

动手做花卷。

活动五：红薯变变变

片段一：故事我来说

每天，孩子们都在分享关于红薯的趣事："这周末，我去了一个农场，挖了红薯，红薯烤着吃可香了。""我去挖红薯的时候，是和好朋友一起去的。""挖红薯的时候，妈妈还挖出了一条大蚯蚓。""挖红薯需要很大的力气。""我们家的菜地里就有红薯，长得非常大，有一个比我的脸还大呢！""那不就是红薯王？"孩子们的体验越来越丰富，越来越有趣生动。

爸爸开车带我们一起去挖红薯，我们挖出了大大的红薯，都满头大汗了。

片段二：美味尝不停

红薯美食的香味延续到了孩子们的家里，家长跟孩子一起拓展了更多不一样的美味。有红薯馒头、红薯饼，还有红薯粥、红薯面条……无论是蒸还是煮，自己做的美食最香啦！

主要区域活动

区域	活动名称	活动目的	活动材料	已有经验	指导要点
阅读区	有趣的红薯世界	阅读关于红薯的绘本，学习讲述	绘本《爱幻想的地瓜》《甜甜的，是红薯》，纸、笔等	有种植、制作红薯美食的经验	愿意与同伴分享绘本故事并记录
美工区	红薯创意造型	创作形态各异的造型（人物、动物等）	红薯、眼睛贴纸、纸、一些自然物材料等	会使用基本的自然物材料进行创作	能借助红薯外部特征进行装饰，大胆创造
益智区	红薯配对	能根据点卡、数卡将红薯卡片进行匹配	盘子、刀、点卡、数卡等	有点数和匹配的经验	能够正确点数，并对其进行正确的点数匹配
	比较测量	能用不同的工具进行测量并记录土培红薯和水培红薯的宽和高	土培红薯、水培红薯、笔、记录单等	知道简单的测量方法	知道测量的方法并且能够准确记录测量结果
劳动生活区	挖红薯	探索挖红薯的不同办法	铲子、锄头、剪刀等工具	会使用简单的劳动工具	观察红薯地，寻找红薯并探索挖红薯的办法
	双薯馒头	能用面团制作紫薯、红薯馒头	面粉、紫薯、红薯、蒸锅等	会简单地揉搓不同形状的馒头	学习制作双薯馒头，并能大胆尝试不同形状的馒头

续表

区域	活动名称	活动目的	活动材料	已有经验	指导要点
角色区	奶茶飘香	尝试制作红薯奶茶	各式各样的奶茶、收银台等	参观过奶茶店	丰富做奶茶、买奶茶的情境，结合红薯制作新品
	“真好吃”早餐店	学习制作红薯粥，烤红薯等	各式早点、收银机、菜单等	有买早餐的经验	主动介绍新菜品，推荐顾客品尝新口味

挖红薯的时候，有的孩子发现旁边的芋头地里冒出几个小芋头，好奇地问：“它也是红薯吗？它是不是白薯？”“不对，不对，它的叶子这么大，肯定不一样啊！”

究竟红薯、芋头是不是一家？红薯家族还有谁？我们将继续探索……

六、活动反思

在一系列的红薯探究活动中，幼儿不仅利用多种感官探索出红薯的许多秘密，体验了动手操作的乐趣，还感受到了合作的快乐和成功的喜悦。活动中，收获红薯、品尝劳动果实，这对幼儿来说是一种学习，对家长和教师而言更是一种成长。在教师的引导下，幼儿在探索红薯的过程中增长了种植的经验，对红薯的生长有了深度认知。教师在活动过程中不断追随幼儿的脚步，挖掘幼儿的兴趣点，立足于儿童的课程，才是“活的课程，活的教育”。

活动从种植开始，幼儿通过对红薯进行多种探究，运用个性化的表征方式，自主地表达自己获得的真实体验。在收获的过程中，经过思维相互碰撞、共同探索，直到最终解决问题，幼儿身心得到全面的发展。

种蘑菇啦！

一、主题来源

在开展“蔬菜朋友”主题活动中，孩子们来到了附近的菜场，各种各样的蔬菜令他们目不暇接，他们自由地交流着：“我喜欢吃胡萝卜，胡萝卜能让眼睛变得更加明亮。”“我喜欢吃红薯，软软的、甜甜的，很美味。”这时，一个孩子看到了蘑菇：“我喜欢吃金针菇，金针菇滑滑的。”柜台上各种各样的蘑菇顿时吸引了孩子们的目光。“我也喜欢吃金针菇。”“我喜欢吃平菇。”“我不喜欢香菇，香菇有味道。”那么，蘑菇是蔬菜吗？为什么它没有叶子呢？蘑菇是怎么种出来的呢？我们的小菜园可以种蘑菇吗？……带着好奇、带着期盼，我们一起开启了探究蘑菇之旅。

二、主题资源

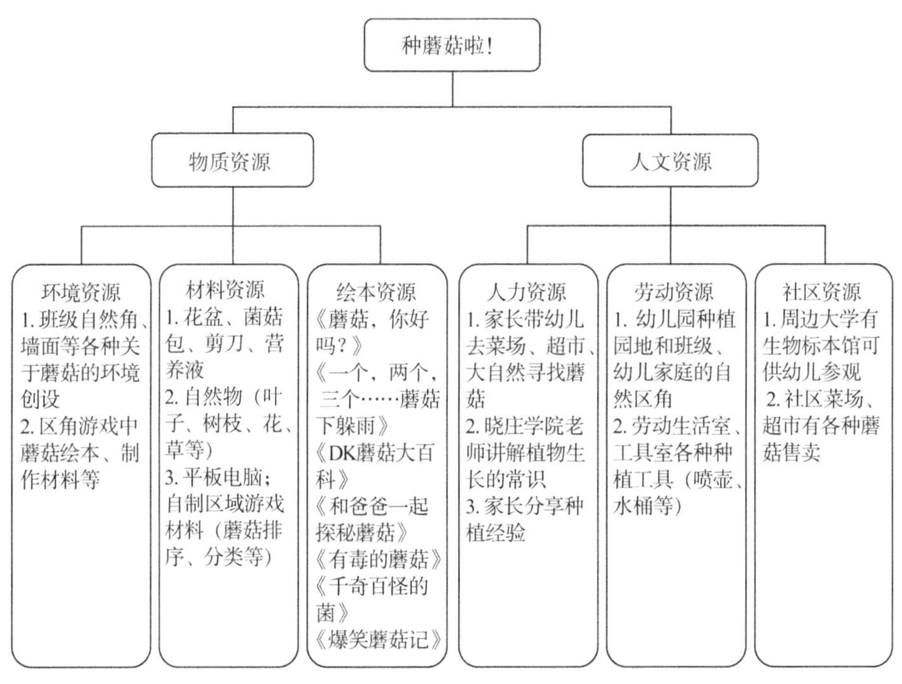

三、主题脉络

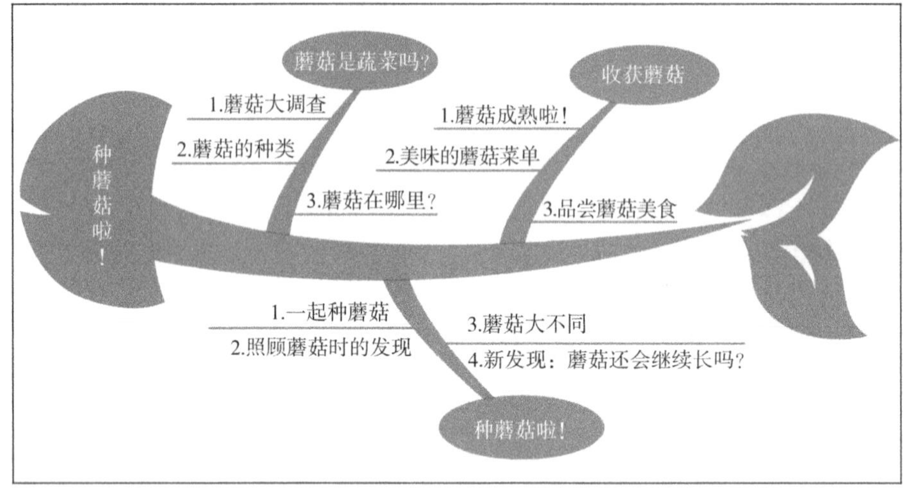

四、主题核心目标

1. 在寻找、感知、辨别、养护的过程中，了解蘑菇的生长环境。

2. 知道常见蘑菇的名称，了解其特点，通过观察、比较不同种类的蘑菇，发现其形状、颜色、气味、大小等不同特征，并能用完整的语言表述出来。

3. 知道有的蘑菇可以食用，有的蘑菇有毒不能食用。能大胆尝试设计并制作自己喜爱的蘑菇美食，有良好的饮食习惯。

4. 积极参与种植蘑菇的活动，能细心观察、仔细照料蘑菇，并用多种方式记录自己的发现和对蘑菇的认识。

5. 欣赏各种蘑菇的外形、色彩之美，学习创造性地表现、制作与蘑菇相关的手工、绘画作品。

6. 主动参与种植蘑菇的活动，分享收获的快乐。

五、主要活动

活动一：蘑菇在哪里？

东东："我最喜欢吃金针菇了，吃起来脆脆的。"

安安："我最喜欢喝奶油蘑菇汤，上次去牛排店我还喝了呢！"

严严："我喜欢扇子菇，它打开来就像一把扇子。"

丁丁："那个叫平菇，什么扇子菇呀！"

孩子们对蘑菇的认识越来越多，那么蘑菇到底有哪些种类？它们是怎么长大的？带着好奇，我们探索蘑菇的活动拉开序幕……

活动目标：

1. 了解各种蘑菇的名称、外形特征，认识各种各样的蘑菇。

2. 知道有些蘑菇是有毒的，对人体危害很大，初步学会分辨有毒蘑菇及食用菇。
3. 愿意大胆、清楚地表达自己对蘑菇的见解。

片段一：寻找蘑菇

周末，孩子们和家长一起去寻找蘑菇，发现超市有好多种蘑菇。

子恒："我发现了海鲜菇，海鲜菇有一股螃蟹的味道，它是大海里的吗？"

暖暖："我找到了鸡腿菇、平菇，还有一种黄色的菇，我妈妈说是虫草菇，也是菌类呢！"

兴兴："我在超市也找到了好多菇，有的都快卖完了。"

小远："我也找到了好多蘑菇，有的大，有的小，有的粗，有的细。"

在和家人查询了资料之后，孩子们知道原来这些叫作食用菌，在自然界中还有很多的菌类。刚好，有的孩子在爬方山的时候也发现了各种可爱的小蘑菇。

旭旭："小蘑菇会长在草地里，它们喜欢潮湿的环境。"

小远："树上也会长蘑菇的，在小缝隙里面。"

蕙蕙："妈妈说红蘑菇有毒，不能吃。"

孩子们发现：原来蘑菇的品种这么丰富呀！

爬山时树林中发现蘑菇

超市里有各种各样的蘑菇

蘑菇的外形既有相同之处又有不同之处

片段二：蘑菇大调查

我们在活动前进行了关于蘑菇的调查，做好充分的准备，更有利于孩子们探索与发现。

孩子们发现：蘑菇属于蔬菜中的可食用菌类，并且种类繁多，不同的蘑菇有不同的营养。不同蘑菇的外形、颜色、味道都有不同，特别是颜色鲜艳的蘑菇一定不能随便食用，若中毒，后果不堪设想。那什么样的蘑菇能吃，什么样的蘑菇不能吃呢？孩子们有了一个大胆的想法：要不我们自己种吧，自己种的肯定能吃，没有毒。

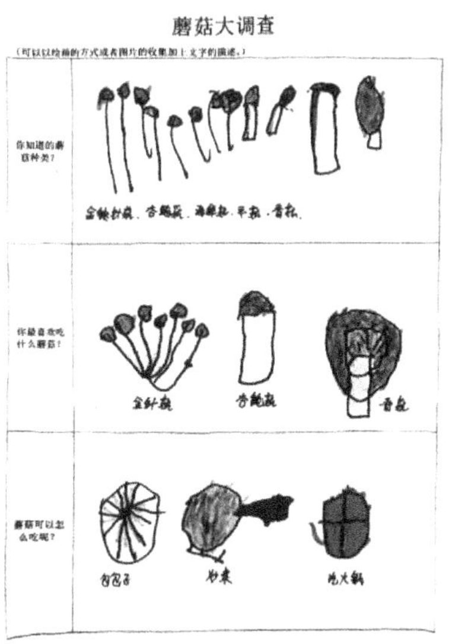

活动二：一起种蘑菇

大家一起讨论：蘑菇应该种在哪里？有的孩子认为蘑菇肯定要种在树上或者房子的旁边，有的孩子认为可以种在花盆里，这样每天可以给它浇水。孩子们种蘑菇的话题也吸引了家长们的参与，一位妈妈给我们推荐了菌菇包，能直接培育出蘑菇。孩子们兴奋极了，分成6组，种植了不同的菌菇包。除了在幼儿园里种植，有的家长在家中也和孩子们一起种蘑菇。在幼儿园的每一天，孩子们都会去观察，给蘑菇浇水并记录它们的变化。

活动目标：

1. 能细心观察、仔细照料蘑菇，并用自己的方式记录新的发现和对蘑菇的认识。
2. 喜欢参与种植蘑菇的劳动，学会使用简单的劳动工具进行种植。
3. 乐于体验种植蘑菇的乐趣。

片段一：种蘑菇

蘑菇要怎么种呢？当大家拿到菌菇包的时候，都手足无措，这菌菇包包裹得这么严实，蘑菇从哪里长出来呢？

"我觉得要拆开，可以用剪刀把它剪开。"

"对，不拆开包装，蘑菇没有办法呼吸，也长不大。"

"不能拆，拆开来'种子'[①]掉了就长不出来了。"

经过一番讨论后，我们先一起阅读说明书，知道不剪开包装袋，蘑菇也可以生长。于是，我们根据孩子们的不同想法，分两种方式进行种植对比，看看到底哪种方式最好。

减掉一部分，让蘑菇长出来

去掉全部外皮进行种植

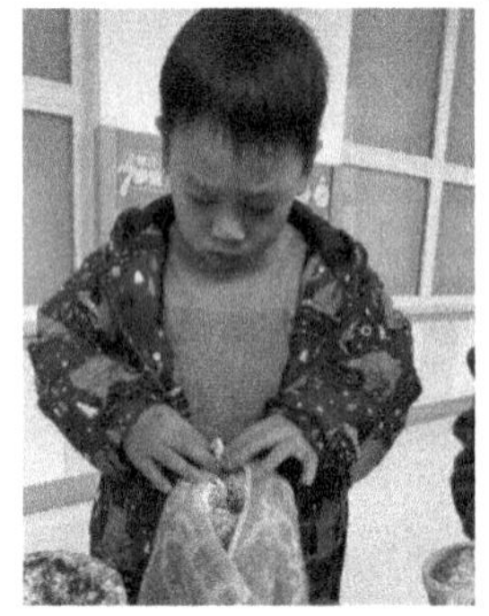

给蘑菇包裹一层纱布保湿

片段二：蘑菇长出来啦！

过了一个温暖的周末，孩子们惊喜地发现，被剪开口的蘑菇包里的蘑菇已经冒出了小脑袋，而在没剪的蘑菇包里面，也看到一些小蘑菇的身影，被挤压在里面，于是大家决定把蘑菇包都剪开，让它们长得快一点。果然，又过了两天，一朵朵大蘑菇就冒出了头，孩子们十分惊喜，期待着收获。

---

① 蘑菇通过孢子繁殖。

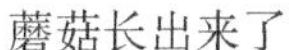
蘑菇长出来了

蘑菇越长越大

继续喷水，观察等待蘑菇生长

片段三：收获蘑菇

终于可以收蘑菇了。孩子们既惊喜又兴奋，蘑菇要怎么摘呢？摘下来要怎么储存呢？大家你一言我一语，最终决定分组摘蘑菇。

孩子们迫不及待地观察起来，在看一看、摸一摸中，发现原来蘑菇真的有很多差异，高矮、粗细、大小还有颜色各有不同，大家热烈地讨论着：

萱萱："这个蘑菇摸起来滑滑的、凉凉的，好舒服呀！"

祝祝："这个香菇真香啊！"

苏苏："哪里香啊，这不是臭的吗？"

小远："我闻到了鱼的味道。你看这个蘑菇后面还有鱼鳞。"

小乔："快听，我听到了蘑菇的声音，你用手拨一下，还有吱吱声呢！"

蘑菇长得一层又一层

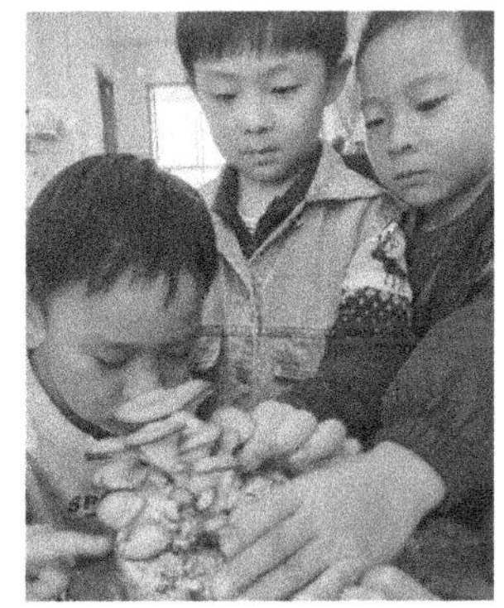
闻一闻好新鲜

一起摘下来

经过观察，我们了解了蘑菇最基本的构造，原来像小伞一样的蘑菇头叫作"菌盖"，还有菌柄、菌丝、菌褶。通过收获蘑菇，孩子们对蘑菇更好奇了，他们也会主动和家长讨论交流。

慧慧："老师，你知道红伞伞吗？"

小远："红伞伞是毒蘑菇，不能吃的。"

念念："妈妈说，野外的蘑菇不能采，危险。"

暖暖："我妈妈也说，有的蘑菇黏液都是有毒的，不能吃也不要随便乱摸。"

妙妙："那我们种的蘑菇能吃吗？我想尝一尝自己种的。"

原来蘑菇生长在潮湿的环境中，所以比较黏滑，有一点鱼腥味。紧接着，孩子们在家

中种植的蘑菇也陆续收获，怎样把蘑菇做成美味佳肴呢？有的孩子说："老师，周末的时候，我妈妈把蘑菇摘了，我们一起涮火锅吃的。"还有孩子说："老师，告诉你一个秘密，我种的金针菇不是白色的，是金色的哦！""难怪它叫金针菇呀，原来是金黄色的呢！""我们平时吃的金针菇其实叫银针菇。"

讨论过后，为了满足孩子们的好奇心，我们决定一起品尝美味的蘑菇料理。

蘑菇生长在哪里？

我的金针菇长出来了！

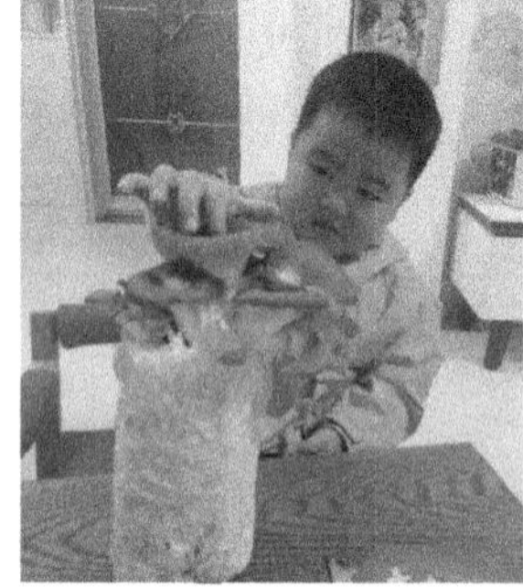

好多蘑菇，可以吃大餐啦！

哇，看我的蘑菇真多。

活动三：蘑菇大餐

各种各样的蘑菇都长大了，闻着有点奇怪的味道，那吃起来会怎么样呢？孩子们决定将这些蘑菇制作成美味的蘑菇大餐。蘑菇怎样才能变成大家都喜欢的美食呢？大概自己亲手制作的才是最美味的食物吧。

活动目标：

1. 了解以蘑菇为原料制作的一些美食，能做出自己喜爱的蘑菇美食。
2. 结合自己的生活经验，大胆设计蘑菇菜谱。
3. 喜欢吃蘑菇，不挑食，体验劳动带来的快乐。

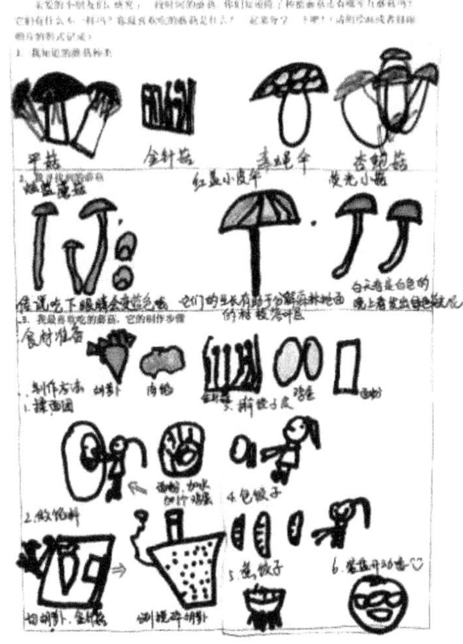

片段一：设计菜单

蘑菇摘下来了，可以怎么吃呢？

“我在义乌吃过炸蘑菇，脆脆的，可好吃了。”

“我家里吃火锅都会放蘑菇的。”

蘑菇在孩子们的餐桌上也算是常客了，他们收集了一大堆的菜单，大家都想尝试，于是就商量按顺序来试一试。孩子们设计了自己的菜单，步骤清晰，这样在制作的时候就清楚了。

蘑菇菜单

片段二：美味的蘑菇

终于，蘑菇美食月来了，每周孩子们会更新菜单，并一起尝试制作蘑菇料理，孩子们也发现蘑菇虽然有一些奇怪的味道，但是搭配了其他蔬菜、调料，它自身的味道就会减轻，而

且还会更加鲜美。在自己当小厨师的时光里，孩子们都觉得蘑菇无比美味。

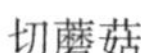

切蘑菇 调拌馅儿料 煎蘑菇饼

活动四：蘑菇探秘

活动目标：

1. 通过阅读绘本，理解和感受小动物躲雨的故事情节。
2. 能清楚、大方、正确地表达自己对故事的想法，并尝试续编。
3. 通过绘画、手工等不同创作方式展示对蘑菇的美的感受。
4. 学会包容与接纳，体验友爱互助的情感。

片段一：学习表演故事《一个，两个，三个……蘑菇下躲雨》

1. 谈话引入主题。

老师："你喜欢下雨天吗？""如果在户外下雨了，你该怎么办？"

2. 阅读和讨论，理解故事内容。

(1) 老师出示图片："两只蚂蚁在做什么？""你从哪里看出来的？"

(2) 幼儿交流讨论："假如你是蚂蚁，想留下来躲雨还是赶快回家？"

(3) 老师："两只蚂蚁选择了躲雨。蘑菇够两只蚂蚁躲雨吗？""你从哪里看出来的？"

(4) 老师："一只小老鼠过来了，想干什么？""两只蚂蚁是怎么想的？"

3. 情境表演，表现故事情节，进一步感受朋友之间互帮互助的情感。

4. 续编《一个，两个，三个……蘑菇下躲雨》故事结尾。

可爱的小动物们在森林里，在一个大蘑菇下发生了什么有趣的事情？通过阅读绘本故事，随着情节的不断推进，幼儿感受到了蘑菇的生长变化，也感受到了小动物们相互帮助的快乐！在表演区，大家扮演自己喜欢的角色，创编角色的语言，参与到绘本表演中，感受表演的乐趣。

片段二：

表演完了蘑菇的故事，孩子们开始了自己的想象，他们在一起交流、创编自己喜欢的有关蘑菇的故事，并且画下来，做成一个大大的绘本。瞧，故事里的蘑菇一个个都变成了可爱的、活灵活现的小生物，和孩子们在故事里玩起了有趣的游戏。

一大清早，小鸟飞来叫我给蘑菇浇水。到了花园，我看到蘑菇长得都不一样，有着不一样的高度和花纹。我给蘑菇浇水，它们慢慢长大了，我摘回家跟爸爸妈妈一起做晚餐。

小鸟喳喳叫的早上，我给小蘑菇浇水。两只小蝴蝶在花园里玩耍，它们飞到了我的蘑菇上，它们也喜欢吃蘑菇。

我的蘑菇已经干枯了，我去给蘑菇浇水。我发现它们长大了，能吃了。我摘下来给妈妈，妈妈说晚上就炒蘑菇吃。

主要区域活动

区域	活动名称	活动目的	活动材料	已有经验	指导要点
阅读区	蘑菇的故事	大胆想象、改编绘本故事	蘑菇的系列科普、故事绘本若干，纸，笔	阅读过蘑菇相关绘本、有创编故事的经验	结合亲身经历，大胆想象、创编故事，并能完整地讲述出来
美工区	1. 蘑菇森林 2. 多彩的蘑菇	1. 用线描画的方式画出自己喜欢的蘑菇并大胆装饰 2. 学习用超轻黏土制作色彩丰富、造型各异的蘑菇	卡纸，纸盘，超轻黏土，树枝、叶子、果子等自然物	会使用综合材料、自然物等	愿意通过自己的创作感受蘑菇的千变万化
益智区	1. 蘑菇排序 2. 蘑菇变变变	根据游戏的规则进行游戏	排序板、蘑菇卡片、纸杯、蘑菇钉游戏	有排序、点数的经验	能根据游戏规则进行操作
表演区	一个，两个，三个……蘑菇下躲雨	根据绘本内容讲述并表演绘本故事，大胆创编故事，体验表演的乐趣	《一个，两个，三个……蘑菇下躲雨》录音故事、头饰、大蘑菇道具	阅读过绘本，玩过表演游戏	大胆表现故事中不同小动物的形态，结合经验进行台词创编
劳动生活区	蘑菇蒸饺	学习擀皮并将馅包入皮中	鸡蛋、平菇、金针菇、海鲜菇、面粉	参与过制作面食等食育活动	学习和面、搓团，将馅儿包进面皮后捏合

新的问题：蘑菇还能种吗？

采摘过的蘑菇包，好多天都没有再长新的蘑菇，孩子们好奇地问："蘑菇还能继续种吗？""为什么它不能再长大一次？"大家想到了办法，用潮湿的干净抹布包裹住蘑菇包，等待小蘑菇的"悄悄"出现，故事还在继续……

我们用潮湿的干净抹布包裹住蘑菇包放进塑料袋里，等待长出新的小蘑菇。

六、活动反思

活动立足于对蘑菇的探究，幼儿通过完整的种植蘑菇活动和对蘑菇的认识，运用个性化的表征方式，表达自己获得的关于种植蘑菇的经验。在这一过程中，大家思维相互碰撞，共同探索，解决问题。如：活动中幼儿对蘑菇是否有毒非常感兴趣，于是我们利用科普绘本、视频等不同的媒介，以及家长、社区挖掘的资源来获取答案。幼儿积极参与的态度也充分证明了活动的立场基于儿童，顺应了儿童发展的需要。而幼儿对保护蘑菇的再探索，也印证了他们对于活动兴趣的不断深入。

但在活动中，有一些蘑菇常识对于中班幼儿来说尚有一定的难度，如蘑菇丰富的种类、有些蘑菇复杂的生长环境和奇特稀有的特征等，需要教师准确取舍，呈现最适宜幼儿的活动内容。

你好，小麦！

一、主题来源

十月的一天，孩子们看到大班哥哥姐姐们正在收水稻，既好奇又期待："老师，他们在做什么呀？""你们可以问问哥哥姐姐呀！"可可走上前去问："你们种的是什么呀？""我们在收割水稻。""水稻是什么？""水稻可以做成香喷喷的大米饭哦。"孩子们问："老师，我们可以种水稻吗？"到底能不能种呢？我们一起去请教了幼儿园的门卫叔叔，叔叔说："现在是10月份，水稻已经收割了，不能种了。"孩子们一脸失望："那现在可以种什么呢？""可以种小麦啊。"孩子们兴奋起来："小麦和水稻一样吗？""小麦也可以吃吗？""我们也可以和哥哥姐姐一样做好吃的吗？"带着一肚子的好奇，我们决定试一试。

二、主题资源

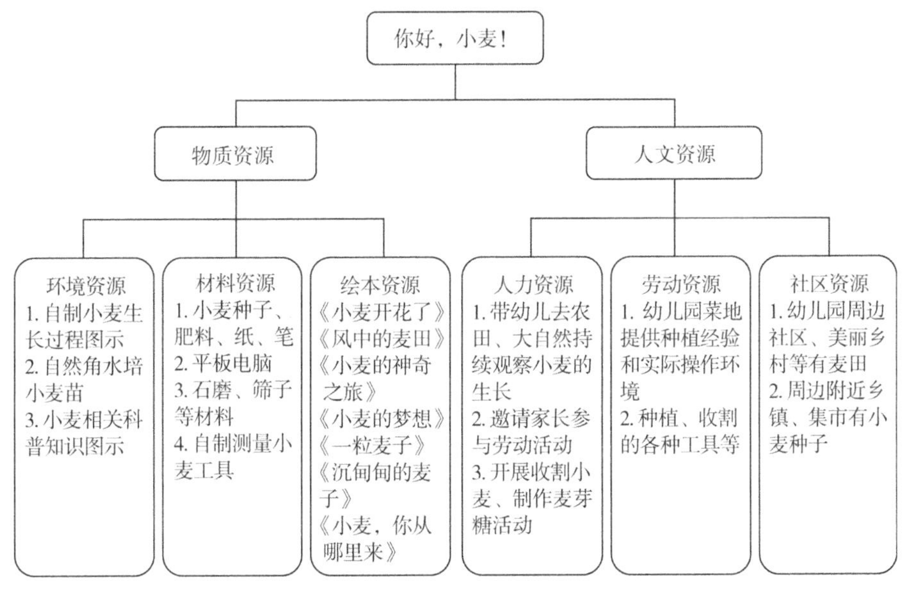

三、主题脉络

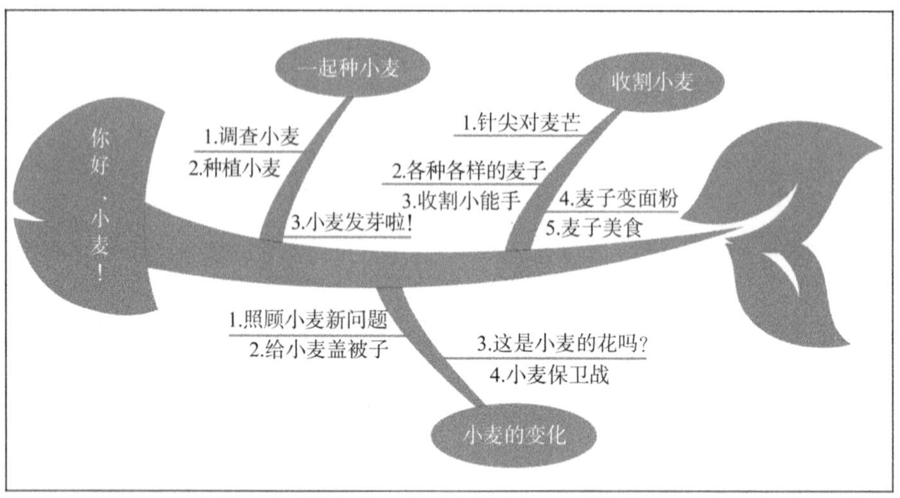

四、主题核心目标

1. 在播种、施肥、测量、收割等系列活动过程中，仔细观察、对比小麦在不同生长时期的变化，了解其外观、颜色、形状等特征。

2. 能够用简单的图形、符号等记录观察中的发现、猜测及趣事，能用较完整的语言表述。

3. 学习制作小麦美食的技能：如磨粉、和面、擀面、包饺子等，乐意与同伴分享劳动成果。

4. 愿意用麦秆、麦粒大胆创造艺术作品，感受自然之美、创造之美。

5. 主动参与种植和收获小麦的劳动，能够主动克服困难，不怕苦和累。

五、主要活动

活动一：播种小麦

活动目标：

1. 通过多种感官感知小麦的外观、颜色、形状等特征。
2. 愿意用语言、绘画等形式表述自己的观察和发现。
3. 体验松土、翻地、播种、浇水的辛苦，感受种植劳动的不易。

片段一：播种小麦

在播种之前，孩子们拿起小锄头把菜地的土翻了翻、松了松。有了之前种植红薯的经验，他们更加得心应手，土松软了，小麦种子可以舒服地住进去了，一把一把的小麦粒撒到了田地里。

皓皓："老师，小麦的种子中间有一条线。"

皓皓的发现引起孩子们的注意，他们探出好奇的脑袋仔细观察，七嘴八舌地讨论起来。

佑佑："对，对，你看，中间被切开了。"

小齐："小麦不是圆的，它有点扁。"

肖肖："小麦摸起来硬硬的，跟米一样。"

用锤子松土

去除多余杂草

松土翻地

片段二：初识小麦

追随孩子的好奇心，种下小麦之后，我们查找了关于小麦的资料，知道了究竟什么是小麦？它是什么样子的？我们会用它来做什么？在满足孩子好奇心的同时，激发他们观察和探索小麦的兴趣。

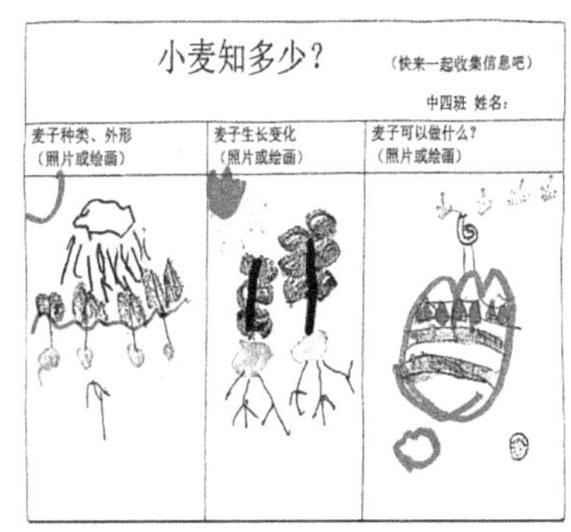
小麦知多少？（快来一起收集信息吧）

中四班 姓名：

麦子种类、外形（照片或绘画）	麦子生长变化（照片或绘画）	麦子可以做什么？（照片或绘画）

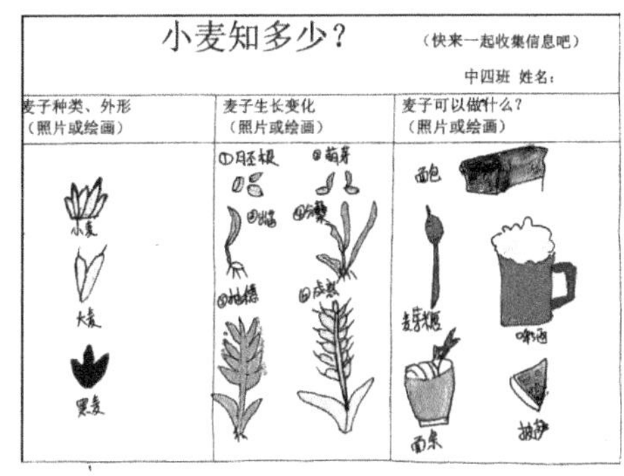
小麦知多少？（快来一起收集信息吧）

中四班 姓名：

麦子种类、外形（照片或绘画）	麦子生长变化（照片或绘画）	麦子可以做什么？（照片或绘画）
小麦 大麦 黑麦	胚根 萌芽 分蘖 抽穗 成熟	面包 麦芽糖 啤酒 面条 披萨

片段三：浇水施肥

每天，我们都会来地里观察小麦是否有新的变化。一天，孩子们发现，有经验的门卫师傅把落在地上摔烂的柿子倒在小麦地里，他们感到非常疑惑："这样会害了小麦的，小麦都还没有发芽呢。"听到孩子们的"抗议"，门卫叔叔笑了："这些果子、叶子都是最天然的肥料，小麦有了营养才能长得更好。"

原来小麦除了需要水、土壤、阳光，还需要肥料，知道了这个常识，孩子们想多收集肥料给小麦补充营养。于是，他们从家里带来了种植花草的肥料，第一次尝试给小麦施肥，因为没有经验，孩子们把带来的肥料都撒了进去，分布也不是十分均匀，门卫叔叔说："没关系，小麦生

命力很顽强，还是能长出来的。"就这样，大家怀着紧张忐忑的心情，等待小麦发芽、长大。

活动二：小麦长高了

活动目标：

1. 仔细观察，根据已有生活经验照料小麦生长。
2. 探索用不同方式进行实验验证猜想，学习简单的测量方法并记录测量结果。
3. 在照顾、观察和记录中感受种植小麦带来的成功体验。

片段一：给小麦盖被子

新的问题：随着天气渐渐变冷，孩子们变得失落，小麦为什么还不发芽？大家有点着急。

可可："一定是我们上次施肥，放了太多的肥料。"

小奕："是不是没有晒太阳，最近都在下雨。"

小齐："那它肯定是太冷了，你看我们都穿棉袄了。"

凡凡："对，太冷了，它们就长不大了。"

丁丁："那我们也给它们盖被子，让他们不冷。"

肖肖："哪里有被子？"

佑佑："快看，这里有很多的小棍子。"

顺着佑佑说的方向望去，一些水稻秸秆还堆积在菜地角落，刚好变成了孩子们眼中天然的被子。我们把稻草铺在小麦地里，重燃对小麦发芽的希望，期待小麦可以抵御天气的寒冷，顺利过冬。

片段二：小麦发芽了

寒冷的冬天还是来了，一场大雪挡住了我们前去观察小麦的脚步，孩子们会偶尔问老师："小麦发芽了吗？""它们还会长大吗？"寒假过后，我们一如往常地来看小麦，有孩子凑近掀开稻草，突然，一个惊喜的声音响起："快来看，小麦发芽啦！"大家争先恐后跑上前去，果然，小麦苗们破土而出，它们经历了一场冬雪的考验，给孩子们带来希望。

发现稻草下的小麦苗

小朋友轻轻触摸，很好奇

小麦苗不均匀地发芽

片段三:小麦长高了

新的问题随之而来:“为什么有的地方小麦长出来了,有的地方小麦却没有长出来?”孩子们决定再等一等,看看会不会有更多的小麦长出来。就这样,我们慢慢观察小麦,用自己的画笔记录下了小麦的生长过程。

麦子成长记录

随着小麦逐渐茂盛起来,孩子们有了更多令人惊喜的发现。

可可:“老师,小麦长得好高呀,比我的手都要长。”

小齐:“是呀,它都可以把我的腿挡住了呢。”

大家纷纷伸出小手小脚比一比,那小麦究竟有多高?我们有什么好办法来测量呢?

孩子们天马行空地想象起来。

凡凡:“可以用尺子,我的姐姐就用尺子写作业。”

君君:“可以用我的手臂量,我的手臂长。”

硕硕:“用绳子也可以呀!绳子有好长好长的。”

大家把自己想用的工具带来幼儿园,经过亲自尝试和实验之后,他们发现,每个人用不同的工具,结果都不一样。尺子的刻度看不懂,绳子太软,最后孩子们决定用塑料积木来测量。

各种各样的记录单,小朋友们一起记录

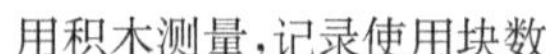

用积木测量，记录使用块数

在小麦地旁边记录

积木高度不够，两人合作测量

活动三：水培小麦

活动目标：

1. 尝试水培小麦，观察小麦发芽的完整过程和变化。
2. 能积极与同伴讲述小麦的变化并进行简单的记录。
3. 乐意参与小麦的种植、养护等过程。

片段一：水培小麦

小麦越长越高，孩子们的热情也随之高涨。在等待小麦成熟的日子，孩子们在种植角水培了一些小麦，进行发芽实验，来更好地观察小麦发芽的过程和变化。他们发现：小麦中间的一条线可以长出小芽，另一端则跟红薯一样长出触须向水中生长，原来植物都需要通过这样的方式汲取营养和水分。

每天给小麦换水，喷水保湿

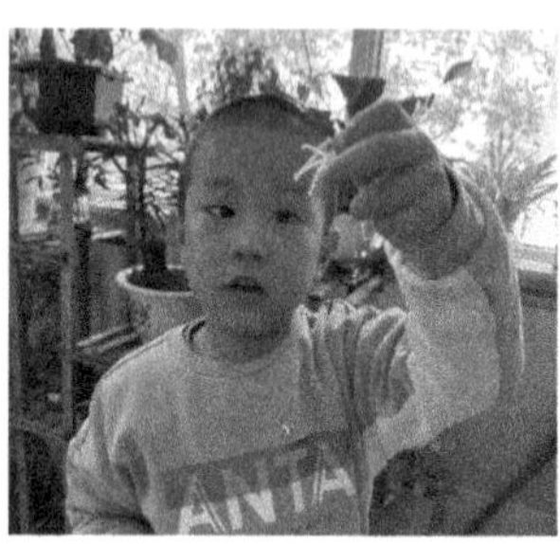

发现小麦发芽长出根须

根须从盘底的洞孔向水中生长

片段二：我的观察日记

孩子们对自己的发现感到非常开心，有的想分享给自己的家人，提出好办法："我们可以拍照或者画下来，这样爸爸妈妈也可以看到了。"于是每天餐后，大家聚集在植物角，有的给小麦换水，有的给小麦喷水，还有的把观察到的内容记录下来。

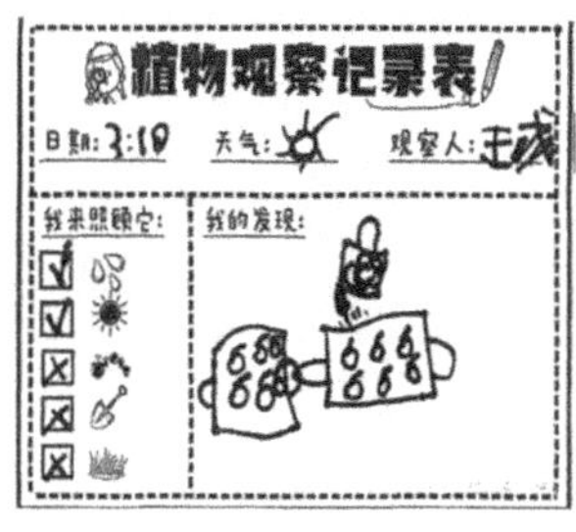

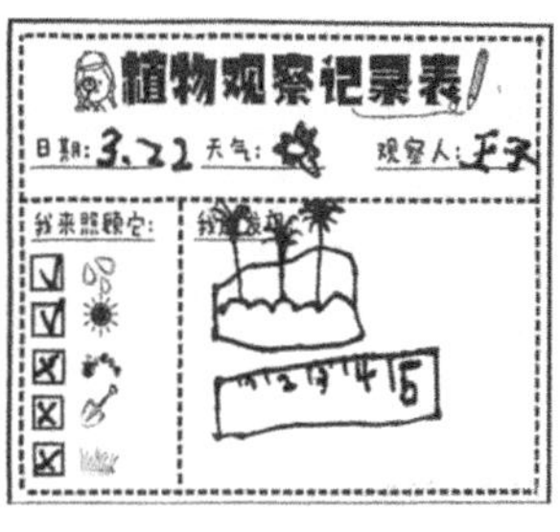

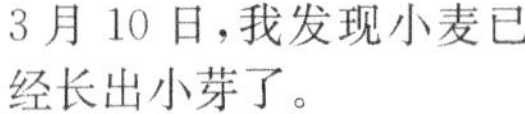
3月10日，我发现小麦已经长出小芽了。

3月19日，我给小麦浇水

3月22日，我用尺子给小麦量身高。

片段三：制作麦芽糖啦！

清明假期后，孩子们发现水培的小麦苗已经长得很高。老师带来了制作手工麦芽糖的纪录片供大家观看，孩子们看完后开心地说："老师，我们是不是可以做麦芽糖了？"这个提议很好，大家分组行动起来，有的负责摘下小麦清洗干净，有的负责把麦苗切碎放入蒸好的糯米中进行搅拌，都期待能很快做成甜甜的糖水。

第二天，孩子们满怀期待地打开锅盖，结果……

皓皓："这是什么味道呀，怎么臭臭的？"

灵灵："是不是坏掉了，这能做成麦芽糖吗？"

经过发酵的糖水有一股酸酸的味道，孩子们产生怀疑：这真的是可以做成麦芽糖的水吗？但是既然已经完成了一大半了，就坚持到底，把最后熬煮糖水的任务完成，看看究竟是成功还是失败。于是在生活老师的帮助下，几个孩子轮流看着糖水在锅中煮开、煮沸之后再慢慢凝固。大家惊奇地发现：糖水煮开后，先散发淡淡的酸味，渐渐地味道变了，散发出青草的香气和米饭的香味。终于糖浆出现了，甜甜的焦香味弥漫了整个屋子。

摘下小麦苗，放入水池清洗干净，把小麦苗切碎

倒入盆中搅拌，发酵一夜后挤出汁水，将之熬煮成糖浆水

甜甜的麦芽糖，卷一卷变成棒棒糖

花生："老师，这个糖甜甜的，还有点酸酸的味道。"

肖肖："这个糖又甜又黏，我的牙都黏住了。"

灵灵："麦芽糖太好吃了，我回家要让妈妈再做一次。"

齐齐："那我们来画一个说明书吧，回家请妈妈跟着步骤做。"

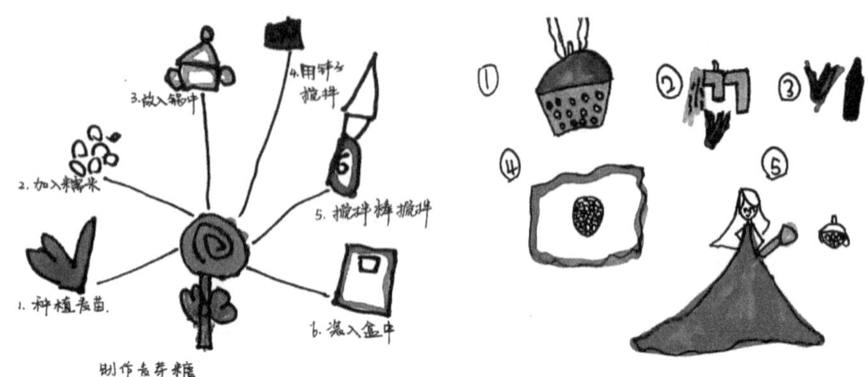

制作麦芽糖所需材料　　　　记录麦芽糖制作过程

活动四：小麦开花啦！

活动目标：

1. 继续观察小麦，根据已有种植经验照料小麦生长。

2. 通过观察和探索，记录照顾小麦中遇到的问题，共同探索解决办法。

3. 在照顾小麦、观察和记录小麦生长过程中感受合作劳动的快乐，有一定的责任意识。

片段一："白白的是虫子吗？"

菜园的小麦沐浴阳光，享受春雨的滋润。一场小雨过后，孩子们发现小麦开始长出麦穗，还发现麦穗上长了好多白白的东西，这到底是什么呢？

可可："是不是虫子，虫子来吃小麦了。"

凡凡："这么多虫子呀？那我们要赶快杀虫了！"

可可："这不是虫子吧，你看小蜜蜂还在上面飞呢。"

皓皓："哦，我知道了，是小麦的花。"

发现麦穗上白白的东西

讨论是什么

发现了蜜蜂，猜测可能是花

片段二：保护小麦

孩子们惊喜地发现：原来小麦还会开花呢！随后，担心也涌上心头："会不会有小虫子、小鸟、小蜜蜂来吃小麦呢？""我们要保护小麦！"说着，大家积极开动脑筋想办法。

小宜："我们可以用一个帐篷把小麦罩起来。"

可可："那这样小麦就不能晒太阳了。"

丁丁："那我们罩一个网子，跟保护樱桃树一样。"

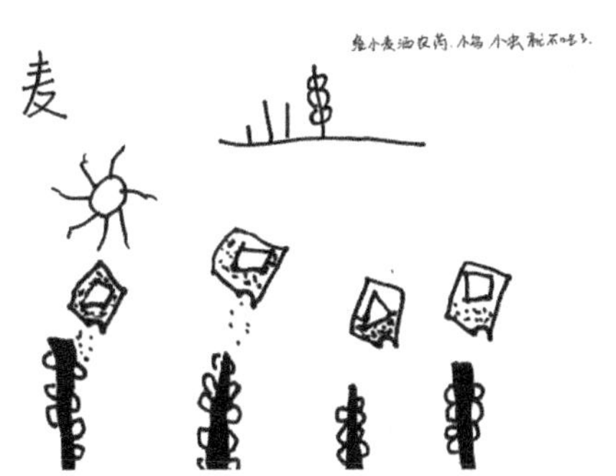

撒一些农药，小虫子就不会吃它们了

给小麦装一个罩子不让小鸟飞进去

片段三：保护小麦行动

说做就做，孩子们从工具室拿来了网，盖在小麦上面，可是网太软，根本支撑不起来，于是他们又找来一些木棍把网的四个角落固定起来，终于把小麦全部盖住了。接下来，就等待小麦成熟吧！

门卫叔叔帮助搭支架

齐心协力盖网

把边边角角塞好

活动五：收割小麦

活动目标：

1. 通过观察、发现，进一步加深对小麦的认识。
2. 学习使用工具收割小麦，并注意安全。
3. 乐于与同伴共同收割小麦，能够想办法解决困难，体验收获的喜悦。

片段一：怎么收割？

开始收割小麦啦！我们要如何收割？需要什么工具？正式收割之前，我们开展了相关讨论。

佳佳："我觉得可以用剪刀剪，因为用手拔不动。"

丁丁："这个麦子有点扎手，得戴个手套。"

凡凡："奶奶说收割小麦要用镰刀，那个镰刀弯弯的、尖尖的。"

片段二：收割麦子啦！

我们邀请了几位有经验的祖辈家长来帮忙，在爷爷奶奶们的指导下，孩子们顺利地把小麦割下来。接下来要给小麦脱壳，我们一起讨论脱壳的办法，并将自己的猜想记了下来。

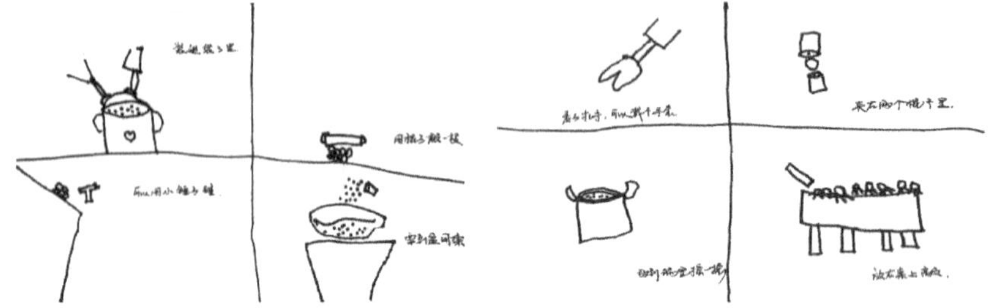

可以用锤子、棍子敲一敲　　麦子有刺，要戴上手套，还可以放在桌子上敲

共同整理小麦

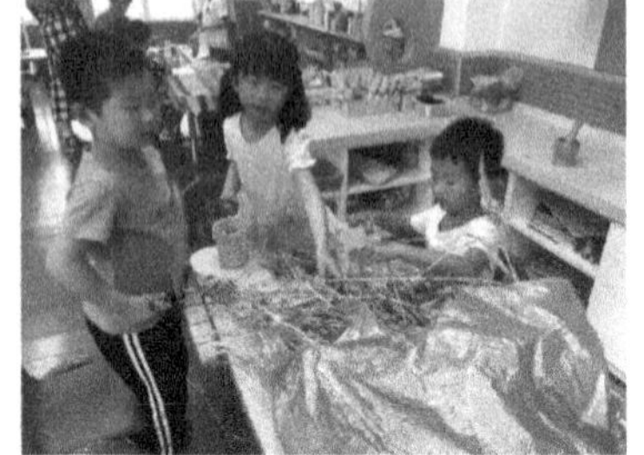

讨论给麦子脱壳的办法

孩子们使用棍棒敲打、轮胎碾压等方法，发现麦子散落得到处都是，于是尝试把麦子包裹在袋子里面碾压，颗颗金灿灿的小麦一下子全出来了，孩子们开心极了。

一个人太慢，我们多收集一些工具，叫来更多的人

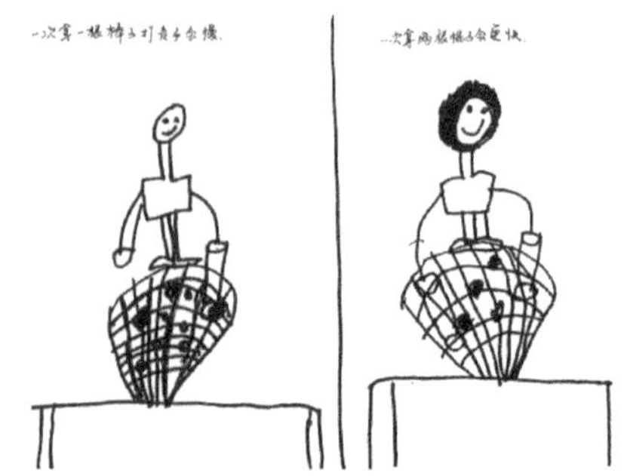

一根棍子敲得慢，可以一次用两根棍子

用剪刀剪碎

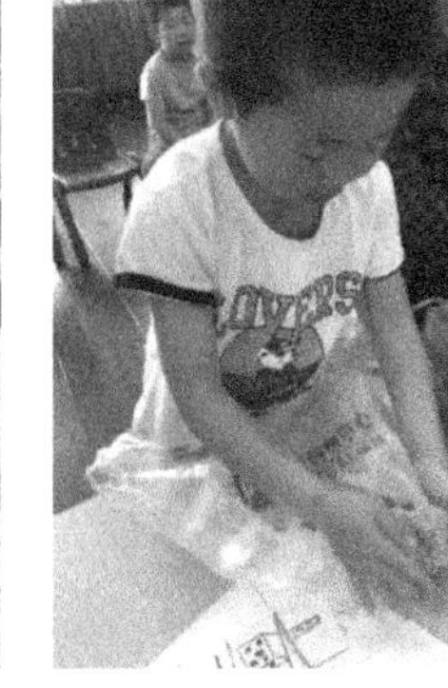
放在袋子里面敲

用布包裹起来进行脱壳

片段三:麦子美食来啦!

孩子们讨论了很多可以用小麦制作的美食,期待用面粉能变出更多好吃的美味。于是,他们设计了麦子系列美食食谱,决定一一打卡尝试。接下来,孩子们每天轮流在生活区自己磨面粉、揉面团、擀面皮,自制面点美食。每到游戏时间,班级里总是飘散着诱人的香味,孩子们在品尝美味的同时也丰富了劳动技能。

磨面粉

擀面皮

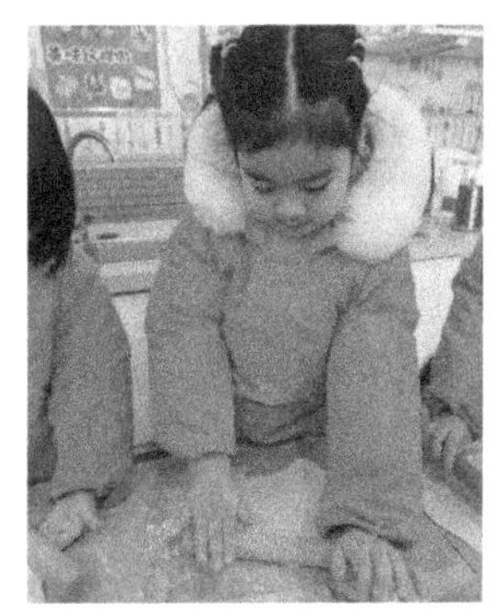
擀面片

主要区域活动

区域	活动名称	活动目的	活动材料	已有经验	指导要点
阅读区	小麦的一生	大胆讲述,语言较为完整	绘本《风中的麦田》、纸、笔等	有种植、制作小麦美食的经验	与同伴分享绘本故事并记录种植小麦的趣事
美工区	麦秆画	学习运用麦秆创造不同的艺术造型	麦秆、剪刀、胶、自然物材料等	会使用基本的自然物材料进行创作	能借助麦秆外部特征以及辅助材料大胆创造,乐于表现

续表

区域	活动名称	活动目的	活动材料	已有经验	指导要点
益智区	数麦粒	能根据点卡、数卡将麦粒进行数物匹配	麦粒、点卡、数卡等	能正确点数10以内的数并能匹配	能够正确点数,并对其进行正确的点数匹配
	测量小麦	能用不同的工具进行测量并记录小麦生长高度	小麦、笔、测量尺、记录单等	知道简单的测量方法	知道测量的方法并且能够准确记录测量结果
劳动生活区	麦芽糖	尝试制作麦芽糖	水培盘、刀、锅、糯米等	会使用简单的劳动工具	制作麦芽糖,体验劳动的乐趣
	面条	能用面团制作面条、面片等	面粉、蒸锅等	会简单地揉、搓、擀等技能	学习揉、搓、擀面,并能大胆尝试不同形状的面条、面片
角色区	燕麦奶茶	学习制作燕麦奶茶	各式各样奶茶、收银台等	参观过奶茶店	制作燕麦奶茶
	"真好吃"早餐店	学习制作小麦粥、麦芽糖等	各式早点、收银机、菜单等	有买早餐经验	主动介绍新菜品,推荐顾客品尝新的口味

六、活动反思

历时一年左右,我们在深秋种下小麦,在夏季收获,完整亲历的过程让幼儿感受到植物生长的力量。小小麦苗不惧严寒破土生长,在雨水的冲刷下盛开白色的小花,勇敢地向阳而生,针尖麦芒抵御着虫鸟的侵袭,再到最后,炎炎夏日一颗颗金黄麦粒破壳而出,孩子们亲历了整个生长过程,真正感受到小麦的一生实属不易。

活动以幼儿为中心,让幼儿在亲身经历的过程中感知、发现、探索并寻找答案。在种植和养护小麦的过程中,幼儿激发了照顾植物的责任意识,学会了劳动的基本技能,如浇水、施肥、收割等,并积极参与小麦的加工以及面食的制作等,在品尝美食时感受到劳动成果的宝贵,也更加珍惜粮食。总之,在整个系列活动中,幼儿呈现了令人惊喜的变化,从不关注到感兴趣,从不动手到主动参与,积极克服困难、勇敢挑战,将成长与生活自然地融为一体,这就是亲历的价值。

大班主题活动

棉花朵朵

一、主题来源

下午起床时，班级地板上又出现许多棉花。小希说："丁丁中午睡觉的时候，送给了我很多白色的云。"丁丁说："我的枕头里还有许多呢！它们是棉花，很像云朵呢！"原来是一直不太爱睡午觉的丁丁，又把枕头里的棉花掏出来玩，还悄悄送给了"左右邻居"。眼看丁丁枕头里的棉花所剩无几，怎么办呢？孩子们你一言我一语地开始帮丁丁想办法："我的棉被里有棉花，可以送给丁丁一点。""我家毛绒玩具里有很多，玩具也破了，可以把棉花拿出来给丁丁。""要不我带吧，我奶奶才给我做了一床被子，可软了，奶奶说老家种了棉花，有很多。""棉花还可以种出来吗？长在树上吗？""是棉花树开的花所以叫棉花吗？"伴着孩子们的疑问，我们开启了棉花主题的系列活动。

二、主题资源

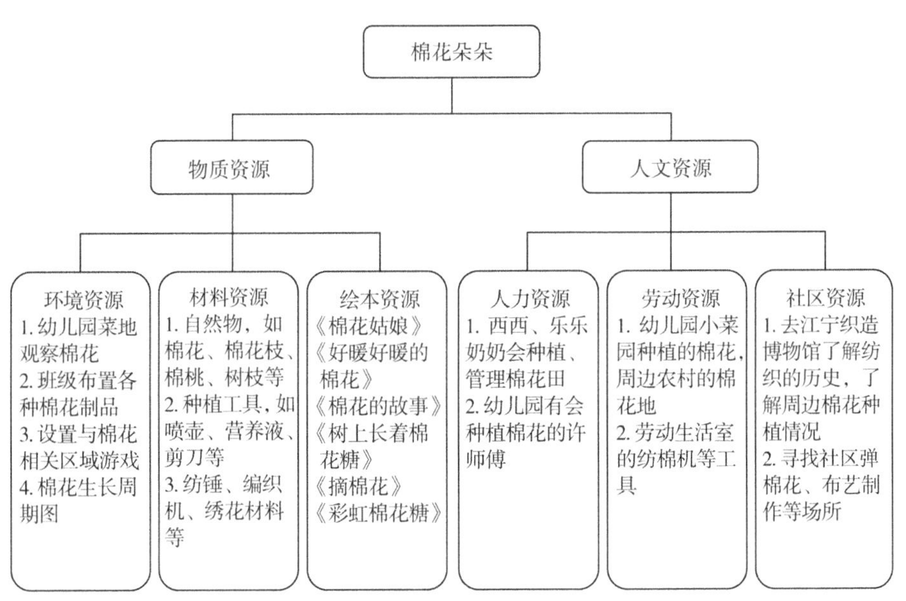

三、主题脉络

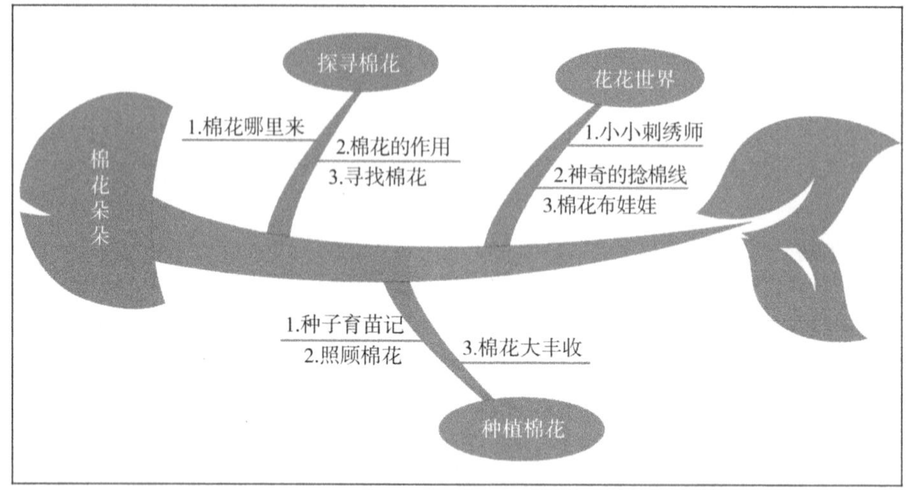

四、主题核心目标

1. 了解棉花的特征、结构以及主要用途，知道棉花是秋天收获的农作物，有许多用处；在积极参与棉花种植的过程中进行观察、探究、对比，并用自己的方式记录。

2. 通过种植、收获等系列劳动体验，学习简单的棉花加工、制作等劳动技能（如纺线、织布等），进一步体验劳动带来的快乐。

3. 能够大胆想象，结合生活经验创编和棉花有关的故事并绘制下来，乐于与同伴主动交流分享。

4. 能够用棉花、棉线、布及相应的辅助材料创作自己喜欢的作品，乐于与同伴分享自己的创作成果。

5. 体验棉花从育苗到收获的来之不易，更加珍惜自己的劳动成果。在种植、照料棉花的过程中，不怕苦、不怕脏、不怕累，有一定的坚持性。

五、主要活动

活动一：探寻棉花

活动目标：

1. 初步了解棉花的外形特征及内部结构，知道棉花是秋天收获的农作物，在生活中有许多用处。

2. 尝试运用观察、实际操作、记录等方式，多种感官参与探究棉花的秘密。

3. 能大胆地讲述自己的发现，体验探究棉花的乐趣。

片段一:棉花大调查

棉花是花吗?棉花是怎样变成衣服的呢?孩子们七嘴八舌地议论着,该怎么寻找答案呢?除了班级讨论,孩子们平时也有利用书籍、网络等多途径寻找答案的经历,于是他们开始上网查找、翻阅图书,并采访爸爸妈妈和爷爷奶奶等,在大家的共同努力下,收集到了许多关于棉花的百科知识。一起来看看吧!

幼1:“我和妈妈一起在手机上看了棉花的视频。原来棉花不是花,是果实,长大了就会裂开来。还有哦,没有裂开的时候它叫棉桃。”

幼2:“我奶奶家就种棉花,我问过她了。我还以为棉花长在树上呢,原来是长在地里。奶奶说,下周我回老家的时候带我去看看。”

幼3:“我周六和妈妈去逛街,我妈妈说小朋友们穿的衣服基本是纯棉的,所以特别软。全棉的意思就是全是棉花。”

片段二:我身边的棉花

幼1:“洗完澡,妈妈给我吸耳朵里的水,用的就是棉花做的棉签,棉花可以吸水。”

幼2:“我们用的钱,也是用棉花做的,这样它就不容易破啦。棉花原来可以更坚固。”

幼3:“还有我的小袜子,可舒服了!是棉花做的,很吸汗而且很透气,我很喜欢。”

幼4:“我和妹妹如果不小心受伤了,妈妈会用灭菌棉球给我涂碘伏。棉球也是棉花做的呢!”

幼5:“我的枕头里就是棉花。奶奶说,棉花做的枕头芯最软最舒服啦!”

很多孩子都说见过棉花,有的说在商场卖床上用品的地方见过,有的说家里的小玩偶肚子里就有,还有的说家里的棉被里有棉花……棉花仿佛随处可见,哪里还有棉花呢?带着问题,我们继续寻找……

活动二:种棉花喽

活动目标:

1. 了解棉花的种植环境,认识棉花的种子。

2. 通过挖洞、保暖、晒太阳、松土等方式学习育苗。

3. 能记录自己给棉花种子育苗的过程,体验种植的奥秘。

一起种棉花

片段一:认识棉花籽

请园丁伯伯找来了棉花籽,孩子们初见蓝色的棉花籽很惊奇:“原来棉花籽是蓝色的呀!”

幼1:“蓝色的种子？是为了以后种出蓝色的棉花，所以染的颜色吗？”

幼2:“蓝色的棉花种子，是不是可以种出蓝色的棉花糖？”

幼3:“原来棉花籽是蓝色的呀，我还以为跟西瓜子一样是黑色的！(班级曾经在小菜地种植过西瓜。)”

天气还比较冷，先放到泡沫盒里培育一下……

幼儿讨论交流自己的调查结果。

幼1:“我和妈妈去寻找了棉花的科普书。原来种子上的蓝色是因为它包裹了一层蓝色的保护膜，这个膜可以防止虫害和细菌。”

幼2:“我奶奶会种棉花，她跟我说种棉花要先挖沟，然后把种子放在沟里。我们可以戳洞洞来种呀！”

幼3:“是不是坑中间要留一点空，我们上次种植胡萝卜的时候，就是要空开来，不能太拥挤！它们要长大的，需要很大的地方。”

片段二:开始育苗啦!

天气开始回暖了，可以把小种子们一起移种到小菜园里了。移种好了以后，孩子们会经常去菜园看看它们发芽了没？长大了没？每天去小菜园探望棉花成为他们最期待的事情。

我们用泡沫盒子把小种子放进去，小种子你放心吧，我会经常来看你、照顾你，带你晒太阳。希望这个冬天，你可以在温暖中成长，等你长大了，就可以去小菜地啦。

小种子们住进了温暖的泡沫箱里，好希望它快点长大呀！要是长大了可以做一双最美的袜子就好了！我希望可以和美丽的它一起合照，这样妈妈就知道是我种的啦！

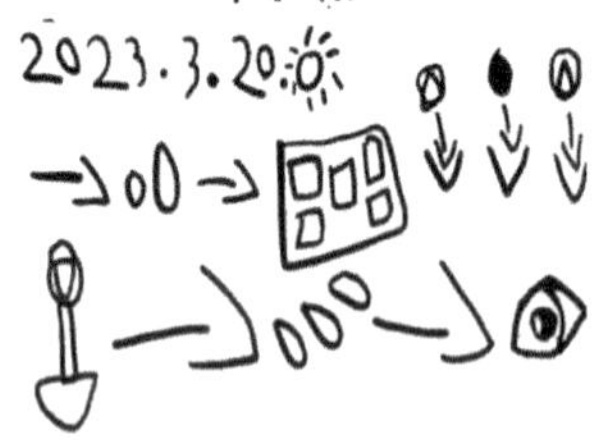

天气暖和了，我们可以把棉花种子种到挖好的小洞洞里啦。我用铁锹把洞按距离都挖好了，一个洞里只能放一颗种子，不然它们长大会难受的。我会好好照顾它们的。

片段三:照顾棉花苗

幼1:“好期待棉花快快长大哦!”

幼2:“不知道它长大后是个什么样子呢?”

在讨论的过程中，孩子们会天马行空地想象小种子在地里可能会发生什么，那么精彩的情节，不如记录下来，于是，图书角里的小作家们开始创作啦。

棉花种子离开了爸爸妈妈，有了新的家。它总在地里想呀想，长大了会变成什么样呢？

终于，它在我们的照顾下，长得胖胖的，从土里钻了出来。太阳真暖和呀！我肯定很快就可以长得大大的了！

又过了一段时间，小种子突然钻出了地面。呀，其他种子兄弟也变了，大家都变成了绿色小苗苗。

哎呀，原来长大会一直变样子呀。又变成了大大的绿色。

除了编写故事，孩子们还细心地记录着他们每一次对棉花的养护和培育。

今天我发现棉花种子发芽了，长出了好可爱的小叶子。有的长得少，有的长得多。我又给它们浇了水。

用铲子松土的时候，要特别小心，不能把棉花小苗苗弄伤。棉花不能浇太多水，要多给它晒太阳才能长得特别好。

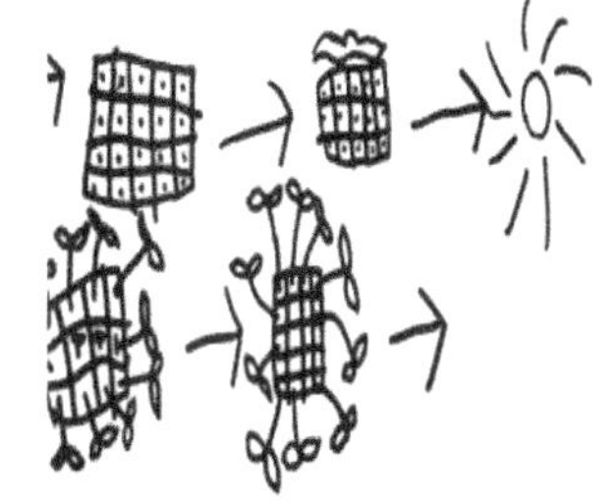

好开心呀，小苗越长越大，越长越多！多晒晒太阳吧！早点长得和我一样高就好了！

我今天也去照顾棉花了。我给它松了土，捉了虫子，浇了水，天气特别好，不知道什么时候棉花可以收获呢？

今天，我看到了一颗小棉桃。它是不是很快就可以长出棉花啦？是不是很快就可以收获，用来做毛巾和被子啦？

棉桃长出了好多呀！我给它们捉虫子，还浇了水。棉桃是不是很快就要裂开了？

片段四:棉花小卫士

探究问题一:棉花怎么开两种颜色的花?

"开花了,开花了!"孩子们惊奇地发现棉花开花了。"怎么有两种颜色?有的是黄色的,有的是粉色的?是不是种的彩色棉花呀?"他们开始叽叽喳喳地讨论起来。

幼1:"为什么棉花的花朵有两种颜色呢?"

幼2:"我早就知道啦!因为棉花的花朵会变色!我在书上看到的!"

幼3:"我觉得是因为我们种了两种棉花,所以才不一样!就像以前我们种的白萝卜和红萝卜一样!"

教师思考:幼儿提出问题,教师应当充分尊重和保护幼儿的好奇心和探究兴趣,相信每一个幼儿都是积极主动、有能力的学习者,最大限度地支持和满足幼儿通过直接感知、实际操作和亲身体验获取经验的需要,给予他们充分的观察探究时间。通过观察、做记号、比较,他们得出了新的结论,验证了猜想,获得了新的经验。

幼1:"可以给这朵花系上丝带,做个标记。"

幼2:"老师,你看,系上丝带的花朵真的变色了。"

我们发现:给黄色的花朵系上丝带后,隔了两天再去观察,花朵由黄色变成粉红色了。原来棉花的花朵颜色会随着时间变化。

探究问题二:棉桃怎么躲起来了?

幼1:"是不是长棉桃了?但是棉桃是不是很害羞啊?"

幼2:"它藏在里面,还有很多小虫子呢!"

幼3:"快看快看,我找到了棉桃!什么时候棉桃会变成棉花呀?"

幼4:"对呀,棉桃为什么要躲起来呢?"

观察棉花

很快就要放暑假啦!小棉花们,开学见!

数一数,有多少颗棉桃?

我看看,棉桃都藏得好深啊!

幼儿的猜测：

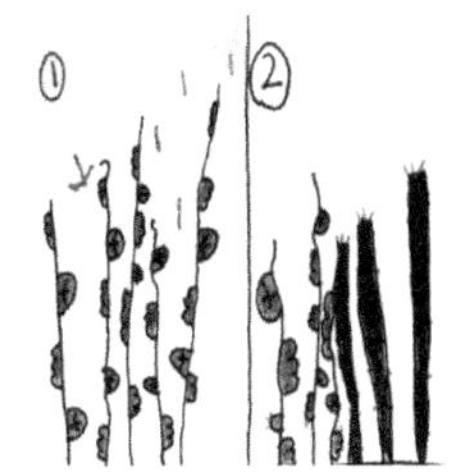

可能是它害怕滴答滴答的雨声，害怕其他生物伤害到它。

因为它们特别可爱，和我们一样爱玩捉迷藏，这样好好玩啊。

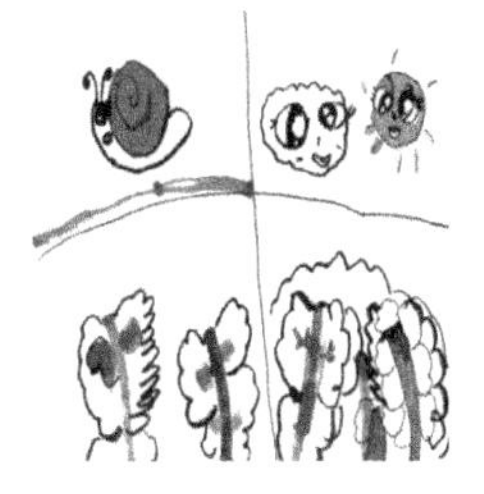

棉桃害怕小虫子咬它、怕太阳晒，还有它应该很喜欢和爸爸妈妈挤在一起。

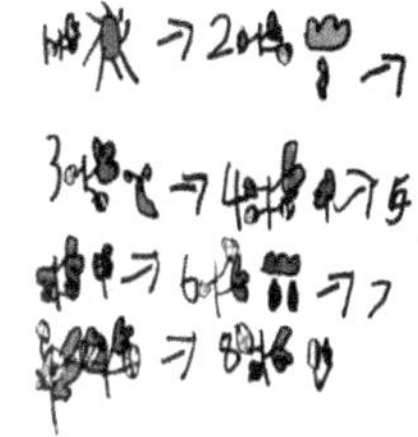

还有其他的原因吧。有可能是因为被大叶子挤到里面了。

探究问题三：发现虫子，怎么办？

幼 1："把虫子捉走啊！"

幼 2："但是有的虫子是害虫，有的是益虫啊！"

幼 3："说不定有的虫子只是因为饿了才会吃棉花的叶子啊！"

通过猜测、查询资料，孩子们得知棉花上的小虫子是棉蚜，确实需要除虫，并且要门卫师傅帮忙打一些药水。但是天真善良的孩子们本着宽容的心理，共情了棉蚜只是为了找食物，这也是一种对大自然的包容、理解与接纳。

天气真好呀！我去小菜园看一看棉花长大了没？再给它浇浇水。

小虫子突然说话了，它说："不是的不是的，我们是棉花的好朋友。"

小虫虫们把棉蚜带去了别的地方，说："吃这里的草吧！可好吃了，这样你们就不用吃棉花了！"

活动三：棉花丰收了

活动目标：

1. 知道采摘棉花、晒棉花、去棉花籽等方法。
2. 学习收获棉花，能够发现不同时期棉花的不同之处。
3. 体验和同伴共同采摘棉花的快乐。

片段一:采摘头棉

幼1:“棉桃裂开来了!好像小橘子呀!”

幼2:“是不是现在就可以采摘了?”

幼3:“怎么摘?和这个黑乎乎的棉桃一起采下来吗?”

幼4:“我知道!我和奶奶一起采摘过的,用手指捏住这个棉花。你看,不是摘下来了吗?”

孩子们一边采摘棉花,一边谈论:“棉花真的好多呀!我采呀采,采了很多,好像怎么也采不完。”

“看,我的棉花好柔软呀!”

“我们一起来进行摘棉花比赛吧!”

于是孩子们自发组成两组,开始了采摘棉花大赛。不一会儿,孩子们的竹筐里装满了采摘的棉花。

采摘棉花

采摘头棉的结论:头棉都是好大一朵,而且又松又软又白。

吃完饭,去楼下散步是我最开心的事情了,因为可以带着篮子去看看有没有新的棉花长大,如果有就可以摘了。太阳这么好,我们把摘下来的棉花送到楼顶去晒一晒。

片段二:采摘二棉

采摘完头棉后,孩子们还是保持着对棉花的兴趣。很快,在一次次观察后,他们发现又有新的一茬棉花长了出来。不过,这次的棉花有没有不同呢?

幼1:“快看快看,棉花又长出来了。”

幼2:“难道跟我们的牙齿一样,掉了还会长吗?”

幼3:“可是它长得有点丑!没有头棉白,摸起来有点硬!”

孩子们发现:第二次长出来的棉花,不仅颜色没有头棉那么白,而且也没有那么松软、大朵。比较小,也不是特别饱满。

从棉花育苗、移种、除虫、松土到如今采摘,他们积累了不少实操经验,把实际操作中的发现记录下来,让弟弟妹妹们种植的时候也能借鉴学习。

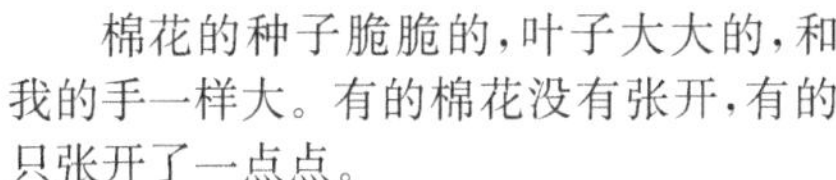

棉花的种子脆脆的，叶子大大的，和我的手一样大。有的棉花没有张开，有的只张开了一点点。

我看见摘下来的一瓣棉花很像小橘子，拿在手里的棉花软软的很像小云朵。棉桃裂开以后，有的是3瓣，有的是4瓣，还有的是5瓣。棉花的秆子好高呀，比老师还要高。

主要区域活动

区域	活动名称	活动目的	活动材料	主要经验	指导要点
读写区	我和棉花的故事	大胆猜测棉籽、棉花、棉桃等可能会发生的故事，并将其记录下来	棉籽、棉桃、棉花等材料，马克笔等	有表征记录的经验	用自己喜欢的方式大胆记录自己和棉花有关的故事，并与同伴交流分享
劳动生活区	美丽的刺绣	尝试在绣布上绣出自己喜欢的图案	绷子、布、儿童安全针等材料	有给线打结的经验	能大胆设计出各种不同的造型并进行刺绣
	服装设计师	根据布料材质的不同，尝试利用针线、大头针、模特台设计服装	儿童缝纫机、针线、布料等	了解过民族服饰及常见的服饰等	能大胆将自己设计好的图样，用布料制作出美丽的服饰
	捻棉线	能通过去籽、搓棉、压棉、纺锤绕等方式捻棉线	纺锤、纺轮、梭子、针梳等材料	知道棉线是通过棉花纺织而成	能尽量把棉花搓蓬松，拉出较长的纤维，增加线的柔韧度。有一定的坚持性

丰富的区域活动剪影：

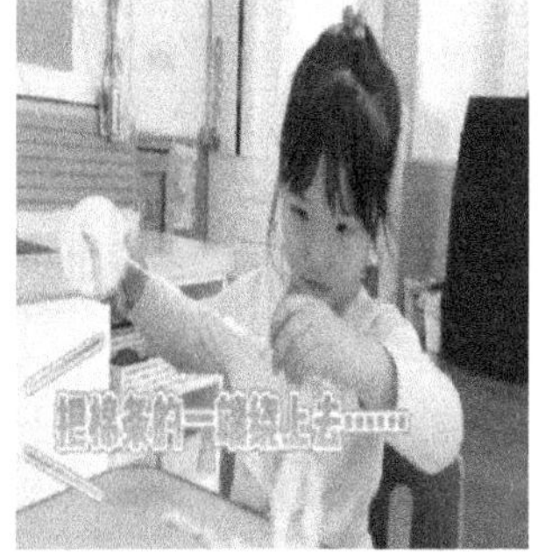

学习捻棉线

给小娃娃做衣裳

六、活动反思

在实践过程中，幼儿做计划、记录与分享，探究的目的性越来越强，对于棉花生长奥秘的探究兴趣更加浓厚。在种植、照顾、收获棉花的过程中，需要进行育苗、灌溉、施肥、捉虫、打头、整理棉花、去籽等一系列操作，幼儿因此学习掌握了许多种植常识。棉花收获之后，幼儿需要学习纺线、织布，并以线、布等为原材料，进行绣花、服装设计等一系列劳动创作，手工技能得到了拓展。依托生活经验、环境人文资源等，幼儿大胆地设计作品、想象和创编关于棉花的有趣故事，空间更加广阔，内容更加丰富。同时，过程中的许多劳动技能较为复杂，需要幼儿具备良好的心理素质，克服困难，努力坚持等，对幼儿心理也是一种考验。

教师在其中作为支持者、合作者、引导者，需要身体力行，对于从来没有接触过棉花等农作物种植的我们来说，也是一种挑战，需要从零学起，和幼儿共同学习探究种植棉花的奥秘。在整个过程中，老师不断观察幼儿的变化，给予他们有效的援助，从主题实施开始，就始终与幼儿保持同行的脚步，根据幼儿的兴趣和需要步步向前，使主题推进的脉络越来越清晰。教师、幼儿在主题的建构中分别完成了近半年多的深度实践。

通过主题活动的开展，家长的劳动意识增强，种植、收获、纺线等一系列的劳动经验与技能的获得，提升了家长对幼儿园开展劳动主题教育的认可度，有效的亲子互动提升了主题活动实施的价值。幼儿也从家长身上获得了很多有益的经验，如家长童年采摘棉花的经验，长辈种棉花、弹棉花的故事等。教师、家长、幼儿三位一体的合作模式更加稳固。

附：

劳动主题能力评估检核表

劳动主题		棉花朵朵	评价等级		
			☆	△	○
主要评价指标	认知	1. 了解棉花的特征、结构以及主要用途，知道棉花是秋天收获的农作物，棉花在人们的生活中有着重要作用			
		2. 了解以棉花为原材料制作的系列生活用品，知道它们的主要制作方法			
		3. 知道棉花的整个生长过程以及养护、采摘方式			
	能力	1. 在棉花种植过程中能够仔细观察、探究对比，并用自己的方式记录观察结果			
		2. 学习简单的加工、制作棉花的劳动技能（纺线、织布等）			
		3. 大胆想象，创编与棉花有关的故事，并用图形、符号等记录下来			
	品质	1. 仔细观察棉花的生长变化，细心呵护、耐心等待棉花的成长			
		2. 在采摘棉花、编织、纺线等劳动过程中不怕苦、不怕累			
		3. 遇到困难时能与同伴协商合作解决，有一定的坚持性			
	情绪情感	1. 乐意与他人分享自己制作的手工制品			
		2. 体验棉花从育苗到收获的来之不易，更加珍惜自己的劳动成果			
		3. 珍惜劳动成果，进一步体验劳动带来的快乐			

评价等级为：☆—熟练、△—发展中、○—尚未出现。

有趣的结

一、主题来源

最近一段时间，班级孩子遇到了“系鞋带”和“解绳子”的困难。有几个孩子穿了有鞋带的球鞋，午睡起床后总是求助老师，他们会直接把脚伸到我面前：“老师，请你帮我系鞋带。”“老师，系鞋带太难了，我不会。”

晨间锻炼时，面对一堆绕在一起的绳子，孩子们更是一筹莫展：“这么多绳子，怎么解开啊？”“我觉得好难啊！”系鞋带、解绳子是大班幼儿应当掌握的基本生活技能。陶行知先生说过，生活教育是生活所原有、生活所自营、生活所必需的教育，也是以生活为中心的教育；过什么生活便是受什么教育。为了让幼儿掌握此项技能，提升独立性和责任意识，更好地适应即将到来的小学生活，我们一起“结”伴而行。

二、主题资源

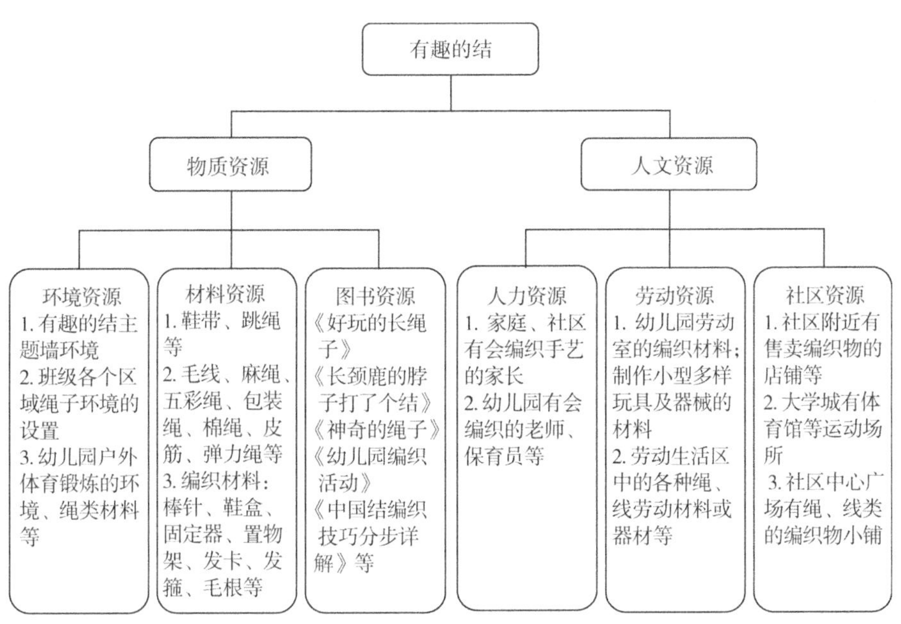

三、主题脉络

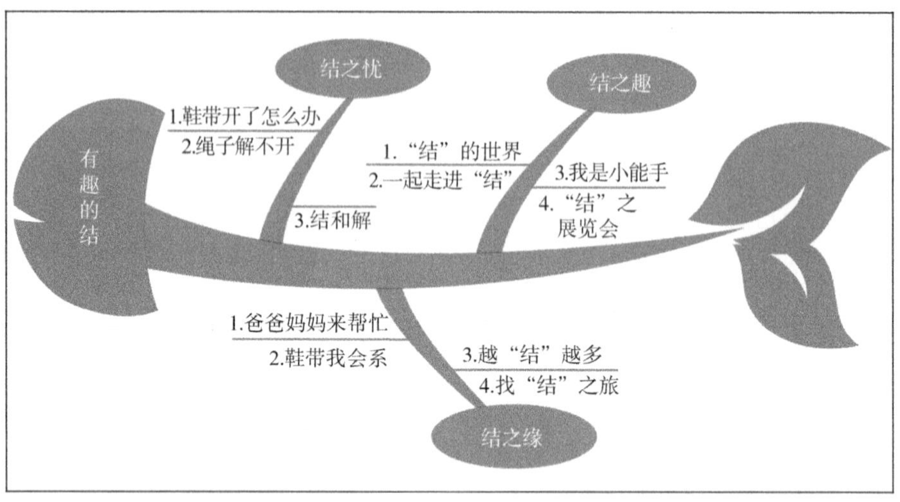

四、主题核心目标

1. 了解绳子通过不同方式打结会有不同的作用，对打结有一定的兴趣和探索欲。
2. 基本掌握系鞋带的方法，能熟练地打单套结、双套结等。
3. 在生活中寻找有趣的结，运用多种辅助材料如毛线、棉绳、丝带等，体验打结的乐趣。
4. 参与编结作品展览会，愿意与同伴分享劳动成果。
5. 在学习打结的过程中，能够克服困难，做事情有始有终。
6. 体验自己劳动的成功感和愉悦感，进一步激发热爱劳动的情感。

五、主要活动

活动一："结"之忧

活动目标：

1. 知道基本的系鞋带及解鞋带的方法。
2. 能通过步骤图等方法探索系鞋带的方法。
3. 体验与同伴共同挑战困难的成功感，增强自我服务能力。

生活中，孩子们在午睡起床、户外活动时，常常遇到鞋带散开的问题，他们一般会求助老师。

甜甜："老师，我的鞋带散了，能帮我系一下吗？"

可乐："老师，我帽子上的绳子总会甩到我的脸，帮我绑一下吧。"

金鱼："老师，我不会系鞋带，请你帮帮我。"

于是，我们开始了调查："你会系鞋带吗？"零零散散只有几只举起的小手。

千穗:“我不会,妈妈买的鞋子都是子母扣的,我不需要系鞋带。”

阳阳:“我的鞋带是妈妈帮我系的,妈妈说不会就请老师帮忙。”

于是,老师抛出问题:“你们觉得需要学习系鞋带吗? 有什么好办法学会系鞋带呢?”

孩子们七嘴八舌的讨论。

秋秋:“我让妈妈教我,妈妈教一下,我学一下。”

羽宝:“可以在抖音搜,看手机视频学习系鞋带。”

森宝:“我可以看图学,多练习就会了。”

活动二:“结”之难

活动目标:

1. 了解系绳子和解绳子的不同方法。
2. 通过同伴互助、图示等,学习系结、解结的不同方法。
3. 有一定的克服困难的勇气,体验获得成功的愉悦。

片段一:单套结

我们先从简单的单套结开始,老师出示图示:“谁会系单套结?”秋秋表示她会,顺利地完成以后,孩子们以崇拜的眼神看着她。这时,有孩子也想尝试,恩义说:“老师,这条线是从哪里绕的,我没看明白?”同组的点点表示:“我来教你,就是交叉后一根绳子向下低低头!”恩义开始尝试向同伴学习。通过“小先生”的教授,再加上自己练习,单套结的系法大家基本掌握了。

片段二:双套结

接下来学习系双套结更是一个挑战,看过老师的示范后,轩铭有点不屑地说:“这还不简单!”说完便开始系结,可是小手怎么也学不会,顿时沮丧极了。

小黎学得比较快,主动传授经验:“双套结最难的地方就是要捏住两只‘耳朵’。”点点说:“我用一根绳子交叉以后,再把上面的绳子穿到洞里,一拉,就成功了”。

孩子们又开始尝试,嘟嘟说:“其实系双套结跟系单套结的方法是一样的,捏住两个兔耳朵,然后交叉,一边的兔耳朵低低头就系上啦!”甜甜目不转睛地盯着鞋带,小心翼翼地将绳头穿进绕好的圈口,生怕又有什么疏漏,用力一拉:“哈哈,成功啦! 我也会打结了。”好几个孩子都成功了。可见,幼儿只有充分发挥主观能动性,尝试独立操作,才能真正获得经验。

片段三:遇到死结

一天,晨间锻炼活动前,几个孩子正忙着摆放晨锻器械,这时,朵朵求助道:“老师,踩高跷的绳子解不开!”牛牛说:“老师,跳绳也缠在一起了。”果果说:“哎呀,中间的结最难!”小黎说:“解结不能用力拽,越拽越紧。”面对这一堆缠在一起的结,孩子们顿感无所适从。

新的问题出现了,怎么解决? 果果两只手拉开死结,好像在观察着什么:“要先看看打

结的方向，才能解开吧！”小黎点点头，松开了手里的器械，观察了好一会儿说：“这也太紧了！”果果说：“我想到一个办法，我去拿剪刀。”接下来，小黎用剪刀剪断了绳子，拿起来才发现闯祸了，高跷的绳子断了！甜甜嚷道：“老师！老师！是他剪的，高跷绳子被小黎剪断了。”小黎不知所措：“我想把这个缠在一起的死结打开！”他无助地望着老师，我及时引导他把绳子带回班级好好研究。

随后，孩子们把缠在一起的绳子带回了班里，我启发道：“大家想一想？怎样才能把死结打开呢？”暖晴说：“我觉得要往相反的方向解，要往后退，如果拽就会越来越紧。”凡凡说：“一团死结，需要一个一个看好再解，不能一下子解很多。”随后，大家记下了自己解开死结的步骤，果果和小黎按照大家讨论的步骤一起尝试，终于解开了高跷和跳绳。

之后，再遇到“结”的问题时，孩子们都会提前想好有序整理的办法。比如皮筋打结时，甜甜会提醒同伴：“要有耐心，我们用完要收好，下次再用就更方便了”。他们还总结出一些诀窍：跳绳要绕在把手上、皮筋要有规律地缠绕、彩带要叠绕再打一个活结。在“死结”事件中，孩子们不断体验，成为积极主动、有能力的学习者。

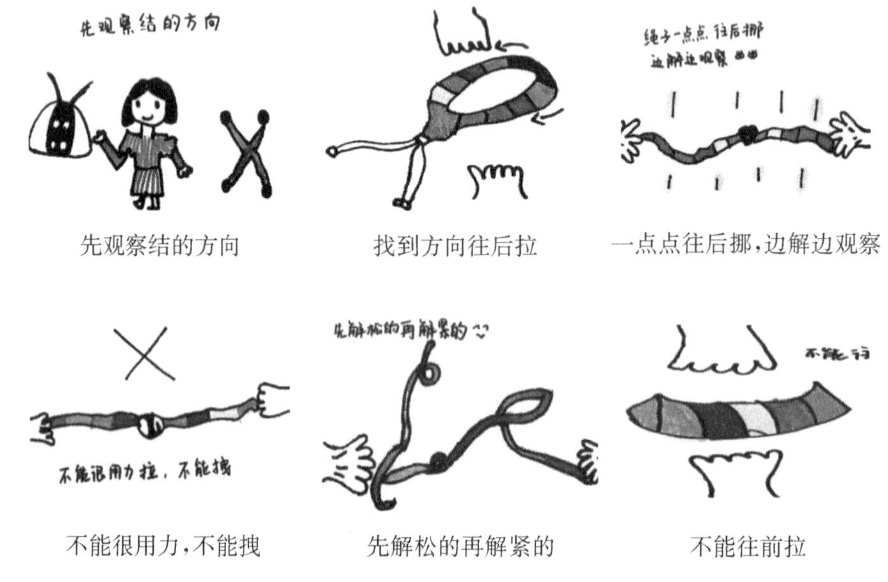

先观察结的方向　　找到方向往后拉　　一点点往后挪，边解边观察

不能很用力，不能拽　　先解松的再解紧的　　不能往前拉

活动三：寻找“结”的世界

活动目标：

1. 了解并感知生活中结的多样性和不同作用。
2. 能够寻找生活中各种各样的结，大胆地表述它的特点和用途。
3. 体验寻找和探索“结”的乐趣。

生活中哪里还有结呢？它们都有什么用呢？我们一起去找一找！孩子们发现：幼儿园操场上的攀爬架、摩天轮、篮球网、足球架上有结；菜园里的瓜、豆搭好架子，需要用绳子打结作为支撑；车棚里的电瓶车挡风被也有结呢……

雪淇：“攀爬绳上是防滑落的结。”

点点："跳绳上是缩短距离的结。"

宸宸："升国旗的绳子结是固定国旗的。"

小树："我头上的皮筋也要打结。"

可乐："我的帽子上有两个绑带，也需要打结，防止被风吹掉。"

老师："我们身上有结吗？"

嘟嘟："围巾需要打结，围巾的结有好几种呢……"

话匣子一打开，孩子们发现不仅仅活动器材上有结，我们穿的鞋子、衣服、帽子、围巾等很多地方都有结，原来结在我们的生活中无处不在啊！随后我们便把这个话题延伸到家庭中。大家搜集了生活中各种各样的结，知道了不同的结在不同的地方有自己的特殊作用。

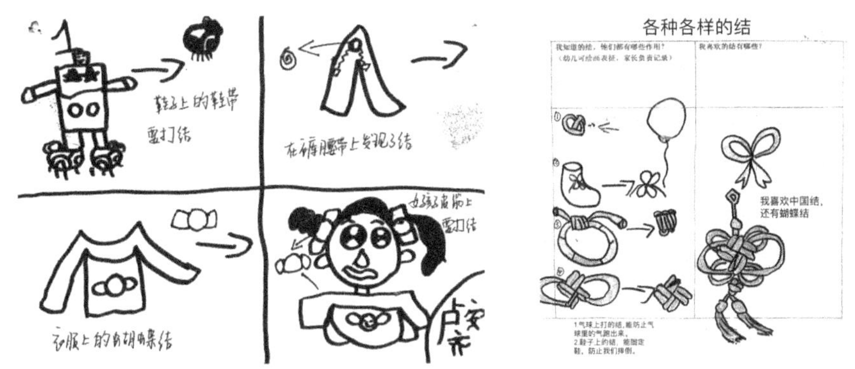

和我相关的一些"结"　　　　看！我找到了身边很多关于"结"的运用呢

活动四："结"之趣

活动目标：

1. 知道生活中"结"不仅好玩，而且有用。
2. 能用卷、扭、弯、绕等不同方法表现物体的造型，探索结的多种有趣玩法。
3. 分享自己在生活中发现的结，体验结给人们生活带来的便捷。

片段一：设计小能手

结合孩子们的兴趣和学习特点，我们的区域游戏围绕着"结"展开了一系列活动。如：设计美丽发型、小怪兽发箍，各种各样的结，戴起来搞怪又有趣！大小不一的皮筋作用不同，串在一起，有的可以当手链（项链），有的可以串成长长的皮筋，既能扮美生活，又能锻炼身体。

片段二：编织小能手

我们收集了毛线、彩绳、棒针、纸盒等，将纸盒改造成城墙形状，用毛线织出美丽暖和的帽子和围巾，既保暖又美观。织毛线的方法有点难，很多孩子不会，于是，我们请来了能干的保育老师，请她手把手地教授孩子们织毛线、打棒针，孩子们在她的指导下学得有模有样。

餐前饭后，大家来一个翻花绳比赛吧，绳子在手中翻飞，各种图案不断变化，有趣的小游戏既能锻炼手的灵活协调，又能增加小伙伴之间的友谊和快乐。

活动五："结"之展览会

活动目标：

1. 知道展览的含义，学习将"结"的系列作品分类。
2. 能为筹办展览会出谋划策，有一定的分工、合作能力。
3. 体验在展览会中与同伴分享、交流编织经验的快乐与满足感。

做出了这么多的作品，一起来和幼儿园的小伙伴分享吧，怎么让大家知道呢？我们选择了以展览的方式，在幼儿园的公共活动区域展出，孩子们兴奋地讨论着。

雪淇："我们可以在教室里布置展览会，制作邀请函，让更多的人看到我们的作品。"

徐徐："我还可以教参观我们展览的人一起做简单的皮筋手环。"

园园："我们要把皮筋手环放在最高的地方，因为它最多，我们做得最好。"

高兴："我们要把展览放在人多的地方，大家都知道的地方。"

羽宝："我们要做一个宣传海报，让大家都知道时间。"

芊芊："对对对！我们还可以邀请园长、老师、小班、中班的弟弟妹妹们一起参加活动。"

接着，孩子们开始分工合作。大家一起布置起来，挂的、吊的、摆的……琳琅满目，我们设计的展览作品真不少呀！展览布置完成后，大家设计了邀请函，去邀请自己的小伙伴。"结"之展览会按照孩子们的想法如期而至。

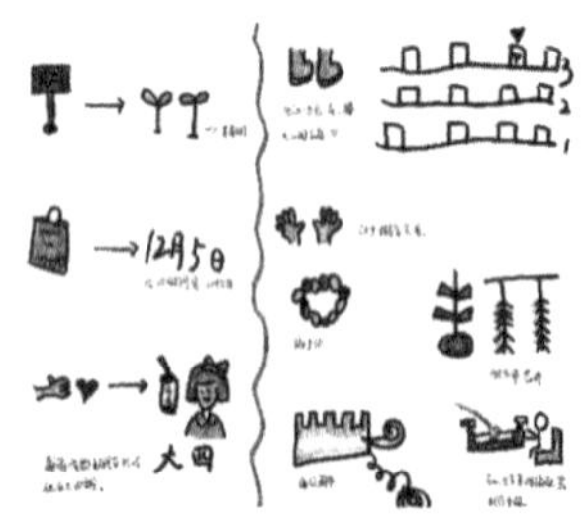

自己设计的邀请函

"结"之展览会现场

现场教学棒针编织

主要区域活动

区域	活动名称	活动目的	活动材料	已有经验	指导要点
阅读区	“结”的系列绘本	在科普、故事等绘本中了解各种绳线的作用和趣事	绳子、线等相关绘本	已认识多种绳、线，并对它们本身的作用有一定的了解	认真阅读绘本，将信息和内容用自己喜欢的方式表述出来，并记录使用方法
读写区	“结”出成果邀请函	能用多种符号记录参加作品展的关键信息并制作邀请函	纸，笔，多种辅助材料如彩带、毛线条、丝带、超轻黏土等	有一定的记录经验，记录符号较为丰富	大胆想象邀请函都需要记录哪些内容，如主题、时间、地点、内容等
美工区	1. 编辫子 2. 波西米亚风格门帘	能用绘画、手工等多种方式制作编辫子的小人和门帘	不同大小、高低的纸筒若干，超轻黏土等自然物，毛线、梳子等	会熟练地打单套结，初步了解、尝试过编辫子	1. 用线描画的方式画出自己喜欢的造型并大胆装饰 2. 运用单套结的方法打结，用长短相等的线装饰
劳动生活区	1. 温暖的毛线 2. 编手链 3. 扭扭棒发箍	尝试运用编织器通过打结完成作品	毛线、棒针两副、编织器、自制编织器若干(圆形城墙状鞋盒子)、光圈发箍、胶枪、扭扭棒等	有一定的打结经验，已经会系鞋带、会拧，小肌肉较为灵活	1. 了解多种编织器、固定器的作用，有规律地打结，对织围巾的劳动技能感兴趣 2. 能用多种方法打结制作发卡、发箍、发带等

六、活动反思

陶行知先生指出，生活教育是以生活为中心的教育；教育是满足人生需要，为生活向前向上的需要服务的。因此要在生活中捕捉幼儿的最近发展区，引导孩子在生活的点滴中发现、学习、思考，并解决生活中的实际问题。本活动来源于幼儿的生活，教师通过观察发现幼儿的需求，积极引导幼儿在生活中不断发现、共同探索，挑战解决系鞋带、解死结等难题，并在生活中渗透巩固，从而引发出“结”和“解”的系列活动。有些活动虽然有一定的难度，但幼儿愿意挑战，大胆尝试，乐在其中。

在活动过程中，教师以幼儿生活为出发点，以幼儿为主体，充分发挥幼儿的主观能动性，并及时给予肯定与支持，为幼儿提供多种支持与帮助，引导幼儿在活动中提高劳动技能、增强社会交往、发展探索实践能力。活动中，教师相信幼儿是积极主动、有能力的学习者，遵循幼儿在前、教师在后的教育理念，给幼儿充分的时间和空间，使幼儿不断深入探究，主动建构自己的知识和经验，和同伴共同探究学习，在实际操作中获得，在交流中成长。

甜甜的甘蔗

一、主题来源

临近暑假，孩子们在幼儿园的小菜园里发现了一片甘蔗地，悄悄议论道："这个是玉米吗？""不是，你看旁边的玉米跟这个长得不一样，肯定不是。""你看它是一节一节的，跟竹子一样。""可是竹子不是这个颜色的，你看这个都是紫色的。""不是玉米，又不是竹子，那是什么呀？种在菜园里面，它能吃吗？""我在水果店看到过，叫甘蔗。"于是他们跑来向老师求证："老师，这是甘蔗吗？"得到肯定的答案后，有的孩子试探着用手去摸甘蔗。一个孩子说："这个甘蔗的叶子为什么会有一点扎手呢？感觉上面有小刺一样。""你看，这个甘蔗有的一节长，有的一节短，好好玩呀。"看着孩子们对甘蔗这么感兴趣，于是，我们决定尝试跟孩子们一起种植甘蔗。

二、主题资源

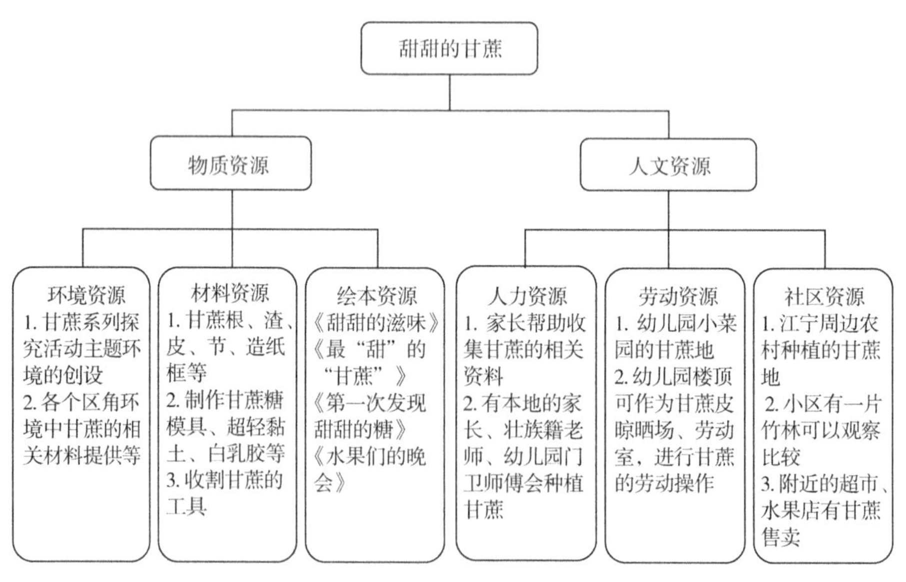

三、主题脉络

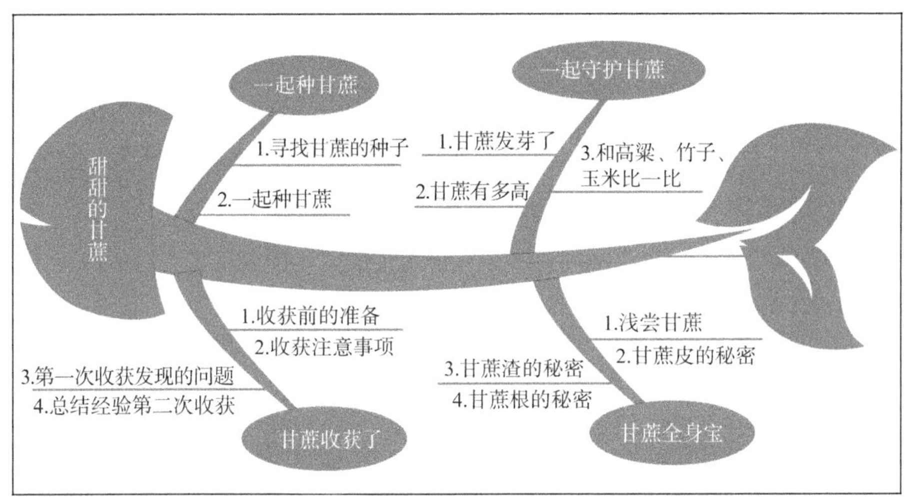

四、主题核心目标

1. 能积极、主动收集有关甘蔗的各种信息，寻找各种甘蔗制品等，知道甘蔗全身都是宝。
2. 学习种植甘蔗，会使用劳动工具照料、养护并收获甘蔗。
3. 通过对比、观察、测量等，了解甘蔗与竹子、高粱、玉米等的区别。
4. 能用较丰富的词汇表达对甘蔗特征、作用等的认识，乐意大胆地在集体面前表达自己的观点，并记录自己的想法。
5. 学习制作甘蔗水、甘蔗糖等基本技能，并学习用甘蔗渣造纸，在劳动的过程中不怕累，做到有始有终。
6. 能够运用不同的材料对甘蔗根、甘蔗皮等进行造型设计，有一定的创造想象能力。
7. 在活动中积极探究，能不断克服困难，体验与同伴分享劳动成果的乐趣。

五、主要活动

活动一：甘蔗种子在哪里？

活动目标：

1. 认识甘蔗的种子，了解甘蔗的特征。
2. 运用多种感官观察、对比不同种类的甘蔗。
3. 体验探究甘蔗秘密的乐趣。

春季来临了，又到了种植甘蔗的季节，孩子们开始了关于种甘蔗的探究，老师抛出了几个小问题：甘蔗开花吗？甘蔗的种子是什么样子的？它在哪里？

小迪：“甘蔗吃完留下的根是种子。”

辰辰："甘蔗都是一节一节的，可能砍一节就可以做种子吧。"

大美："甘蔗的种子是甘蔗肉吗？"

伟如："是甘蔗的根吗？这样就能长出甘蔗了。"

可可："我发现这个甘蔗一节一节，上面有凸出来的点点。"

美美："这个点点是干吗的？我妈妈给我买的甘蔗是没有皮的，上面也没有点点。"

通过观察和查找资料，我们发现：原来，甘蔗是一节一节的，与其他植物不同，甘蔗一般不开花，甘蔗的种子就在两个节的中间，那里有一个个小小的结，这就是甘蔗的种子。得知了答案，孩子们恍然大悟，大家跃跃欲试，准备种甘蔗了。为了更好地了解关于甘蔗的知识，我们邀请了幼儿园广西籍壮族老师来到班级科普甘蔗知识（该老师家从小一直种植甘蔗，对种植、养护甘蔗相关知识非常熟悉）。

活动二：种甘蔗喽！

活动目标：

1. 知道种植甘蔗需要的基本条件，了解种植方法。

2. 通过观看视频、讨论等，乐于尝试自己种植甘蔗。

3. 体验种植甘蔗、养护甘蔗的乐趣。

知道了甘蔗种子的秘密，孩子们开始讨论如何将种子埋在泥土里，好让甘蔗快一点发芽。

玥玥："是把那个结抠下来种吗？"

弟弟："抠下来会不会抠烂了？那样就不能种了。"

熙熙："我们把甘蔗插土里，是不是就能长出来了。"

孩子们讨论之后，我们通过上网搜查及请教幼儿园有种植甘蔗经验的老师，了解到原来甘蔗的种子是选取甘蔗的尾部，一节一节横着放在土里，才能慢慢发芽。

开始种植甘蔗了！在种植前，先要深耕整地，然后开沟，接着将甘蔗的种子横着轻轻地压进土里，一根接一根，放稳摆正后，再轻轻盖上一层土，最后，浇上充足的水。因为天气比较冷，细心的门卫师傅还给它们盖上了一层塑料膜，好让甘蔗快一点发芽。种完甘蔗回来，孩子们都很高兴，原来甘蔗是这样种的，他们把自己种甘蔗的过程记下来，慢慢地观察、对比。

把甘蔗一排排放好，盖上土，最后浇水

甘蔗苗，一排排放好，浇水，等它发芽

活动三：甘蔗发芽记

活动目标：

1. 进一步观察甘蔗生长过程中出现的变化，在照料甘蔗的过程中能细心养护。
2. 能够仔细观察，并将观察结果用自己的方式记录下来并表达出来。
3. 感受发现甘蔗慢慢长大的乐趣。

片段一：甘蔗怎么不发芽？

虽然我们给甘蔗盖上了塑料膜，但是甘蔗却一直没有发芽，孩子们开始担心起来：为什么甘蔗还不发芽？

秉秉："是天太冷了，甘蔗冻得不肯出来了。"

九九："是因为雨下得太多了，把它淹了。"

西西："是因为薄膜里面没有空气，所以甘蔗苗出不来了。它要充足的日照和温暖的气温，才能迅速发芽生长。"

到底是什么原因呢？是时间不够还是天气太冷？于是我们再次邀请了广西籍壮族老师到甘蔗地给我们进行指导。原来，最近一段时间南京的天气实在太冷，这是甘蔗迟迟不出苗的主要原因。于是，孩子们为甘蔗盖上了一层稻草，给甘蔗宝宝们取暖。

它为什么还不发芽呢？

种子不好？雨下太多？水浇少了？

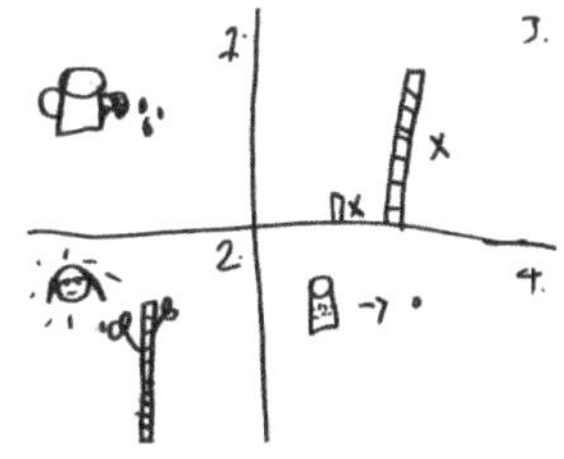

水浇少了？施肥太多？阳光晒少？

片段二：

又过了几天，孩子们来到小菜园，发现甘蔗终于长出小芽了。壮族老师再一次来到甘

蔗地指导，并且提醒大家甘蔗发芽以后，要及时补充养分。

伟如：“老师，我家里有养小花的营养土，可以给甘蔗苗施肥吗？”

博闻：“我妈妈在家种小番茄的时候，会放一种白白的肥料，我可以带过来给甘蔗苗用。”

西西：“我家也有，我也可以带。”

于是第二天，几个孩子带上肥料来到小菜园，给甘蔗苗施上了厚厚的肥料。渐渐地，甘蔗苗肉眼可见地长高了，我们也把塑料膜拿掉了。

活动四：测量甘蔗

活动目标：

1. 进一步了解甘蔗生长过程中的变化及主要特征。

2. 能够自主选择测量工具，在探索比较中发现测量工具和结果之间的关系。

3. 大胆地用语言陈述自己的测量结果，体验合作探究的乐趣。

片段一：测量甘蔗

甘蔗每天都在长，慢慢地比孩子们还要高。孩子们积极地讨论，除了可以用自己和甘蔗比，还能用什么工具呢？

小七：“我在家妈妈是用尺子给我量身高的。”

喆喆：“老师，那个积木有长的，可以用长积木量。”

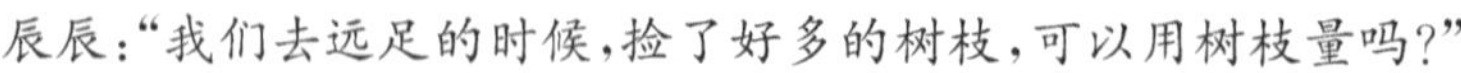

辰辰：“我们去远足的时候，捡了好多的树枝，可以用树枝量吗？”

大家决定试一试，用自己找到的工具去测量甘蔗的长度。孩子们发现测量甘蔗的时候，测量工具必须首尾相连，才能准确地量出甘蔗到底有多高，测量工具不同，测量出的数据也可能不同。

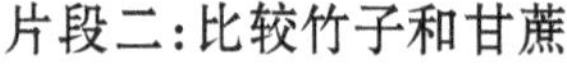

片段二：比较竹子和甘蔗

在测量过程中，孩子们发现甘蔗和竹子有很多相似和不同的地方。为了一探究竟，我们分别来到甘蔗地和小区的竹林，将甘蔗和竹子进行观察比较。

悠悠：“哇！甘蔗节旁边有小芽。”

和和：“竹子摸起来滑溜溜的，甘蔗摸起来都是节。”

妍妍：“竹子也有节呀。”

桐桐:"竹子一节到另一节很远。"

萌萌:"甘蔗的叶子大大的,可长了,竹子的叶子小小的,像小鸡的小脚丫。"

筱筱:"竹子好高好高呀!我都看不到它上面是什么样子了。"

孩子们一边观察,一边用自己的方式将对比的结果进行记录、总结,在玩玩做做中,提高了观察比较能力。

活动五:收获甘蔗

活动目标:

1. 知道甘蔗的主要收割方式。
2. 探索用不同的方式收获甘蔗,掌握相应的劳动技能。
3. 能和同伴积极讨论并参与收甘蔗活动,体验劳动的辛苦和丰收的喜悦。

片段一:怎样收甘蔗?

甘蔗终于成熟了,孩子们迫不及待准备去收甘蔗。问题来了,我们用什么工具去收甘蔗呢?

球球:"老师,我们可以用收割机收甘蔗。"

诺诺:"收割机太大了,小菜园根本进不去吧。"

瑞瑞:"镰刀,我见过我奶奶用它割水稻的。"

妍妍:"镰刀可锋利了,我可不敢用。"

最终,在认真讨论和共同表决后,孩子们选择了常见的两种工具:铲子和耙子。

片段二:收获甘蔗

孩子们分组用自己选择的工具尝试,但在收获过程中发现甘蔗根很深,挖了好久都挖不出来。见此情景,有的孩子尝试用手拔甘蔗,但拔不动。有的孩子开始合作,两个人一起拔,但还是拔不动。昊昊似乎想到了什么,说:"我来试试。"说完他抓住甘蔗使劲摇,当甘蔗被摇松动后,三个孩子一起合力,终于把甘蔗连根拔起,大家欢呼起来。不一会儿,甘蔗就被孩子们全部收完了。

记录收获前的准备

挖甘蔗

摇晃甘蔗

活动六:探秘甘蔗

收获了甘蔗,那甘蔗到底该怎么吃?甘蔗除了可以吃,还可以用来做什么?孩子们开始查找答案,探究甘蔗每个部分的作用。

筱筱:“甘蔗的叶子像锯子一样,会划伤小朋友的手。”

哲哲:“我们一起把甘蔗叶子扒了扔掉吧!”

西西:“扒掉甘蔗叶子的时候我们一定要戴上手套,不能让甘蔗的叶子划伤我们的手。”

于是,他们自行分工,不一会儿就把甘蔗叶子去掉了。一个孩子说:“甘蔗根好像娃娃的头发呀!我们可以用它设计发型。”“它还像树枝,我们可以给它添上漂亮的叶子。”“我们卖甘蔗种子吧。”“对对对!我们班有很多种子,我们开一个种子商店吧。”于是,甘蔗游戏开始了。

活动目标:

1. 通过削甘蔗皮、榨汁、做甘蔗美食等活动,进一步了解甘蔗的作用。
2. 学习用自己的方式将在制作甘蔗美食中遇到的问题记录下来并和同伴协商解决。
3. 进一步体验和同伴合作制作甘蔗美食的乐趣。

片段一:美味的甘蔗

1. 浅尝甘蔗

吃甘蔗的第一步,就是要把皮削掉。可甘蔗皮又硬又厚,该如何去除呢?

我抛出问题:“怎样削甘蔗的皮?”

秉秉:“我可以用牙齿咬。”

凡凡:“甘蔗啃起来太累了,我的牙齿根本咬不动呀!”

喆喆:“可以用刀削皮了吃。”

浩辰:“我在水果店里看到老板是用刀削的皮。”

玥玥:“削皮后还是咬得嘴巴很疼呀!”

小七:“要是能榨成汁就好了。”

我们借来专门削甘蔗的刀,老师帮忙削皮,把甘蔗切成小段,孩子们终于品尝到甜甜的甘蔗了。

2. 熬蔗糖

接下来,我们尝试熬甘蔗糖。先将切好的甘蔗段放在榨汁机里,用过滤网将甘蔗渣滤掉,把甘蔗汁倒入锅中,用大火烧开,再用小火慢慢地熬制,同时用勺子不停地搅拌甘蔗汁,等甘蔗汁熬成糖浆,再倒入模具冷冻成型,甜甜的甘蔗棒棒糖就成功啦。甘蔗糖可真甜啊!

甘蔗棒棒糖步骤图

熬制糖浆并定型

甘蔗棒棒糖成功啦

片段二:有用的甘蔗渣

甘蔗全身都是宝。那么,剩下的甘蔗渣有什么用呢?经过家长帮忙查找资料,大家发现原来甘蔗渣也是宝贝呢。

弟弟:“我和妈妈查了,甘蔗渣可以做肥料,也可以做纸。”

玥玥:“我还没用甘蔗渣做过纸呢,我们一起试试吧!”

首先,把过滤下来的甘蔗渣倒入锅中,加水和小苏打,大火猛煮;然后,将煮完后的甘蔗渣用石臼捣碎研磨,再将其倒入水盆里搅匀,用纱网捞出来;最后将纱网放到太阳底下晒干,一张张带有甘蔗清甜味的纸张便做成了。

片段三:百变甘蔗根

这里还有好多甘蔗根呢,面对着造型各异的甘蔗根,孩子们开始天马行空地讨论起来。

萱萱:“甘蔗根好像娃娃的头发呀!我们可以用它设计发型。”

希希:“它还像树枝,我们可以给它添上漂亮的叶子。”

瑞瑞:“我想用它做一个小怪兽。”

哲哲:“它很像一个鸟窝。”

老师:“你们需要什么材料呢?”

几个孩子来到美工区,找了一些辅助材料:黏土、毛根、纸条等,准备给甘蔗根来个华丽的大变身。接下来,孩子们设计出了小怪兽、鸟巢、小娃娃等不同的作品。有趣的甘蔗根造型制作区每天都吸引着大家的参与和欣赏。

主要区域活动

区域	活动名称	活动目的	活动材料	已有经验	指导要点
阅读区	甘蔗探秘	了解甘蔗的特征,知道甘蔗的主要作用	《甜甜的滋味》等绘本、笔、纸等	认识一些常见的水果	仔细观察画面,学习用纸和笔记录甘蔗的外形和对甘蔗的认识
美工区	一片甘蔗林	运用不同的线条和图案,装饰表现甘蔗林	画纸、笔	幼儿已在菜园观察过甘蔗林	尝试用剪、贴、画的方式完成自己的作品
生活区	美味的甘蔗	学习清洗甘蔗	大小、长短不一的甘蔗段	已观察过水果店削甘蔗皮	知道每种劳动都不容易,珍惜劳动成果
		学习使用榨汁机榨甘蔗汁	手动榨汁机、电动榨汁机	有榨果汁经验	榨汁过程中能和同伴协商合作完成
		学习制作蔗糖	电磁炉、锅、削皮的甘蔗段	部分幼儿有煲汤的经验	引导幼儿熬制蔗糖,放入模具,并注意安全

续表

区域	活动名称	活动目的	活动材料	已有经验	指导要点
益智区	1. 测量甘蔗	在探索比较中进行测量,正确记录测量结果	各种测量工具(积木、彩绳、回形针、尺子等)、记录单	幼儿已有测量经验	乐意用测量的方法解决生活中的具体问题,体验测量在生活的应用
	2. 甘蔗渣造纸	学习探索基本的造纸方法	甘蔗渣、小苏打、滤泥等	看过用蔗渣造纸的过程	尝试调制比例,探索用拌、捞等方式造纸

六、活动反思

活动以幼儿生活为出发点,引导幼儿在实践中提高劳动技能,增强社会交往能力,发展探索实践能力。在主题活动发展过程中,教师聚焦幼儿的探究点,在时间和空间上充分给予幼儿自主权,使幼儿能深入探究、思考,主动建构自己的知识和经验,在探究中学习,在探究中获得,在探究中成长。幼儿关注、加入、好奇、猜想、交流、碰撞,在问题指引下寻找答案,不仅能促进有效学习,还能获得更加全面多元的发展。

《指南》指出:“幼儿的学习是以直接经验为基础,在游戏和日常生活中进行的。”在活动中,教师结合本园的劳动资源和社区资源,带领幼儿一起观察、对比甘蔗和竹子,探究、收获甘蔗。整个活动注重为幼儿提供各种探究和互动的机会,使其通过亲身感知、实际操作等调动自身已有经验,提升对甘蔗种植、收获、加工劳动的深度体验和认知。

我是值日生

一、主题来源

每天晨间活动后，是值日生自主选择岗位的时间。今天，出现了这样的对话，阳阳：“我想当值日生，我觉得很光荣。”睿睿：“我觉得当值日生很好玩。”子晴：“我不喜欢当值日生，这样就不能玩游戏了。”溜溜：“总是选我收拾玩具，我觉得没意思。”孩子们都在讲述自己的看法，丰富而有趣。利用这一契机，为了进一步提高孩子们对于值日生的认识，加强劳动意识和能力的培养，“我是值日生”的活动开始了……

二、主题资源

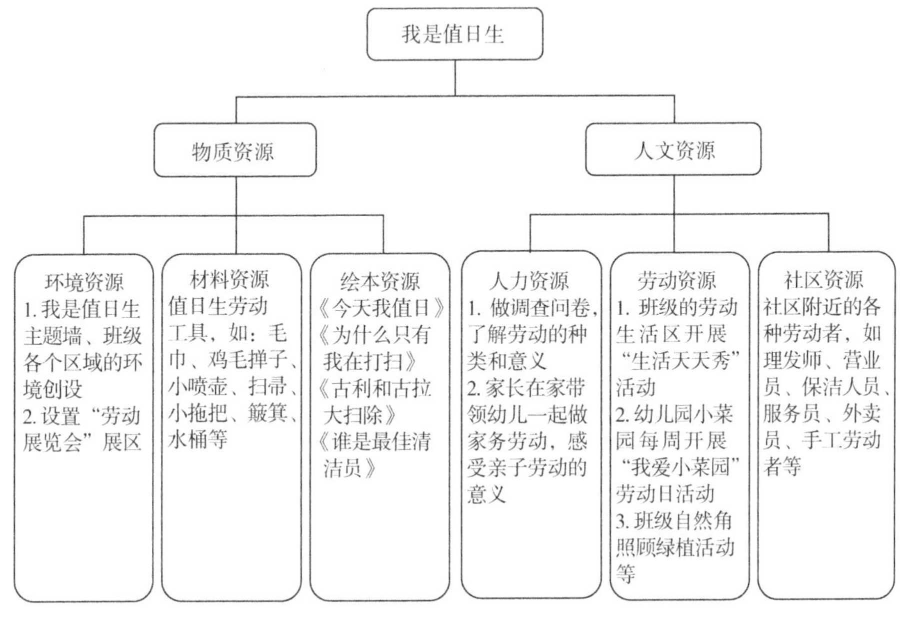

三、主题脉络图

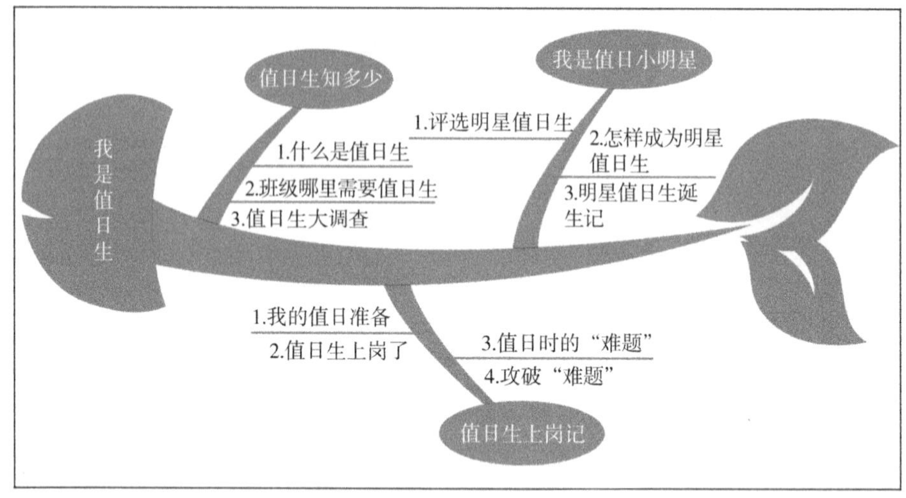

四、主题目标

1. 能积极与同伴探讨，了解值日生的职责和工作内容，并能用文字、符号记录。
2. 知道怎样当好值日生、小组长等，能够积极主动为大家做好各种劳动服务。
3. 能够为值日生一日的服务活动内容绘制标志。
4. 在值日的过程中，掌握收拾、整理的技能，养成做事细心、有条理的良好习惯。
5. 萌发做值日生的自豪感，树立为他人服务的责任意识，体验为大家劳动的快乐。
6. 在值日中，感受与同伴合作劳动的快乐。

五、主要活动

活动一：值日生知多少

调查：对于幼儿来说，"值日生"是个既熟悉又陌生的词汇，于是我们进行了一次关于值日生的小调查，了解孩子们对"值日生"这个角色的理解。

活动目标：

1. 按照自己的想法，为值日生的服务内容制作标志。
2. 理解值日生的含义，共同商量适宜的值日生劳动内容。
3. 乐意与同伴合作，喜欢为大家服务。

片段一：什么是值日生？

我们围绕"什么是值日生？"开展了一场讨论。

闫闫："我觉得当值日生就像小老师一样。"

郭郭："值日生是要擦桌子、扫地的。"

许许："值日生要自己很能干，才可以帮助大家做事情。"

易易："我们的游戏材料来不及收拾，值日生可以一起帮忙。"

到底什么是值日生呢？为了解答孩子们的疑惑，我们一起分享了绘本《今天我值日》，通过绘本故事，让他们进一步认识到值日生这个岗位的重要性，知道值日的具体内容。原来值日就是为自己、为他人、为集体服务的一项"工作"。

教师思考：《今天我值日》让幼儿理解了什么是集体，一个班级就像一个家庭，每一名家庭成员都应该承担起属于自身的"责任"，家务不是一个人的事，让幼儿对"值日生"工作中"服务""责任"等价值和意义有了更清晰的认识。

片段二：我们班需要值日生吗？

通过观察，我们发现孩子们很愿意参加劳动，但幼儿园的劳动和家中的劳动内容却不相同，班级需要值日生做什么呢？

可乐："值日生要提醒大家注意安全，保护大家！"

窈窈："值日生要提醒大家遵守游戏规则！"

贝贝："值日生要服务大家，帮助大家解决问题。"

乔乔："值日生是老师的小助手，也可以帮老师做一些事。"

教师思考：大部分幼儿对值日生的工作内容都较清楚，在讨论交流中，他们进一步熟悉了值日生的工作内容，增强了其参加集体活动的积极性。

可以帮老师减轻负担

值日生可以提醒小朋友

服务小朋友，起到带头作用

片段三：值日生大调查

孩子们经过讨论交流，还发现了很多问题，综合这些问题，我们进行了统计：在家我会帮爸爸妈妈做什么事情？我最喜欢做什么事情？我会做什么？还想增加什么事情？

调查发现，孩子们很乐意为集体服务，参加一些力所能及的劳动。

教师思考：教育离不开生活，有了生活的基础，教育才能生动，更具有生命力。大班幼儿应该挑战一下"高难度"的值日生工作，更好地提高责任感、集体服务意识和合作精神等。

活动二：值日生上岗记

根据前期的经验积累，孩子们对值日生这一角色已经有了初步的了解，他们知道值日生的工作内容有擦桌子、扫地、拖地、整理等。但是，班级值日生的工作内容可远远不止这些。幼儿在了解值日生多种工作后，经过讨论，建立了按学号分组，每周一组轮流的规则，

男孩女孩搭配合作分工，除了完成分内的劳动，还要督促小伙伴整理自己的玩具、擦自己的椅子、配合老师测量体温等。

活动目标：

1. 了解值日生的具体工作内容和分工。
2. 乐意做一名值日生，为集体和他人服务。
3. 有初步的集体责任感，努力做好力所能及的事。

片段一：我的值日准备

怎样快速找到每天的值日生呢？值日生的标志可少不了！于是大家决定制作一张独一无二的值日生胸牌。

在讨论值日生值日内容的过程中，大家发现一天可以做的事情可真不少呀，原来这么多地方都需要值日生的帮助……

一起来看看值日生的一日流程吧！

上午			

1. 晨间体温记录 2. 和小朋友打招呼	3. 布置游戏场地 4. 收拾体育器材	5. 准备牛奶、饼干 6. 提醒喝牛奶	7. 帮助收拾角色区 8. 提醒同伴整理收纳
下午			

1. 午餐播报	2. 散步前收放图书 3. 午睡前测量体温并记录	4. 起床检查被褥叠放，指导小朋友叠被	5. 检查小朋友的衣着 6. 提醒小朋友携带下次入园所需物品

教师思考：通过探讨值日生的工作，孩子们自主生成了值日生岗位表，体验到了自主探索、交流合作的快乐和成就感。大班幼儿的自我意识正迅速发展，给幼儿自己决定、自己实践的机会，是符合大班幼儿年龄特点及兴趣需要的。幼儿的归属感往往来自他们对群体生活的直接感受和体验，值日生活动的准备促进了个体与集体的不断融合。

片段二：值日生上岗记

值日生工作如火如荼地开展着，小小值日生们热情满满，他们的身影出现在班级的各个角落，散发着光与热……

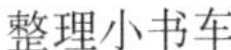
整理小书车

清扫午餐遗落的饭粒

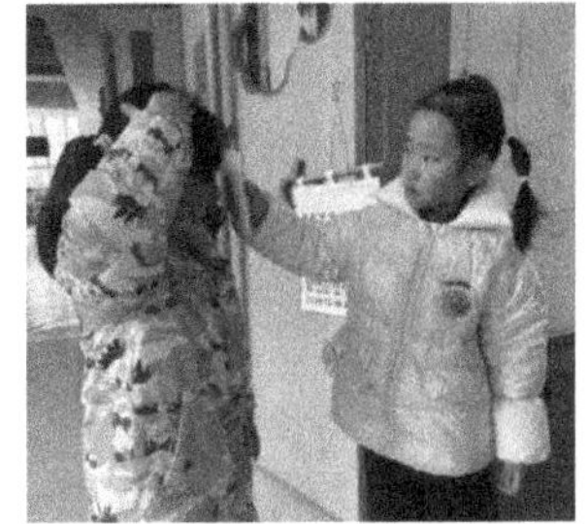
测量体温

片段三：难题攻破记

随着值日生工作的开展，小小值日生们也遇到了一些难题，如下图：

如何快速找到没喝牛奶的小朋友

值日生测量体温时，总是测不到温度

运动的时候，值日生牌子一直打到我

值日时，有小朋友找我帮忙，可是我也不会，怎么办？

有的小朋友太不配合我了，说什么都不听

值日生记录数字太慢了

大家将问题进行了归类，整理出三个主要困惑：

1. 值日生胸牌影响活动。
2. 值日生不会记录体温表。
3. 值日生有时忘记该做什么事。

明确了问题之后，大家开始了头脑风暴，纷纷提出自己的解决办法，并在实践中进行尝试。

问题一:值日生胸牌影响活动

方法实践:

在不方便的时候,如午睡、运动等时间,将值日生胸牌放在桌子或者胸牌收纳袋中。

问题二:值日生不会记录体温表

方法实践:

值日生可以向其他会记录的小朋友、老师求助,学习体温表的记录方法。同时被测量体温的小朋友可以记住自己的体温,告诉值日生自己的学号和具体温度。

问题三:值日生有时忘记该做什么事

方法实践:在胸牌的背面,将自己容易忘记的事情画下来,忘记做什么时翻过来看一看。另外也可以询问其他值日生。

经历了多番实践,值日生们充分接受大家的建议,解决了困难,工作也终于能顺利地继续下去,一起来看看小小值日生的日常风采吧!

教师思考:《幼儿园教育指导纲要(试行)》指出,要培养幼儿"做好力所能及的事情,不怕困难,有初步的责任感"。在值日生工作的真正实践中,值日生们分工明确,有条不紊,既是贴心的服务者,也是有责任心的好帮手。虽然在活动的进程中大家发现了一些问题,但幼儿能自主调整和改进。值日生工作不仅仅是劳动,更是一种责任、一种担当。

活动三：本周值日小明星

经过一段时间的值日生活动，孩子们都有了当值日生的快乐体验。值日生之间也萌发了竞争意识，大家都想看看谁的值日生工作做得最棒，于是“明星值日生”评选大赛闪亮开场啦！

片段一：评选明星值日生

二宝：“怎么能成为一周的明星值日生？”

森森：“那要大家说了算，大家都满意才是最棒的值日生！”

朵朵：“明星值日生先要把自己的事情都做好，再去帮助需要帮助的人。”

六六：“要把班级管理得有秩序，大家不能不遵守规则。”

孩子们你一言我一语，积极地制定出明星值日生的评选要求，如下图：

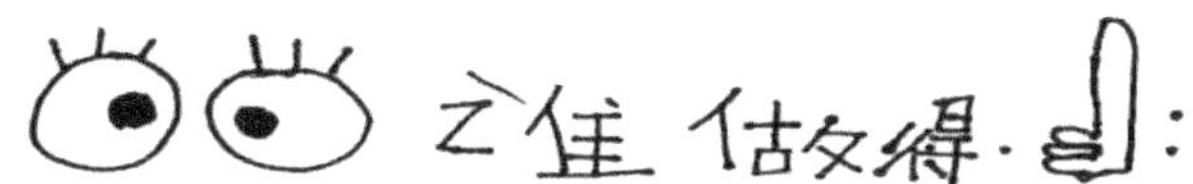

片段二：怎样成为明星值日生？

沐子：“那评选投票还需要用到什么呢？”

溜溜：“我知道！投票最重要的是选票，看谁票数最多。”

小宝：“那选票是什么样子的呢？”

溜溜：“我们可以自己来制作，可以是花朵、爱心，也可以是自己喜欢的图片、贴纸。”

片段三：明星值日生诞生

投票结果出炉啦！经过日常观察，孩子们给自己心中的明星值日生都投上了宝贵的一票，最终取出票数最多的三位小朋友，成为本周明星值日生冠军，他们分别是：二宝、可乐、睿睿。孩子们商议：这个明星是大家轮流当的，每个人都有机会。

教师思考：对于幼儿来说，值日生的工作并不简单，要求幼儿自身要有一定的生活自理能力、良好的劳动态度和劳动能力。在明确值日生职责、为集体服务的同时，值日生活动也增加了自身与他人沟通的机会，发展了人际交往能力，更加明晰集体与自身的关系。

六、活动反思

陶行知先生指出："生活教育是生活所原有、生活所自营、生活所必需的教育。"在此次值日生主题活动实施过程中，教师敏锐地捕捉教育的契机并一路助推，给予孩子们支持。我们珍视幼儿主动发展的机会，充分给予幼儿信任。在活动中，幼儿不仅丰富了生活经验和技能，也学会了在探索中自主地思考、解决问题，由单纯的值日参与者转化为值日规则的制定者、执行者和维护者。

值日生工作是一个漫长的体验式劳动生活过程，它能有效地培养幼儿的责任感和为他人、为集体服务的意识，帮助幼儿掌握基本的劳动技能，从而培养其生活自理能力、合作精神和自信心等。幼儿在参与值日生活动的过程中，不仅能亲身感受到劳动的乐趣，获得劳动的成就感，也能够获得实现自我价值的满足感。

玉米乐园

一、主题来源

孩子们种植的玉米迎来了丰收季。下午刚起床，一股香味飘来，特特说："好香的味道呀！""肯定是玉米，我最喜欢吃了！"果然，保育老师端来了一盆玉米，孩子们边津津有味地啃着玉米边说："玉米真好吃！香香的，甜甜的！"土豆问道："玉米是能吃的种子吧？"这句话瞬间引起了小伙伴的讨论。瑞萌说："我觉得玉米是最好吃的种子！""对，要是玉米能做成各种好吃就好了！"

孩子们商量着想制作玉米饼。次日，老师准备了一些玉米，孩子们开始剥玉米皮。他们用力地撕扯玉米皮，发现玉米皮挺结实的，还散发着一股淡淡的清香味儿，才剥了一会儿，垃圾桶就装满了，毛毛问："这么多玉米皮都没用了吗？""是啊！玉米皮还有用吗？"其他孩子接着问。这时，大家的关注点都集中到玉米皮身上，那么，玉米皮有用吗？它又能做什么呢？

二、主题资源

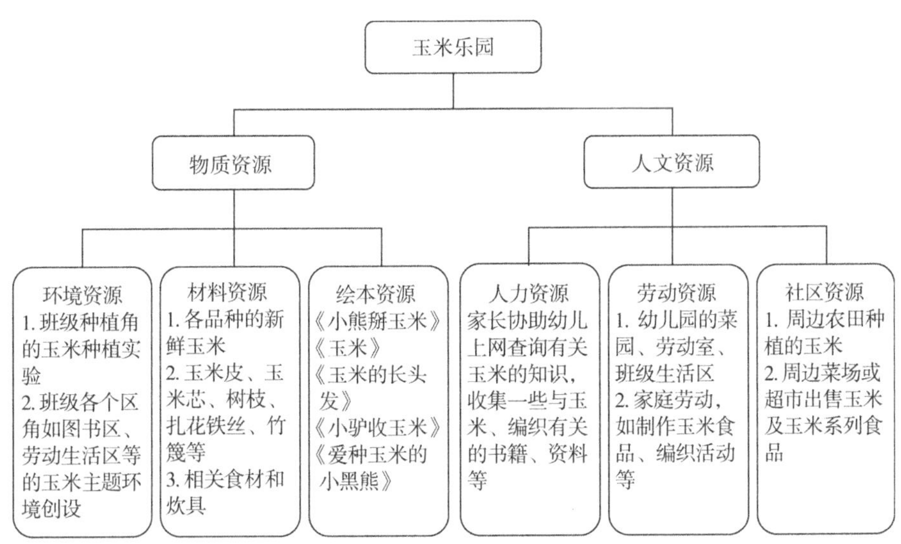

三、主题脉络

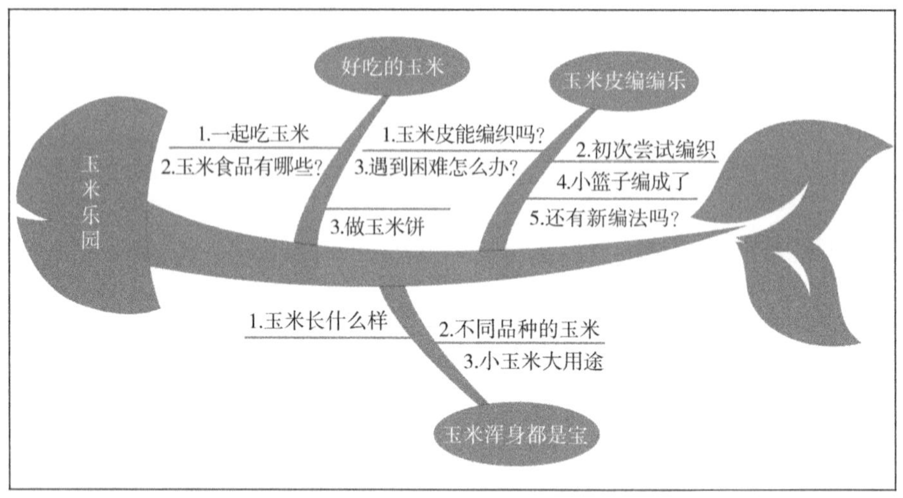

四、主题核心目标

1. 通过摸、尝、观察、比较等方法，认识、了解玉米的不同品种和口感，知道玉米是对身体非常有益的粗粮，大胆地交流对玉米的认识。

2. 认识各种玉米食品，知道很多食品里都有玉米，知道玉米粒可以做成各种食品，玉米秆、玉米皮和玉米芯在很多领域也有广泛的用途，感知玉米和人们生活的密切关系。

3. 通过观察、烹饪、品尝、交流等方式，感知了解玉米的多种烹制方法和不同的口味。

4. 欣赏各种玉米皮手工艺品和编织品，大胆尝试用上下交错等方式编织，自主选择、设计造型和排序，感受玉米皮编织相互交叠、错落及造型的美。

5. 感知玉米双数排列的规律，学习用合适的方法做标记，正确计数并记录玉米的列数。

6. 能大胆表达，用清楚流畅的语言介绍自己想编织的物品，并用自己的方式记录下来。

7. 乐意参与烹饪、草编等劳动，遇到困难不轻易放弃，体验烹饪和编织的乐趣。

五、主要活动

活动一：好吃的玉米

调查：孩子们对玉米美食产生了浓厚兴趣，通过回家问家人、上网查询，大家发现玉米的食用方法非常丰富。但是由于烹饪经验有限，孩子们把目光集中到了相对简单的烹制方法上。

活动目标：

1. 通过调查、讨论等方式，探寻玉米的各种吃法。
2. 认识各种玉米食品，知道很多食品里都有玉米，玉米可以做成各种食品。

3. 喜欢参与玉米饼的烹制，感受烹制和分享美食的乐趣。

片段一：美味的玉米

下午点心过后，几个孩子继续聚在一起讨论关于玉米的话题。

动动："你们知道玉米可以做什么好吃的东西吗？"

萌萌："黄金玉米烙，我在饭店吃过！"

明轩："我吃过玉米窝窝头！"

土豆："炸爆米花吧，一定很香！"

雨欣："太难了，我们不会做怎么办？"

圆舒："我看过奶奶做黄金玉米饼，看起来不难。"

动动："那你知道是怎么做的吗？"

萌萌："可以请老师教教我们。"

说完，几个孩子都笑嘻嘻地看着我，我微笑着说："我们一起做啊！"

片段二：好吃的玉米饼

为了满足孩子们制作玉米饼的愿望，我们探究了玉米饼的烹制方法，并着手准备食材。

老师："想一想玉米饼是怎么做的？需要哪些食材和工具？"

圆舒："需要玉米，要把玉米刨成泥，然后加一些面粉，还有盐和葱花，还要加点奶粉，这样会很香很香。"

老师："要新鲜的玉米吗？"

圆舒："对，玉米面糊倒在平底锅里煎熟就能吃了。"

老师："需要什么工具？"

动动："平底锅！"

萌萌："还有铲子、盘子。"

土豆："我们明天就开始做吧，我好想早点吃到玉米饼！"

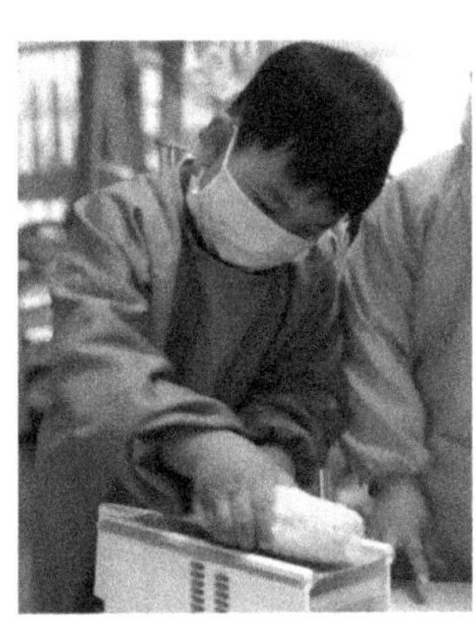

先把鲜玉米刨成泥

再加少量糯米粉搅拌

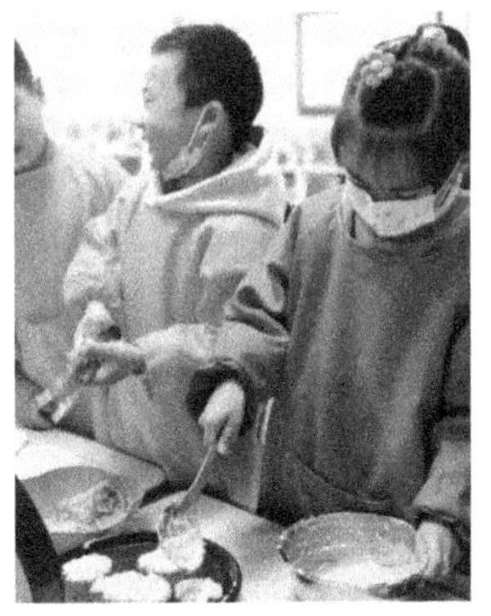

最后在平底锅中摊成小圆饼

第二天，孩子们就在生活区尝试起来。在老师的协助下，孩子们刨出了玉米泥，和糯米粉搅拌后倒入平底锅，摊成一个个大小不一的玉米饼。玉米饼尽管不是很好看，但味道

不错，大家满足地品尝着自己亲手做的美食，表示明天还要再做一次。“明天我会做得更好吃！”乐乐边吃边说。

活动二：玉米的秘密

活动目标：

1. 认识、了解玉米的不同品种和味道，知道玉米是对身体非常有益的粗粮。
2. 通过摸、尝、观察、比较等方法认识玉米，大胆地交流对玉米的探究结果。
3. 感知玉米双数排列的规律，学习用合适的方法做标记，计数并记录玉米的列数。
4. 了解玉米秆、玉米芯、玉米皮和玉米粒等的不同用途。

片段一：玉米大家庭

周末，孩子们来到超市购买玉米，他们发现有的玉米是剥好皮真空包装的，有的还包着新鲜的外皮，头上还有许多“头发”，玉米的品种很多，颜色大小也不一样，他们对此产生了浓浓的好奇心。

周一的早晨，班级生活区的桌上就摆满了各种颜色不同、大小不一的玉米，孩子们叽叽喳喳地讨论起来。

航航：“哇，这个玉米是黑色的！”

翔翔：“你没吃过吗？黑玉米黏黏的，可好吃了！”

小路：“我觉得黄色的玉米香香甜甜最好吃！”

朵朵：“这个玉米还穿着衣服，头上还有头发，真搞笑！”

洪洪：“那是玉米皮和玉米须好不好！”

丁丁：“我想看看里面是什么颜色。”

球球：“那我们剥开看看，不就知道啦？”

几个孩子准备尝试剥玉米皮，“我还想尝一尝是什么味道。”特特笑嘻嘻地说道，“颜色不一样，味道也不一样吧？”“好想吃……”看着孩子们讨论得这么热闹，根据孩子们的提议，我们将玉米按照颜色进行分类，将每一种玉米都煮一些，请大家尝一尝哪种玉米最好吃。

片段二：数玉米

玉米粒像牙齿一样排列整齐，但可比牙齿多多啦！我们经常吃玉米，你们有没有发现玉米粒是怎么排列的？你数过玉米一共有多少列吗？这个问题可难倒了孩子们，大家决定数一数。老师为孩子们准备了一些小工具、笔和记录单，孩子们认真地数起来，经过多次点数验证，大家发现自己数到的玉米列数竟然都是双数的，真神奇呀！

片段三：玉米食品分享会

逛超市的时候，有的孩子发现了用玉米制作的零食，于是大家再一次来到超市寻找玉米制品，并购买带来班级分享。在分享会上，孩子们进行了交流，并对玉米制品进行了分类：有的是好吃的零食，有的是好喝的饮料，有的被做成了半加工粗粮……原来，很多食物里都藏着玉米的身影，大家自由分享、品尝着玉米美食，并比较着异同。

活动三：玉米皮编编乐

活动目标：

1. 欣赏各种玉米皮制成的手工艺品和编织品，感知民间手工艺的智慧和美。
2. 仔细观察、思考上下交叠的方法，大胆动手尝试编小篮、三股辫。
3. 能大胆表达，用清楚流畅的语言介绍自己想编织的物品，并用自己的方式记录下来。
4. 乐意参与草编活动，遇到困难不轻易放弃，体验编织劳动的乐趣。

片段一：神奇的玉米皮

面对一大堆玉米皮，孩子们试着撕一撕，还挺结实的，那么，玉米皮有用吗？它可以做什么呢？

糯糯："我觉得可以做扇子。"

动动："我觉得可以做绳子。"

毛毛："我觉得可以做美丽的玉米花……"

安安："老师，能用电脑查一查吗？就像认识种子那样！"

我们一起上网查找，这才发现，原来玉米皮的作用还挺大呢！玉米皮因为本身有一定韧性，最适合用作编织材料，能编织成艺术品、生活用品、玩具等许多物件，看到这里，孩子们都惊讶于玉米皮的神奇，激动得小眼睛都亮了："我想挑战编花篮！""我想挑战编辫子！""我想编小船！""我想做门帘！"……说干就干，活动室里一下子忙碌起来了，大家各自拿取着自己喜欢的材料，编织小工匠走起！

剥玉米皮

观察整理玉米皮

查找视频资料

片段二：我们也想编……

孩子们兴奋地把玉米皮摆放在桌上，跃跃欲试却又不知该从何下手。"这些玉米皮是什么样子的？能拿来直接用吗？要怎么处理呢？"我将问题抛给孩子们。大家你一言我一语："这些玉米皮很新鲜，有点湿湿的，都卷起来了。""有大有小，有的上面有黑斑，好像不能直接拿来编织。"突然动动说："把玉米皮晒干不就能用了吗？""是啊！上次看的视频里，用的玉米皮就是干的！"于是，孩子们找来了托盘等工具，大家齐动手，一会儿工夫就将玉

米皮一片一片地修剪并码放整齐，晾晒在阳光下。

在焦急的等待中，我问："你们想编什么物品？是什么样子？想用哪种编法？"孩子们热烈回应："上次我们在盘子的空隙中穿布条，做成了小包，我想换成玉米皮试试！""如果把玉米皮编成小辫子，然后把小辫子连接在一起就能变成绳子，可以用来跳绳！""我想编花篮，装饰我们的教室。""我想像织布一样，把布帘子变成玉米皮帘子。"孩子们结合已有经验展开了大胆的设想和并勇敢的表达，我鼓励他们把想法记录在纸上，与小伙伴互相分享。

我想编玉米皮花篮　　我想编小辫子来装饰笔筒

片段三：小工匠"罢工"记

新鲜的玉米皮必须晒干才能编，否则不易保存。为了让玉米皮干得快些，每过一会儿孩子们就过去看一看、翻一翻。晾晒了一个中午后，孩子们兴奋地跑来看玉米皮晒得怎么样了。"哎呀！玉米皮怎么变得皱巴巴的啦？还能用吗？"大家一看都犯了难，边摆弄着玉米皮，边皱起了眉头："玉米皮又卷又皱，总是翘起来，怎么编啊？""怎样能让它变平整呢？大家一起想一想！"我鼓励孩子们想办法，他们有的用双手用力拉扯玉米皮，可一松手，玉米皮又变回原样了；有的把玉米皮压在一摞书下面，可是一次就只能夹几张玉米皮，一不小心还会弹回来；还有的把玉米皮放在桌上，用擀面杖擀，也没什么用，大家把想到的方法都试了，效果不大。

绳子太软，玉米皮总是滑下来。

小辫子接头的地方好难呀！

玉米皮总是跑出来，花篮歪歪扭扭的。

这时，君君说："老师，我爸爸的理发店里有卷发棒，能把头发烫直，能不能拿来烫玉米皮？"这个主意听起来很不错啊，有了卷发棒的帮助，玉米皮果然变得平整多了，这回应该可以顺利地编织了吧?

孩子们开心地投身到编织区,但很快又遇到了新的困难:织布架上的毛线绳子太软了,固定不住玉米皮;"编花篮"时用于支撑的玩具太滑也太小了,玉米皮总是掉下来,加上玉米皮长度有限,在连接的地方比较困难;用玉米皮编的小辫子总是太短,无法利用。这可怎么办呢?几个孩子无奈地把材料收起来,最喜欢编织的孩子也垂头丧气,想放弃了,小工匠要"罢工"了。

片段四:调皮的玉米皮

找寻良久,终于一个纸花篮的编法吸引了我们:用彩色纸条横竖交叉编织,如果将纸条替换成玉米皮来编织,是不是也可以呢!第二天,我们分享了这个方法,看到纸花篮的编织过程,孩子们很兴奋:"这个小花篮好漂亮!"我追问道:"你们有什么新想法吗?"诺一思考了一会儿说:"小花篮是用纸条编的,可以换成玉米皮吗?"那我们就试一试吧。

纸条长度和玉米皮的长度基本一致,先把玉米皮撕成一样宽的条,再将玉米皮横竖交叠着编起来,但固定四边这一步显得非常困难,因为玉米皮的材质不同于纸条,胶棒和双面胶的粘贴效果都不理想。大家刚费力地将一边固定完,另外三条边一下就散开了,只能重新再编。几个来回下来,孩子们非常沮丧:"玉米皮总是跑来跑去,很调皮!""怎么才能让它不动啊?""把它粘住试试!"我鼓励孩子们。于是,我们找来一些纸板,将玉米皮两头固定在纸板上,再用迷你订书机加固,终于编出了漂亮的小花篮。最后,几个会做的孩子绘制了简单的步骤图供大家参考,这次孩子们积极性更高了,他们耐心地操作,获得了满满的成就感。

活动四:玉米皮编织在继续……

编花篮的工艺制作取得了成功,孩子们又萌生了许多新的创作灵感。于是,我们找来了各种材料:将五颜六色的干花放在编好的花篮里;将"翅膀"和"眼睛"加到编好的蜻蜓身体上;用细竹片和花艺铁丝做支撑,将玉米皮牢牢地固定住,穿插编织玉米皮,做成漂亮的门帘……通过不断探索,玉米皮的编织物品更加丰富了:花篮、小船、门帘、杯垫等。孩子们也发现玉米皮的世界原来很精彩,小工匠们各个信心大增。

主要区域活动

区域	活动名称	活动目的	活动材料	已有经验	指导要点
劳动生活区	玉米饼	1. 正确使用擦丝器等劳动工具 2. 用搓圆的方式和面、做饼 3. 学习使用纱布过滤玉米汁	新鲜玉米、糯米粉、奶粉、油、芝麻、擦丝器、纱布、电饼铛、面盆、切面刀、面板等	会搓圆面团	引导幼儿按照步骤进行制作,并通过观察同伴或老师指导,调整方法进行操作
	编花篮	1. 将玉米皮上下交叠错落进行编织 2. 学习编三股小辫子	玉米皮、底板、订书机、一次性皮筋、编辫子支架、剪刀	会上下穿插布条	鼓励幼儿大胆尝试,遇到困难不放弃

续表

区域	活动名称	活动目的	活动材料	已有经验	指导要点
劳动生活区	编草帘	初步尝试用玉米皮交错拧麻花的编织方法编帘子,自主选择和设计编织的造型和排序	玉米皮若干、自制支架、不同形状的底板、扎丝、订书机、水彩笔等	会上下穿插编织	鼓励仔细看步骤,掌握基本的编织方法
读写区	玉米小故事	1. 喜欢阅读与玉米相关的书籍,尝试连贯地讲述故事 2. 乐于创编关于玉米的连环画	绘本、纸、笔、记录单	对玉米有一定的了解,有一定的想象力和绘画基础	能仔细观察画面,说说自己对故事的理解,并大胆创编故事,装订成小书
美工区	"玉米"花	将玉米皮围着吸管进行粘贴,并整理修剪成花	玉米皮、双面胶、吸管、剪刀等	知道花朵由花心向外延展的特点	鼓励幼儿大胆表现菊花先直后卷,并向四周发散的特点
	小蜻蜓	练习编三股辫,编蜻蜓的尾巴,尝试将"翅膀"夹进去	毛根、玉米皮、小眼睛、剪刀、水彩笔	玩过毛根	努力尝试编三股辫,不轻易放弃,感受成功的喜悦
数学区	分装玉米粒	使用烘焙秤称取一定量的玉米粒,多去少补	烘焙秤、玉米粒、分装盒、勺子等	有使用秤的经验	引导幼儿按照正确的步骤使用烘焙秤,比较、感知不同的重量
	玉米粒测量	使用玉米粒测量两地之间的距离,比较远近	玉米粒、记录表、自制测量底板、笔	用回形针等测量过两地的距离	能按照路线整齐摆放玉米粒,数出数量并记录

六、活动反思

编织作为手工劳动,是幼儿园常见的活动,通常采用各种线绳为材料,因其独有的创造性、趣味性、挑战性和审美性等特点,受到许多幼儿的喜爱。大班幼儿已经能编织出一些简单完整的作品,他们的编织兴趣也越来越浓厚。但玉米这种农作物的根、茎、叶等,我们几乎很少利用,幼儿对于玉米皮的认识也很少。从熟悉的线绳编织到可控性更弱的自然物编织,从新鲜潮湿的玉米皮变成有用的物品,我们需要完成许多步骤,这对于幼儿来说是全新的体验。在活动过程中,我们遇到一个又一个困难和挑战,教师不断鼓励幼儿树立信心,鼓励他们完成任务。

由于劳动经验的不足,幼儿常常会遇到各种困难,这时教师的支持尤为重要,不仅要及时为幼儿提供相关的资源和丰富的材料,还要不断地启发和支持幼儿去发现、寻找、思考和利用不同特点的材料进行创造,形成深度学习的支持性环境。总之,只有和幼儿一起真正地参与到生活中,才能发现环境中有价值的线索,并在实际体验中获得丰厚的劳动经验。

花生日记

一、主题来源

数学活动"数花生"正在进行中，孩子们在剥着花生，一个孩子对我说："老师，他说花生是长在树上的。"旁边的孩子边剥花生边说："就是长在树上的，和豌豆一样，就是在树上摘的。"另一个孩子也凑了过来说："花生是长在地上的。"到底花生长在哪里呢？活动后我又问了孩子，有的说在地上，有的说在地下，有的表示不知道。针对孩子们的争议，我们商量在幼儿园分给我们班的那块菜地种植花生，等花生长大了我们就知道花生到底长在哪儿了。"太好了！"孩子们欢呼起来。于是，花生的种植活动开始了。

二、主题资源

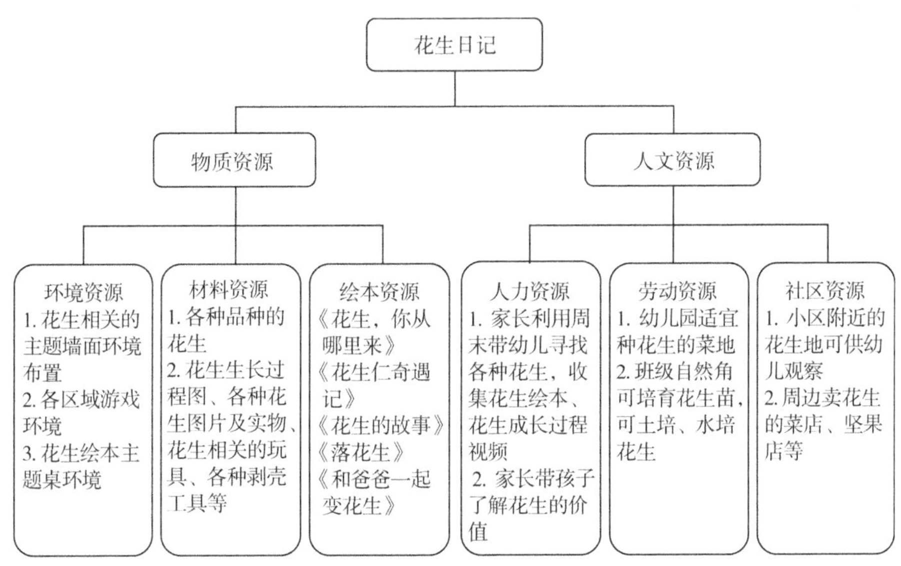

三、主题脉络

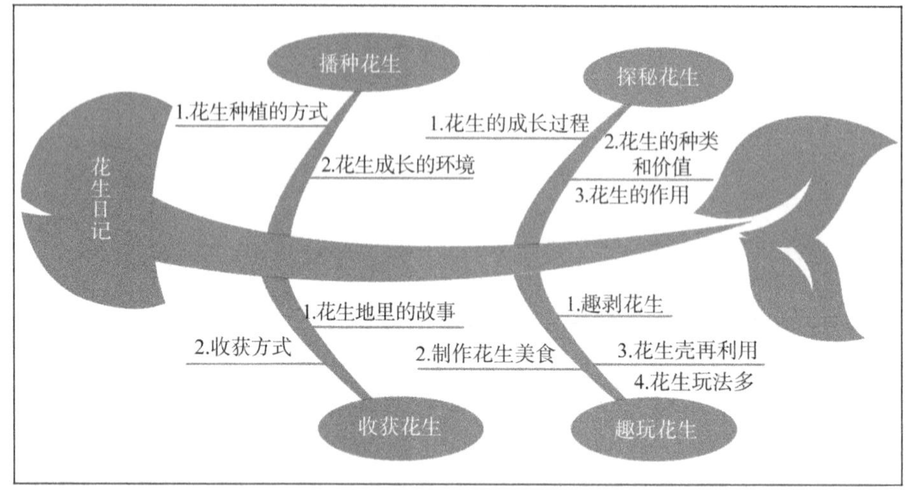

四、主题核心目标

1. 通过土培、水培花生，观察、了解花生从出芽、长苗到生长茂盛期的根部变化，结合调查、绘本等，了解花生的成长过程、种类和价值。

2. 通过多种感官，认识花生的主要特点，尝试用不同方式剥花生。

3. 利用花生玩分类、分合、统计等数学游戏；依据花生、花生壳的外形特征，用自己喜欢的方式进行艺术创作。

4. 主动参与花生种植、收获等劳动过程，学习照顾花生，细心观察、积极探索，热爱种植，不怕辛苦。

5. 乐于参与花生美食制作，品尝花生美食，体验集体分享的快乐。

6. 愿意在集体面前完整讲述自己在种植、收获等活动中的发现以及探索和调查的结果，乐于阅读关于花生的绘本并进行记录。

五、主题活动

活动一：花生种植记

花生要怎么种呢？带着疑惑我们一起查询资料，孩子们也询问了有丰富种植经验的门卫师傅，在师傅的帮助下我们了解到种花生的流程并购买了种子。在去菜地的路上，孩子们你一句我一句地说着："老师，我知道怎么种花生。""老师，我昨天问了爸爸，爸爸给我看了视频。""花生埋到土里就可以长大了。"

活动目标：

1. 了解花生的种植过程，能够耐心和细心地翻土、挖坑、播种、盖土等。
2. 能大胆讲述自己对花生成长的畅想并记录。
3. 体验种植花生的过程，对花生的成长十分期待。

片段一：翻土篇(2023 年 3 月 9 日)

我和孩子们准备好了花生和铲子、浇水壶，可是看到那块空地时我们的表情都凝固了：“好多大土块。”“老师，这块地里怎么都是坑?”“这怎么种啊?”“地都晒干了。”原来这块地还没有翻土。“老师，我们来翻土吧!”说干就干，孩子们有的拿起铁锹，砸土块，有的翻土，有的则用手捏土块，一拨人累了又换一拨，大家齐心协力，终于把这块地翻新平整了一遍。

片段二：花生种植篇(2023 年 3 月 10 日)

孩子们商量着分工合作：一组挖坑，一组放花生，一组盖土。挖坑组的人并排往前挖着，放花生的边拿花生仁边说：“我要选一个大大的胖胖的花生。”“这个花生小，我要在一个坑里放两颗。”有的孩子寻找到空的坑：“快，这个坑里没有花生，快放。”之后，大家撒上一层细土，再喷些水，花生的播种就完成了。

片段三：花生畅想篇(2023 年 3 月 10 日)

看着种好的花生地，孩子们迟迟不愿离开，有的站在田埂上和旁边的同伴说：“那个花生没盖土。”说完用手将花生往土里塞。回到班级后，他们还在交流：“花生什么时候长大呀?”“明天我们再去看看花生。”

孩子们期待着种下的花生种子快点生根发芽，长出小苗苗，他们想象并记录下自己的猜测。有的孩子画的花生像草莓一样长在地上，有的画的花生在根部慢慢长大，也有的已经画出花生的整个生长过程啦。

小花生快长大，我会给你浇浇水，等你长大了，我就摘了你。

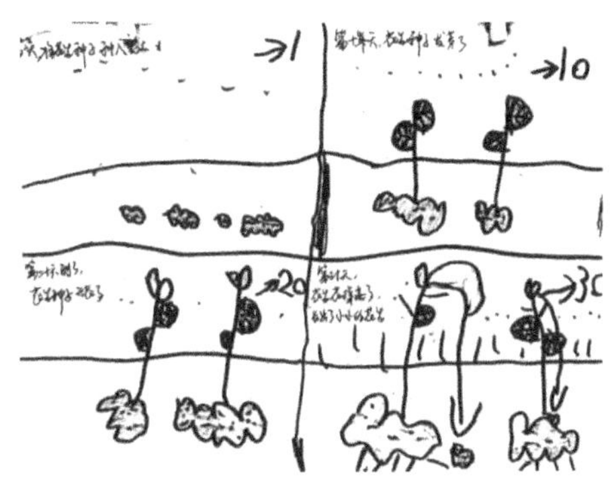

第 1 天将花生种子种入土；第 10 天种子发芽了；第 20 天种子开花；第 30 天花落了长出小花生。

活动二：花生成长记

花生种下之后，每次散步时，孩子们都要去菜地看一眼花生到底长大了没有。一天、两天、三天……一个星期过去了，涵涵说：“老师，为什么花生地里还没有长出苗啊?”旁边

的宸宸说："花生要十天之后才能长出苗呢。"我也不太确定："真的要十天才能出苗吗？"也有孩子说每天来看就知道什么时候出苗了，那我们一起再等等看吧。

活动目标：

1. 了解花生茎叶的生长变化、开花的过程和生长需要。
2. 能细心观察花生的生长变化及生长环境。
3. 对观察、照顾植物感兴趣，并有保护植物的意识。

片段一：出土篇（2023年3月20日）

10天过去了，"花生应该出来了。""我们散步时快去看一看吧。"孩子们很期待，散步时来到了小菜园，可菜地里还是一点变化也没有，到底几天才出苗呢？我们问了门卫师傅，他说天气冷不着急，如果想快点看到花生出苗，可以提高菜地的温度，于是在师傅的帮助下，孩子们给花生地盖了透明的塑料薄膜房子，这样花生地的温度会更高一些。孩子们查了资料，知道花生的成长不仅需要肥沃的土壤，还需要空气、阳光、适宜的水和温度。

过了几天，孩子们来到菜地仔细观察，有个孩子兴奋地拉着我，指着盖在花生地上的塑料膜说："老师，你看，有水珠。"其他孩子也都凑了过来："哪儿有水珠？"宸宸说："肯定是里面太热了，那是水蒸气。"文文说："太阳晒得地也出汗了。"还有几个孩子在寻找花生苗："还都是土，看不到一个苗。"突然铄铄叫了起来："我看到花生苗了！"大家蹲下来仔细看，可隔着雾蒙蒙的塑料膜看不清楚，花生苗若隐若现。"我们明天再来看看，长大了就能看得清了。"第二天，地里果真冒出了很多花生苗，孩子们也松了一口气，十分开心。

片段二：大战蜗牛篇（2023年5月10日）

"老师，这个叶子上怎么有洞？""老师，叶子下面有个蜗牛。""是不是蜗牛饿了吃了叶子。""蜗牛吃叶子吗？"孩子们你一言我一语地聊着。蜗牛吃叶子吗？赶紧查一查资料吧。

寻找蜗牛

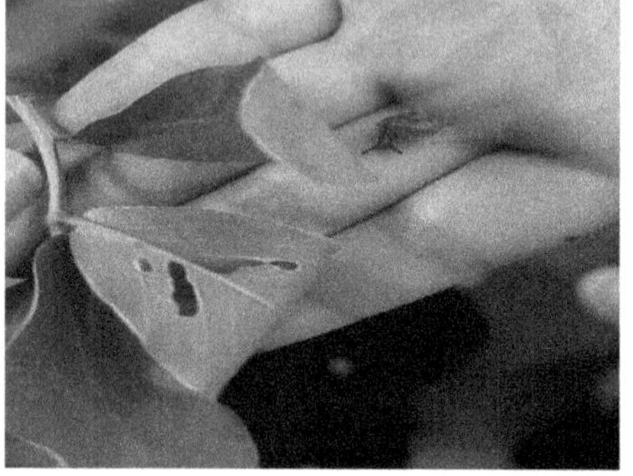

被蜗牛吃的叶子

查了资料才知道，原来蜗牛是花生的天敌，它最喜欢吃花生的根茎叶了，许多未成熟的花生会因为蜗牛而死亡。"蜗牛把叶子吃完就糟了。""我们把蜗牛抓出来吧。"大家便开始找蜗牛。抓到蜗牛后，文文说："我们把蜗牛放到远处草丛里吧。"一一说："我要把蜗牛放到对面墙上去。"齐齐说："这个蜗牛好可爱，我要把它带回家。"说完，齐齐还找了一片叶子把蜗牛放了上去，准备先带回班级。就这样，孩子们开始了蜗牛搬家行动。

片段三:开花篇(2023年5月16日)

一周后,我们继续去菜园照顾和观察花生,有的孩子张开手掌丈量着,说花生苗长高了。突然几个孩子发现花生竟然开花了,便聊了起来。

成成:“咦,花生长出花来了。”

洋洋:“真的,小黄花,好小啊。”

齐齐:“像个小蝴蝶一样。”

浩浩:“花生的花好少啊,怎么就几朵?”

“花生为什么也会开花呀?”“开花后会结出花生果实吗?”对于我提出的问题,孩子们也是个个睁大眼睛直摇头,表示不知道,于是带着问题回家询问爸爸妈妈。家长帮助孩子搜集了关于花生花的知识,我们也在班级阅读区投放了关于花生的绘本。孩子们终于明白,原来花生是落花而生,花落地后,花里的果针钻进土里才结出花生,好神奇啊!

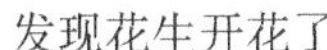

发现花生开花了

花生原来会开花

活动三:花生收获记

活动目标:

1. 能够正确、安全地使用铁锄、铲子等收花生的工具。
2. 学习去掉枝叶和根须,掌握收获花生的方法。
3. 体验收获花生的辛劳,不怕苦,不怕脏。

片段一:手拔花生篇(2023年10月11日)

暑假过去,又过了一个多月,花生终于迎来了收获季。孩子们用尽全力地拔花生。浩浩:“老师,这怎么拔不动。”宇宇咬紧牙,边拔边说:“这也太难拔了吧。”一一抓起花生根部位置使劲拔也拔不动,笑笑和新新一起加油拔一株,不一会儿俊俊举起一株花生说:“我拔出来了,老师。”我赶紧鼓励大家说:“有的小朋友拔出来啦,太棒了,大家加油!”在我的鼓励下,洋洋也拔出来了,可是没有花生,“花生在泥土里呢。”一一有点失望地说。

片段二:工具上场篇(2023年10月11日)

收获花生可不是件容易的事。几个孩子把墙边的铁锄和小铲子也拿了过来,在教师提醒孩子们注意工具使用安全事项后,孩子们开始有的用铲子沿着花生根部开始挖,有的

用铁锄刨地把土刨松了再拔。孩子们虽然脸上胳膊上都是蚊虫叮咬的包，但还是在用力地拔、铲、刨。

用铲子挖

用铁锄刨地松土

收获满满

片段三：成果展示篇(2023 年 10 月 11 日)

把花生去掉枝叶和根须，再将花生清洗干净，接下来放到太阳底下晾晒，孩子们一步一步享受着收获的喜悦。清洗花生时，几个孩子发现花生的收成不是很好，一株花生下面只有几颗花生，而且花生很小，孩子们猜测："可能我们没有照顾好花生？""是不是地里的虫子把花生吃掉了？""是不是没有经常浇水？"虽然这次花生的产量不高，具体什么原因也没完全探究清楚，但这场种植、照顾、丰收之战，孩子们干得很漂亮，也许下次我们再种花生时会有更好的收获。

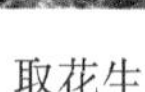

取花生

清洗花生

晾晒花生

片段四：活动记录篇(2023 年 10 月 13 日)

陪花生度过了一段长长的成长之旅后，孩子们将花生的成长以及自己和花生的经历记录了下来。

今天天气真好，我们一起去菜地种花生，后来花生苗长得越来越茂盛，花生在地底下慢慢成熟。

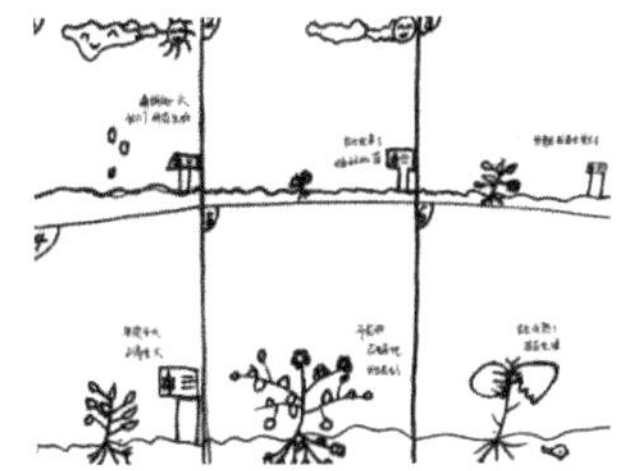

晴朗的一天，我们种花生，花生发芽，出苗，长高长大，开花，花落地，长出花生。

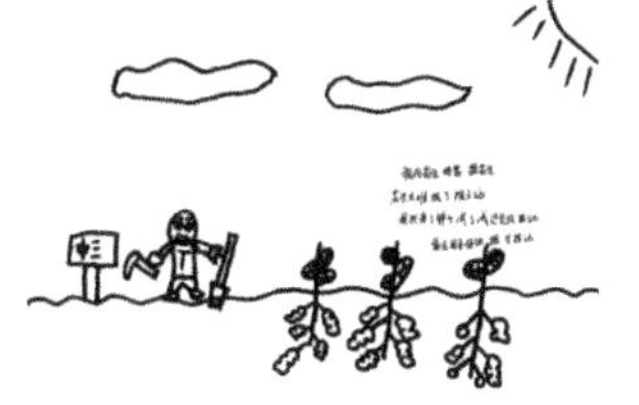

拔花生太难了，拔不动，用铲子试了试还是不行，要用很大的劲才能拔出来。

活动四：再种花生记

在实践中，孩子们了解到花生是长在泥土底下的，但是由于花生成长过程一直在地下，大家对于花生的探究只能停留在地上，于是我们开展了区角水培种植活动，可以清楚地看到花生根部的生长变化，此外，又土培了一些花生苗，进一步感受花生在不同环境下的生长变化。

活动目标：

1. 了解花生根部的生长变化，以及花生在黑暗和有光环境下的生长区别。
2. 通过观察，能较完整、连贯地讲述和记录自己的发现。
3. 积极参与水培花生、培育花生苗的活动，乐于照顾植物。

片段一：水培篇(2023 年 10 月 17 日—2023 年 10 月 31 日)

花生可以直接种或者催芽再种。花生怎么催芽呢？“把花生剥壳放水里泡，然后放在袋子里催芽。”俊俊一边说一边指着阅读区的书架，“书里面就是这样催芽的。”原来关于花生的绘本里有种花生的全过程。花生出芽就可以放进水培种植盆里，慢慢长大。很快，花生的根部长得越来越长，还长出越来越多的分枝，花生培育盆都快装不下了。

采摘长得茂盛的花生叶子放美食店制作茶叶

“快看，水里都是花生的根，好长的根啊”

片段二:培育花生芽篇(2023 年 10 月 23 日—2023 年 10 月 26 日)

自然角里,孩子们把培育花生芽的盆盖打开,边观察边议论着。

一诺:“花生芽长得好快啊,和手指头一样长了。”

笑笑:“盆里的花生怎么是黄色的? 怎么不长叶子?”

一诺:“我看到黄色的小叶子了。”

新新:“花生芽怎么那么粗?”

过了一天,笑笑和新新突然跑过来说:“老师,花生芽变成绿色的了。”孩子们纷纷凑过来看,花生芽为什么有的时候是黄色,有的时候又变成绿色呢? 我们一起搜寻了相关视频,原来,光线会刺激花生芽中的叶绿体合成叶绿素,使花生芽发绿,而在黑暗的环境下,因为没有光线,所以花生是黄色的。笑笑说:“那我们把盖子盖上,明天看看会不会变黄。”

又过了两天,孩子们打开盖子,看到一盆绿油油的花生苗,没有变成黄色。

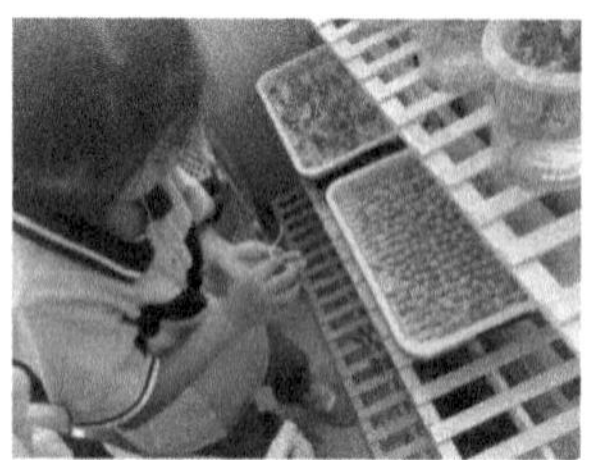

2023 年 10 月 23 日,星期一

花生出芽了,把它放进花生苗种植盆里。

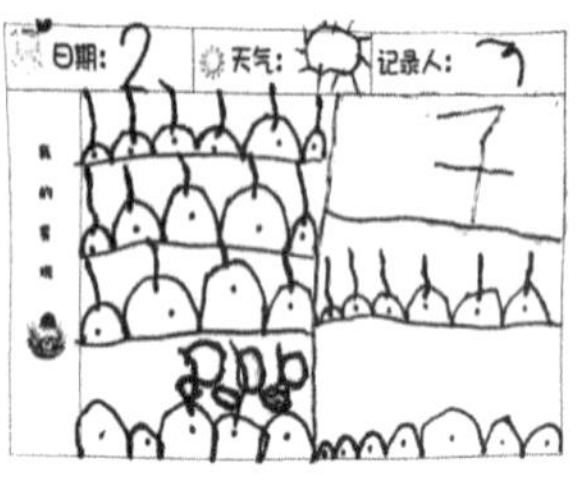

2023 年 10 月 24 日,星期二

花生发芽了,有的花生已经长出叶子了。

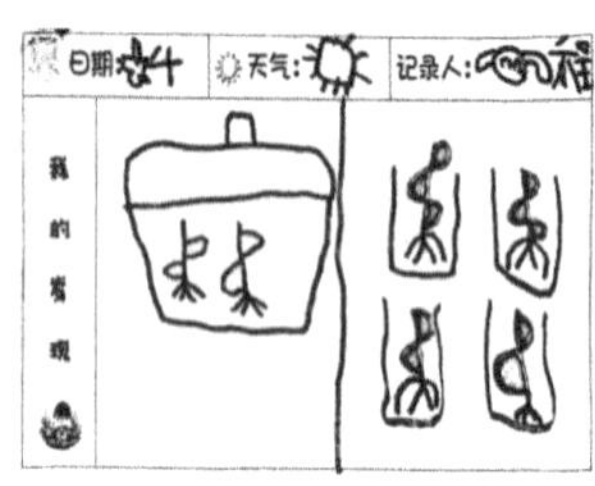

2023 年 10 月 26 日,星期四

花生芽在有盖子的盆里是黄色的,在没有盖子的盆里是绿色的。

活动五:制作花生美食记

活动目标:

1. 了解花生美食以及花生的营养价值。

2. 探索剥花生的不同方法,学习制作花生饼。

3. 乐于参与花生美食制作,体验劳动的快乐。

片段一:美食调查篇(2023 年 10 月 18 日)

老师:“花生有哪些营养,你们知道吗?”小翔说:“花生可以补充能量。”新新说:“花生可以让我们身体棒棒的。”晨晨说:“吃花生可以补钙,花生里面含有钙。”

花生到底对人的身体有什么益处呢? 老

花生调查表

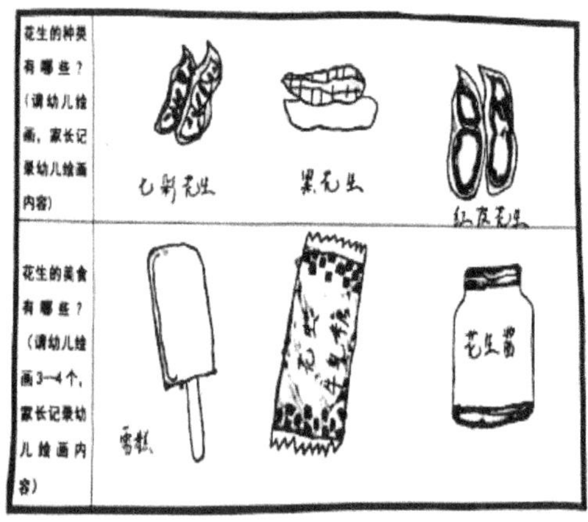

师通过图片以及小视频，用浅显的语言告诉了孩子们花生的营养价值。

老师："用花生制作的美食你们吃过哪些？还有哪些呢？"

孩子们互相分享自己的调查。花生有各种各样的吃法：凉拌花生、花生糖、花生雪糕、牛轧糖、花生酱、炒花生……

片段二：美食制作篇（2023年10月23日）

老师："你们知道怎么剥花生吗？"

孩子们开始尝试，有的用嘴巴直接咬，有的用手使劲捏，有的把花生放桌子上用拳头砸。

老师："除了这些方法，有没有工具可以帮助我们剥花生呢？"

孩子们开始在班级里寻找可以剥花生的工具并尝试，有的找来了积木，有的找来了筐子，有的找来了生活区剥坚果的小钳子，他们用这些工具轻松地剥开了花生。

用嘴巴咬、用手剥花生

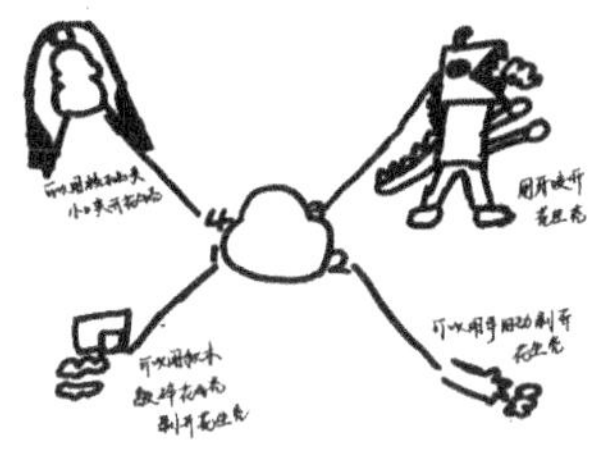

剥花生方法记录

用积木敲、用坚果夹子夹碎壳剥花生

花生剥好了，孩子们开始制作花生饼啦，大家分工合作，有的将花生捣碎，有的和面。可可和喜宝一起揉面、擀面饼、包馅。可可将面团压扁，用擀面杖将面饼边旋转边擀，换了很多方向，面饼终于擀好了，她把面饼交给喜宝，喜宝将花生碎包在面饼里，像包包子一样，一个褶一个褶地边压边捏，捏好了再用擀面杖轻轻地擀一擀，花生饼就做好了。很快，孩子们就把饼都做好了。之后，老师帮助将花生饼放在电饼铛上煎一煎，瞬间满屋飘香，馋得孩子们口水都要流出来了。

孩子们将自己制作花生饼的流程记录下来，按照步骤，大家都能做出美味的花生饼啦。

把花生捣碎

做面皮

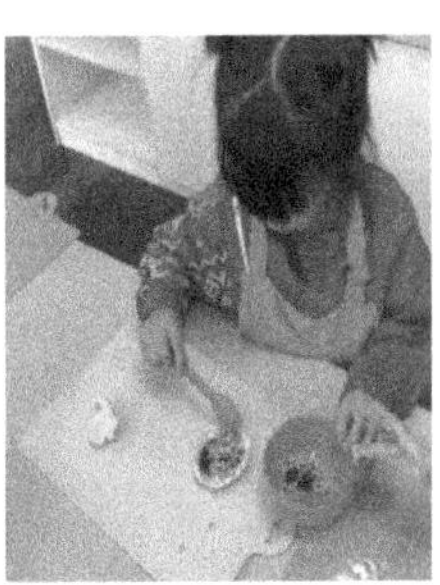

包馅

煎花生饼

花生饼制作过程

花生饼制作过程

花生饼制作过程

活动六：花生作用大(2023 年 10 月 24 日)

花生不仅可以做美食，还有许多别的用处。为了丰富孩子们对花生的认知，我们进行了花生作用大调查。

花生仁、花生壳、花生根、花生茎叶都有自己独特的价值呢，来看看孩子们的调查吧。

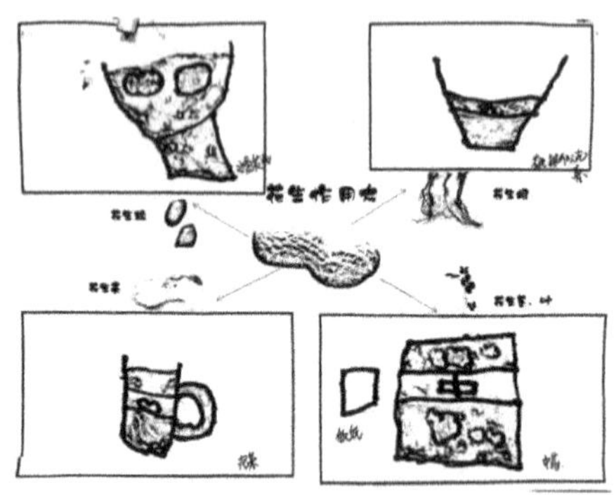
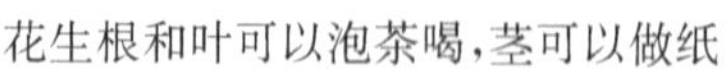
花生根和叶可以泡茶喝，茎可以做纸

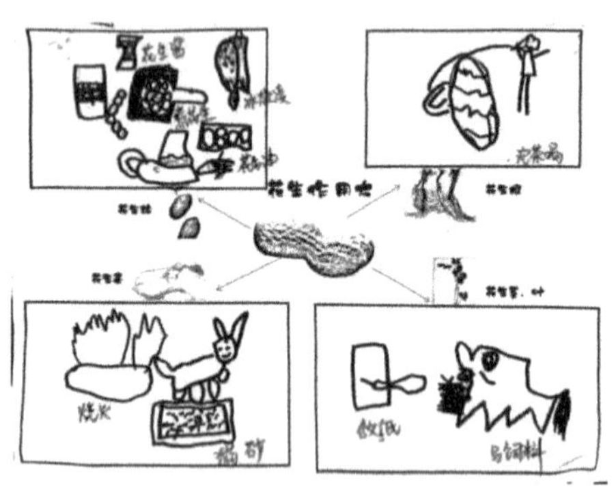
花生仁可以榨油，花生壳可以烧火、做猫砂，花生茎叶可以作为马的饲料

我们还将花生融入班级的各个区域、角色游戏中。

主要区域活动

区域	活动名称	活动目的	活动材料	已有经验	指导要点
角色区	小小炒货铺	学习如何炒花生，并售卖花生等坚果	锅，花生、瓜子等各种坚果	认识各种坚果	感受炒花生的过程，主动招揽客人、售卖坚果
自然角	花生苗培育	了解如何培育花生苗	培育花生的器皿、喷水壶、观察记录表等	会使用喷壶，培育过种子	认真观察花生苗培育的环境，了解花生苗的培育过程
劳动生活区	花生脆饼（剥壳、捣碎）	熟练剥花生，会用捣臼捣碎花生，按步骤进行美食制作	面粉、带壳花生若干、捣臼等	会剥花生	熟练使用捣臼，有条理地进行花生美食制作，喜欢花生美食制作活动

续表

区域	活动名称	活动目的	活动材料	已有经验	指导要点
美工区	花生壳创意作品	将花生壳涂色进行添画和组合，制作创意想象画	花生壳若干、颜料、彩笔、双面胶等	会使用乳胶、胶枪等材料和工具	自由想象，用花生壳创作添画或装饰物品
	花生成熟啦	用黏土和花生壳制作地底下成熟的花生	黏土、花生壳、水粉等	会铺平黏土	能将黏土均匀铺开黏在纸上再画出地上的茎叶花等
益智区	坚果称重	记录称重结果，感知不同坚果的重量	称重玩具、纸、笔等	会使用称重玩具	能用数字、符号等记录称重结果，如1个核桃等于多少颗花生的重量
	种花生	体验5以内数的多种分合方法	花生若干、小圈、九宫格花生地、骰子等	学习过数字5的分合	熟知游戏的规则，运用数的分解解决游戏情景中的问题
	统计	学习用图表进行统计	各种品种的带壳花生若干、记录表等	会剥花生壳	掌握剥花生的技巧，并用图表记录不同品种花生米的个数
读写区	《花生，你从哪里来》	能够对感兴趣的内容进行想象创编	绘本、记录笔和纸	会进行记录	积极参与绘本阅读活动，针对绘本故事情节进行想象记录，并与同伴交流分享

活动七：故事畅想记

1. 了解生活在地下的动物的特点和习性。
2. 通过自身的经历，完整讲述并大胆想象和创编有关花生的故事。
3. 乐于阅读绘本并用自己的方式做记录。

片段一：地下畅想篇（2023年10月24日）

回忆：挖花生的地里发现过几条蚯蚓。

花生地底下不仅有蚯蚓，还有1只小鼹鼠和1只毛毛虫呢。

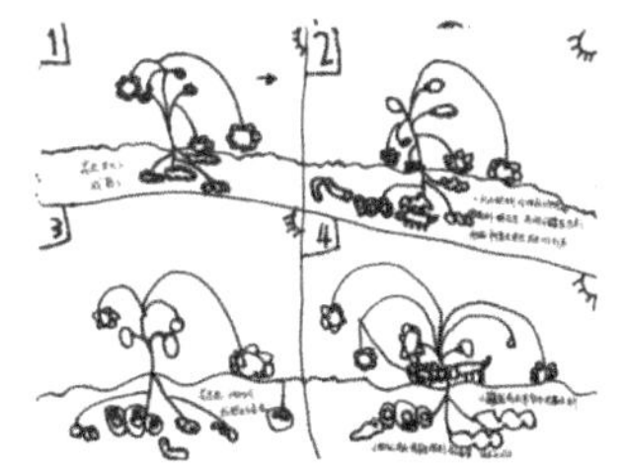

花生每天听着蚯蚓和鼹鼠聊天，它也想出去看看。蚯蚓和鼹鼠帮助花生破壳而出。

片段二:绘本畅想篇(2023年10月24日)

班级里收集了很多关于花生的绘本,有《花生,你从哪里来》《和爸爸一起变花生》《花生的故事》等,根据这些绘本,孩子们天马行空地想象并创编了许多关于花生的故事。

我变成了花生,一个爷爷听到我的呼救把我拔了出来,花生一剥开,我就变大恢复原来的样子了。

有一天,爸爸、姐姐和妹妹一起去外面玩,突然就变小了。睁开眼在黑漆漆的花生壳里,有个人拔起花生,她打开花生后,人全部变大了。

"我是一颗花生,我好想出去,什么时候才能出去?"突然轰隆隆小铲子在我周围挖呀挖,我被运到集市上,被带到食堂,被小孩带回了家。

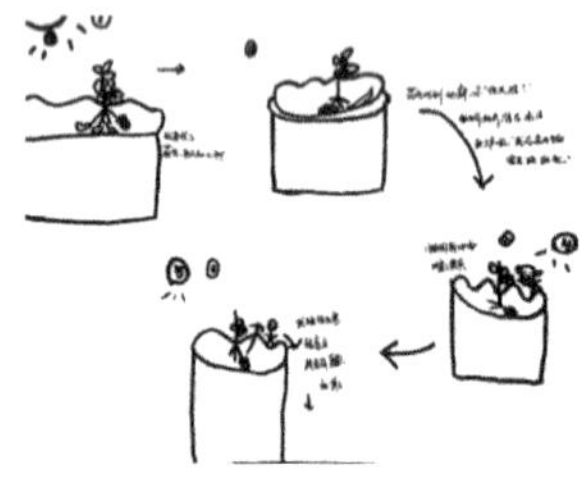

我变成花生,每天很无聊,有只蚯蚓碰到我,听到我的呼救叫来了救兵,我被拔出,破壳变成了人。

小蜗牛和小蚯蚓告诉我,有个人变成花生了,我吃了一惊,打电话和爸爸一起去救人。

我变成了花生,一位农民伯伯在地里拔花生,把我卖给了一个阿姨。阿姨剥开花生,我飞了出来。原来是在做梦呀!

六、主题反思

1. 将主动权交给幼儿

在探索花生之旅中,教师一直跟随着幼儿的脚步,为幼儿创设自主学习的条件,提供充足的时间和空间。过程中,孩子也遇到了许多问题,如:地里有大土块怎么办?花生几天才能出苗?花生怎么拔?等等,当这些问题出现时,教师大胆放手让幼儿去解决,并给予支持和帮助。

2. 将兴趣贯穿始终

活动围绕着"花生长在哪里"这个问题展开,从种植到收获、趣识花生的秘密到充分挖掘花生的价值,开展了一系列有趣的探究活动。活动时间从中班下学期跨到大班上学期,幼儿在整个过程中一直关心和照顾花生的生长,教师通过各种方式引发幼儿的探究兴趣,如在幼儿发现花生久久不出苗时,教师设置悬念,引发幼儿期待和探索。在花生成长过程中，通过“花生地里的蜗牛会变多吗？”“花生到底熟了吗？”等问题调动幼儿观察兴趣。在探究花生秘密的过程中，幼儿通过猜测、观察、比较、记录等方式获得科学探究的经验。

3. 将课程回归生活

生活中的问题才是真问题。生活中到处蕴含教育契机，花生日记源于一个争议，正是这个点引发了幼儿的兴趣。从问题出发，孩子们在一步步解决问题的过程中，不断思考、探究，不仅积累了经验、提升了能力，还引发了一系列属于他们的真问题。活动中，幼儿调查了解花生的秘密、作用，并请家长帮助收集不同种类的花生，制作花生美食等，充分结合了家庭及社区的资源，使教育与生活、学校与社会密切联系。

幼儿的世界充满各种可能。让我们蹲下来，慢一些，站在幼儿的角度去发现，引领幼儿一路前行。幼儿每日更替的日记就如同花生的日记一般精彩万分。

神秘的中草药

一、主题来源

春天到了，孩子们来到南京晓庄学院校园里远足，几个孩子惊奇地发现草地上开了很多绒球花：“快来呀，好多蒲公英种子！”大家兴奋地寻找着白色的小绒球，吹着、玩着。小宇说：“我奶奶用蒲公英泡茶给我喝的。”玥玥疑惑地问：“啊！蒲公英能泡茶？”小宇回答：“对呀，上次我喉咙不舒服，我奶奶就用蒲公英泡水给我喝的。”可可问：“蒲公英能吃吗？”有孩子说能吃，有的孩子说不能吃。老师提议：“我们去查一查、问一问，看看蒲公英到底能不能吃？人们为什么吃蒲公英？”第二天，孩子们就来告知：“老师，妈妈和我一起上网查了，蒲公英真的可以吃，它还是中药呢。”那么，除了蒲公英，还有哪些是中药呢？它们有什么神奇的作用呢？让我们一起走进神秘的中草药王国吧。

二、主题资源

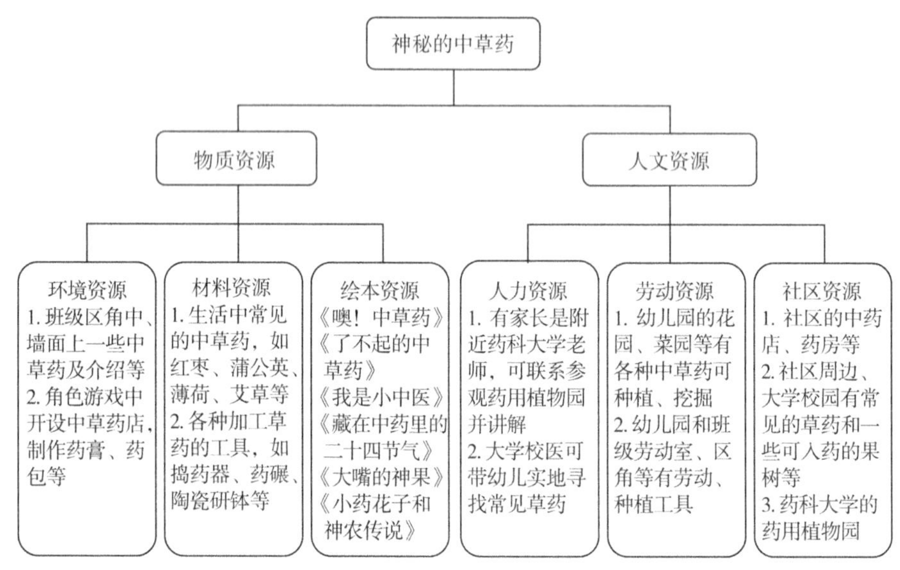

三、主题脉络

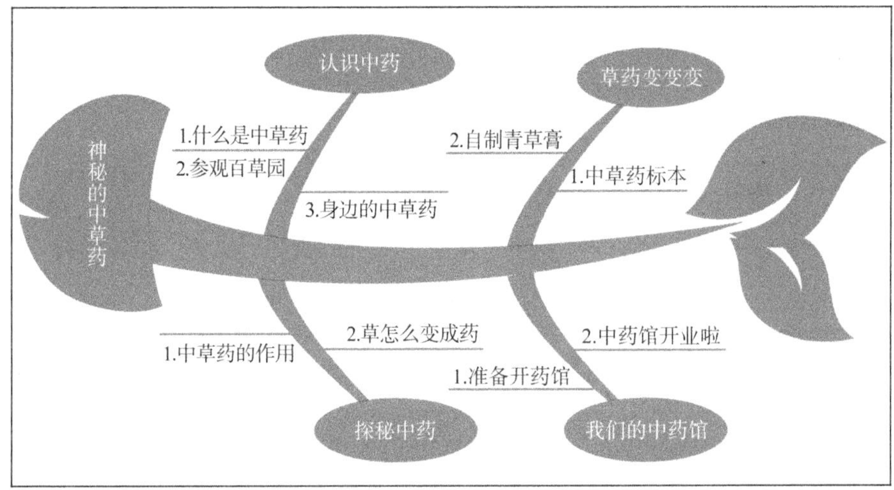

四、主题核心目标

1. 知道中医药是中国文化的重要组成部分，了解几种生活中常见的中草药及其功效。

2. 愿意与同伴交流讨论常见中草药的外形特征及基本功效。

3. 尝试简单的配药方法，会用研磨器、捣臼等工具制作一些中药茶饮和药包，体验配制中药的乐趣。

4. 学习制作中草药标本，愿意和同伴交流讲述有关中草药的传说和故事，能够用图画和符号记录自己寻找中草药的过程。

5. 进一步萌发对祖国传统中医药学的热爱和探究兴趣。

五、主要活动

活动一：认识草药

活动目标：

1. 通过观察，了解常见中草药的外形特征，知道它们的主要疗效。
2. 学习记录自己寻找到的中草药，并大胆讲述自己的发现。
3. 萌发对祖国传统中医药学的热爱。

片段一：什么是中草药？

午后散步时，孩子们被花园里的蒲公英吸引了，你一言我一语地交流着自己的发现。

臻臻："看，这里也有好多蒲公英。"

大伟："我们在晓庄学院也看到好多的蒲公英。"

志宇："我妈妈说蒲公英是一种中草药。"

可可："哪些是中草药啊？能做什么呢？"

教师反思：中草药问题引发了孩子们的好奇心和求知欲，我们要尊重孩子的学习兴趣，善于发现他们感兴趣的事物、游戏和偶发事件中隐含的教育价值。为了满足孩子们的探究欲望，我们请家长带着孩子对中草药做了一个小调查。

紫苏叶可以开胃，还有消食的作用。我还想知道哪些中草药是有毒的。

枸杞既可以明目养肝，还可以提高我们的免疫力。我还想知道枸杞摘下来是不是直接吃。

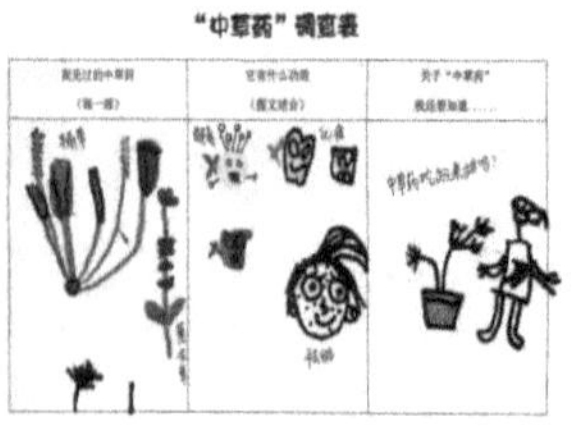

车前草有解毒、化痰、祛斑的功效。我还想知道中草药吃起来甜不甜。

片段二：参观药用植物园

孩子们对中草药产生了探索欲望，抓住这一契机，我们通过在中国药科大学工作的喆喆妈妈，联系参观该校的药用植物园。一切准备就绪，我们来到了神秘的百草园。哇！里面的药草资源可真丰富啊！在讲解老师的引导下，孩子们听得可认真了，也带着自己的问题不停地询问。

阳阳："这些药是直接吃吗？"

浩辰："哪些药是可以治疗感冒的？"

子栋："这里有个雕像，这是谁啊？"

阿泽："《本草纲目》是讲中草药的吗？"

参观完药用植物园，孩子们知道了中草药原来是分类的，有木本、岩生、温室、水生类等，知道了美丽的夹竹桃也是中草药，但它是有毒的；看到了很多生活中不常见的中草药，如柴胡、白芷等。他们把自己看到、听到的都一一记录下来。

我在百草园里认识了漂亮的栀子花、有毒的夹竹桃，还有牡丹花，原来花也可以是中草药。

我看到了长得像小葱的柴胡，有的根是长刺的，所以我们要小心一点，保护好自己的身体。

我在小桥上看到前面有一大片中草药，有很多不同颜色、不同大小的中草药。

百草园里长在土里、水里、石头上的中草药，让我学到了很多知识。

百草园的土里有很多草药，我认识蒲公英，还有油菜花呢。这里还有温室，原来有的草药不能受冻，不然就死了。

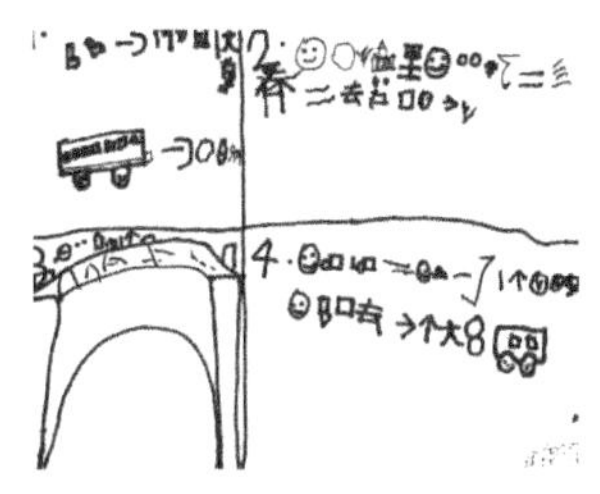

我坐大巴来到了中国药科大学的百草园，我发现了很多中草药，在小桥上，我看到水里也有中草药。

片段三：校园寻药记

那么，我们常去远足的大学校园里又有哪些中药呢？我们联系了有着丰富中医药经验的大学校医，在校医的带领下，我们一起寻找身边的中草药。看！我们找到了常见的银杏叶、艾草、桑叶、薄荷、车前草、蒲公英等，原来它们都是中药啊。

萝卜叶是中药

白果是中药

艾草是中药

活动二：草药研究所

活动目标：

1. 了解中草药的采摘过程、加工方法、用途等。
2. 能细致观察，并用较完整的语言表达自己的想法。
3. 感受中药与人们健康的关系，萌发对中草药的探究兴趣。

片段一：绘本畅想记

孩子们自由地展开想象，创编出了不少有趣的关于中草药的小故事，我们把这些小故事做成一本本大书，放置在阅读区域，供孩子们随时进行创编、阅读和讲述。

一天，我和妈妈一起出去玩，我看见池塘里有好多漂亮的荷花，妈妈告诉我："荷花是中草药，荷叶也是中草药。"原来，我们身边就有很多中草药啊。

小朋友进了一个神奇的地方，里面有好多好吃的，她吃得太多拉肚子了。小仙女飞过来说："我这里有山药，可以调理你的肠胃，拿去吧！"小朋友说了声"谢谢"，拿着山药回家了。

我在外面玩的时候看到了橘子树和山楂树，我就摘了几个橘子和山楂带回家晒干，泡水喝！

进了门我吃了好多食物，突然肚子疼了起来，我又喝了一些用山楂和橘子泡的茶，肚子终于不疼了！

片段二：草药的用途

了解了这么多关于中草药的常识后，孩子们回到家中和爸爸妈妈一起收集各种中草药，并将收集到的中草药带来和同伴们分享。

艺航："这是我找到的红枣，它也是中草药，可以补血的。"

桐汐："这个是萝卜，它是蔬菜里的中草药，可以促进肠胃蠕动。"

瑶瑶："我找到了大蒜，可以帮我们杀死细菌。"

菡菡："我找到了橘子皮，橘子皮晒干了就是陈皮，可以泡水喝。"

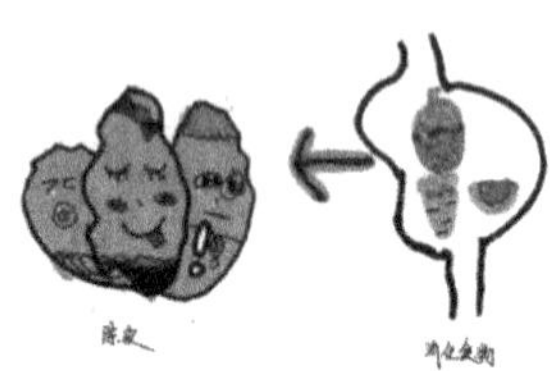

陈皮可以消化食物

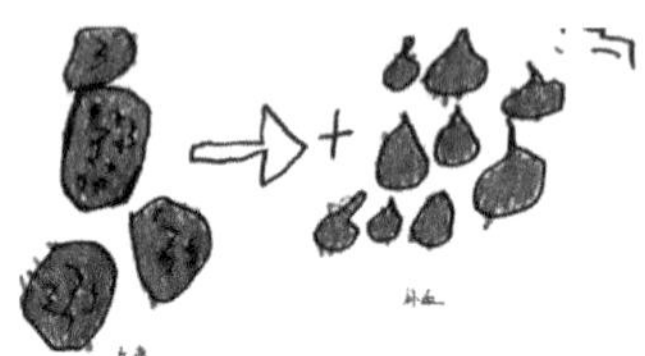

红枣可以补气血

枸杞可以明目

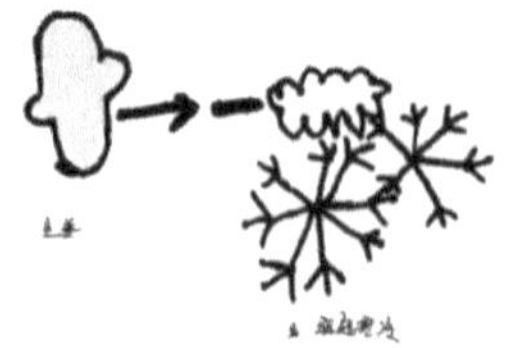

生姜可以驱赶寒冷

菊花可以降火气

金银花可以清热解毒

为了帮助孩子们更深入地了解中草药的用途和功效，我们与社区的中药房医生提前联系，实地参观了中药房。

瑶瑶:"中药房有好多小格子呀,这些小格子是用来做什么的?"

社区医生:"这些小格子里面装的都是中药哦。"

浩辰:"这么多格子,能分清楚里面装的是什么吗?"

社区医生:"仔细看,每一格上面都有中药的名字哦,每一次取药的时候,医生会核对药名。"

栋栋:"这些中药混乱了怎么办?"

社区医生:"不会混乱的,我们会将药性相近的放在一起,不能将相反的或者相克的放在一起。每天要检查中药柜。"

之后,医生又拿来了一些常见的中药,孩子们通过摸一摸、看一看等方法近距离观察、感知每味中药的形态、气味,交流中草药的药用价值,丰富和拓展了对中药的认知。

各种各样的中药

医生介绍含中药成分的药品

活动三:草药变变变

活动目标:

1. 知道金银花、菊花、枸杞、胖大海、麦冬等几种常见中草药的名称和特征,简单了解它们的保健、治病功能。
2. 在交流、讨论、记录中探索和设计药方,并尝试根据药方进行简单的配药、做药包。
3. 乐于参与中药制作,体验劳动的快乐。

片段一:做中草药标本

中草药不仅可以治病,还可以制作成植物标本。孩子们将在户外采集的中草药带回班级,然后把中草药小心地铺平放好,再用薄膜包裹好压在厚厚的书里面,最后就是静静等待劳动成果啦。

孩子们再次探索了解中草药后,通过看图片、绘本、视频,参观社区大药房等,进一步认识了不同中草药的特征及用途,结合制作标本等活动,深深感受到中草药的形态之美和神奇之处。

续表

区域	活动名称	活动目的	活动材料	已有经验	指导要点
劳动生活区	做中药	学习使用研钵将玫瑰花等碾成粉末状	研钵、干玫瑰花等	使用过研钵	帮助幼儿一手扶钵，一手拿杵转动碾磨玫瑰花
		掌握用药碾、捣臼等工具做中药的方法	药碾、捣臼、荷叶、薄荷等	知道药碾、捣臼是碾中药的	引导幼儿掌握使用工具的正确方法

六、活动反思

从不知道什么是中草药到认识许多常见的中草药，教师和孩子们一起探究祖国的中医药宝库，共同成长。我们了解了中药的一些简单的用途，学会了简单制作常见的中药。活动过程中，幼儿始终保持着浓厚的兴趣，比如他们很喜欢制作青草膏、中药茶饮、中药包等，体验了制作中药的过程，而且他们制作的成品很受欢迎，在送给其他班级和小朋友分享时，他们非常有成就感，对于中药的兴趣也更加浓厚。因此，只有贴近幼儿的生活，才是主题活动生命力的有力保障。此次活动，一方面提升了幼儿的劳动积极性和劳动技能，另一方面萌发了他们热爱祖国传统文化的情感。同时，家长的积极加入和社区人员的鼎力支持，大幅提升了活动的成效。

此外，教师在活动过程中通过不断的研究和学习，尤其是对中医药常识的认知和了解，提高了自身中医药素养，从对中医药一无所知到渐渐熟悉、掌握一些基本的中医药知识，通过与孩子的共同探究，在祖国中医药的宝库里畅游、成长，收获颇丰。

稻子香香

一、主题来源

在寻找秋天的远足活动中，孩子们看到附近大片金灿灿的水稻，他们很好奇："为什么种这么多水稻？""水稻里面包裹的是什么？"适逢国庆假期，有个别孩子回老家时带回了几株成熟的水稻，放在了班级的自然角，孩子们了解到水稻原来就是我们平时吃的大米。几株水稻给孩子们留下了深刻的印象。在春季一次关于小菜园可以种些什么的讨论时，孩子们自然就想到了水稻。可是，水稻到底怎么种？水从哪里来？我们带着好奇和疑问，查找了许多关于种植水稻的资料，开启了种植水稻的系列探究活动。

二、主题资源

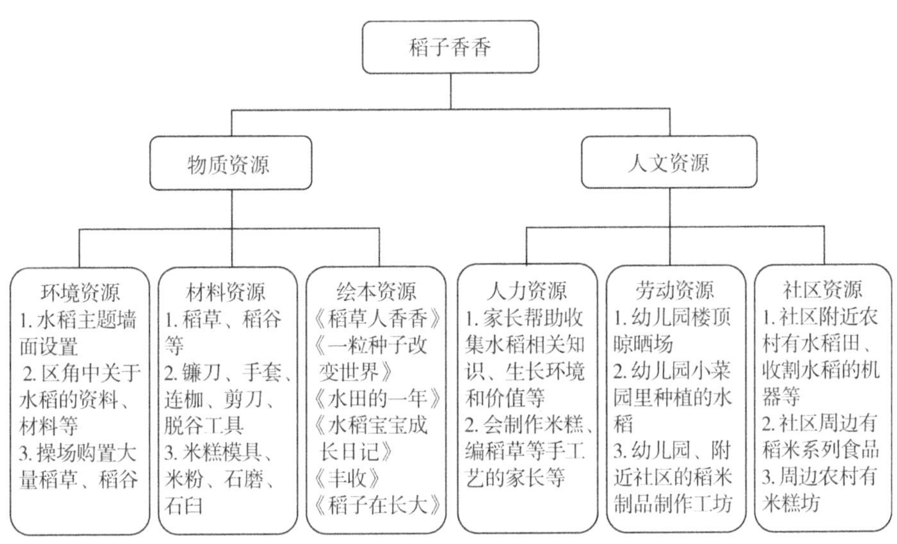

三、主题脉络

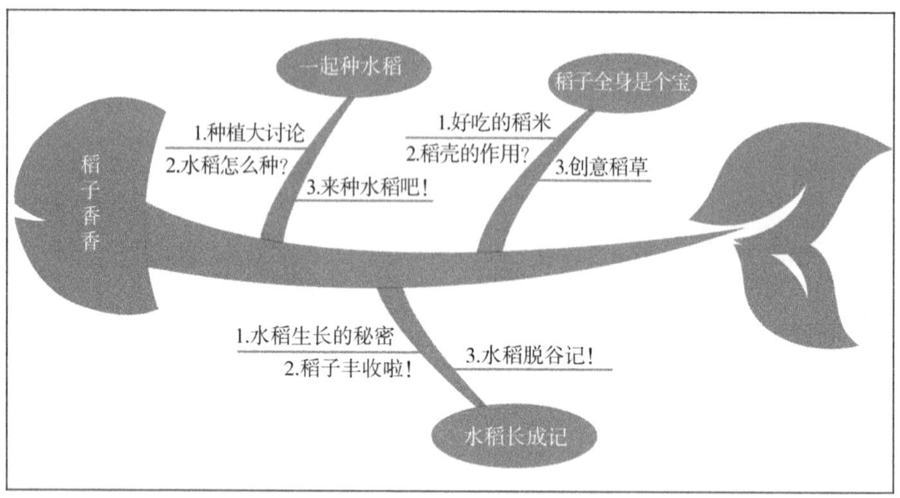

四、主题核心目标

1. 运用多种感官认识水稻的主要特点,通过种植、观察,了解水稻的生长过程和环境。
2. 在种植、养护水稻的过程中,能耐心细致地观察并及时记录水稻的生长过程。
3. 积极与同伴交流养护水稻的方法,能主动承担一定的任务,收割水稻时能与同伴合理分工。
4. 认识各种脱谷工具,学习用不同方式、工具等收割水稻。
5. 乐于参与稻草编织、稻米美食制作等活动,体验共同劳动的乐趣,懂得珍惜粮食。
6. 愿意在集体面前大胆完整地讲述自己与稻子的故事以及观察过程。
7. 在水稻种植活动中积极探索,遇到困难能够坚持不放弃。

五、主要活动

活动一:准备种水稻啦!

活动目标:

1. 了解水稻种植过程,学习种植水稻的技巧。
2. 大胆地讲述、记录小组育秧苗、移植秧苗活动。
3. 体验种植水稻带来的乐趣。

片段一:水稻怎么种?

伊伊:"水稻应该怎么种呢?"

浩浩:"应该是直接把种子放土里就行了。"

茹茹:"水稻是不是要有水才能种啊?"

我们的调查:通过上网查找资料,我们了解到水稻春季的种植时间通常是在4月份,也了解到种植水稻要经过选种、育苗、排水、翻地、插秧等流程，水稻生长需要经历一个漫长的过程。

一开始要先在土里撒上种子等它发芽，再进行移植插秧。泥土里要有水才能种水稻。

我们要先选好种子，再用水浸泡，然后把浸泡好的种子放入土里等待发芽，待稻苗长到一定长度，把水稻苗移入有水的稻田里等待它成熟。

先把种子放入水桶里等它发芽，再去帮水稻翻土，把种子撒进去，没过多久它就发芽，然后把发芽的种子移到更大的地里让它慢慢长大。

片段二：来种水稻吧！

正值种植水稻的季节，班上小石头的爷爷带来了水稻种子，我们找来了水桶、铁锹，开始试种水稻啦！

明明："我们要先选出好的水稻种子，坏的都不能种。"

大美："我看的视频里还要用水把稻子浸泡一会呢。"

在种子浸泡期间，孩子们开始为水稻找育苗盆了，看到小菜地边上有几个空的花盆，他们高兴极了。

明明："这个盆里的土太干了，我去用水桶装点水，把土浇湿。"

大力："水够了，现在快点翻地吧，把土弄软一点好播种。"

等准备工作都完成后，大家兴奋地开始播种了。但播种时，遇到了种子会浮在水面的问题。

育苗

排水

播种

航航："是不是水太多了？种子没有沉下去。"

阿泽："把水舀掉一些，这样就可以种了。"

于是他们从劳动工具架上找来了长柄舀水瓢，开始了舀水大行动，经过几分钟的奋

战，发现水变少了之后，水稻种子沉下去，躺在泥土上了。

秧苗渐渐长大了，我们一起把育苗盆里的秧苗移出来，准备插秧。

涵涵："拔秧苗的时候要小心一点，不然秧苗就断了。"

熙熙："我看视频里说，秧苗的根一定要插到水下面的泥土里，插的时候秧苗之间还要保持一定距离。"

伟如："是的，要不然水稻挤在一起了，这样长不好。"

大家小心翼翼地插秧苗，生怕把秧苗弄坏了，在种植过程中，对发现的问题及时进行处理和调整，最终完成了插秧的任务。

片段三：水稻长高高

水稻种下之后，孩子们一有时间就会去看看秧苗有没有长大。依依问："老师，为什么秧苗还是这么高啊？"点点说："水稻需要很长的时间才能长大呢。"天天叹气道："那我们又得等喽。""没关系的，我们每天来看看，说不定哪天就长高高了。"就这样，日子一天天地过去，在孩子们的关心下，水稻在慢慢地长高。

刚刚栽种到地里的水稻

水稻长高啦

这天散步时，大伟激动地说："老师，水稻长高了好多。""那放假回来水稻是不是就成熟了！""那可以用它们煮大米饭了。"孩子们兴奋地讨论着。那我们就一起等暑假回来，看看水稻有没有成熟吧。

活动二：水稻保卫战

暑假归来，孩子们迫不及待地想看看水稻长成什么样了。"我们的水稻现在长高了吗？""不知道有没有我高？""暑假没有照顾它，它会不会已经死掉了？""等散步的时候去小菜园看看就知道了。"大家迫不及待地来到小菜园，看到眼前的水稻激动地说："这是我们中班时种的稻子。""都长这么高了！""看，和我一样高。""这个像我的辫子。""叶子都变成绿色的了。""我爷爷说要变成黄色才算成熟了。"

活动目标：

1. 知道水稻成熟后的主要特征。
2. 能积极与同伴交流讨论保护水稻的方法并付诸实践。
3. 乐意参与保护水稻的活动，爱护自己的劳动果实。

片段一:田间管理

经过一个暑假,孩子们来到小菜地,发现水稻抽出了稻穗,但是,有的稻穗上的小稻粒却不见了,这是怎么回事呢?大家开始了猜想。

小宇:“我看到小虫子了,是小虫子吃的。”

阳阳:“不对,是小老鼠偷吃的,老鼠喜欢偷吃粮食。”

苏苏:“我爷爷说过小鸟会偷吃稻子。”

九九:“啊?那怎么办啊?稻子被吃完,那我们种的水稻都没有了。”

大家热火朝天地讨论着,到底谁偷吃了稻子呢?于是,我们一起细细地观察,最终发现小鸟才是偷吃水稻的“元凶”。

发现水稻被偷吃了

看到小虫子在叶子上

片段二:保护水稻

“用什么方法来保护稻子不被小鸟偷吃呢?”大家一起动脑筋,想着各种各样的好办法。

阳阳:“可以在稻田里放一个稻草人。”

博闻:“用网罩住水稻,这样小动物就吃不到水稻了。”

西西:“可以立个禁止小鸟吃稻子的标志。”

可可:“可以放一个禁止小鸟飞来的图片。”

一一:“小鸟又看不懂标志。”

妹妹:“对呀对呀,这个肯定不行。”

弟弟:“我觉得稻草人也不能把小鸟赶走。”

可可急忙说道:“那我们用网把稻子罩起来,这样小鸟就吃不到了!”

远远:“嗯,我觉得这个方法可以,这样小鸟就吃不到稻子了。”

水稻保卫战开始啦!

我们请门卫叔叔找来了竹片,还有渔网,大家你看看我,我看看你,这网子怎么架起来呢?这时,美美说道:“把竹片插进土里,再用绳子打结。”几个孩子试了一下,发现自己的力气太小了,竹片根本插不进去。

小宇:“我们太小了,力气不够。”

小石:“好累啊,我都快没力气了,还没有把竹片插进土里面。”

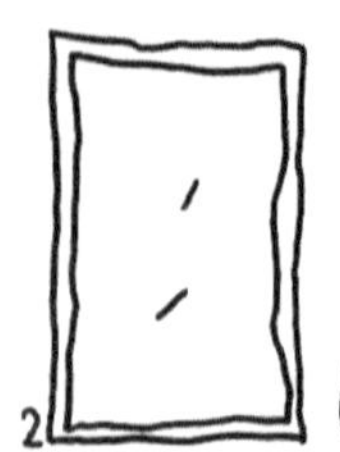

用玻璃把水稻罩起来就不会有虫子来吃了，放铁网小鸟就不会来了。

可以设置一个禁止小鸟吃稻子的标志。

放个稻草人看护水稻，还可以用网罩起来。

阳阳："让老师来帮忙插，她是大人，力气比我们大。"

明明跑到我面前请求道："老师，请你来帮我们把竹片插进土里吧。"于是，我们一起用力把竹片插进土里，会打结的孩子帮忙把竹片用绳子连接起来。

云云喊来几个小伙伴说："我们一起把网罩上去吧。"他们不断地尝试、相互配合，终于用网罩把水稻保护起来了，孩子们开心极了。

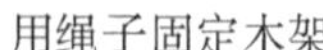

用绳子固定木架

合作用网罩住水稻

活动三：水稻成熟啦！

活动目标：

1. 了解收割水稻的过程，知道常用的收割工具。
2. 在成人的指导下，学习用镰刀收割水稻的正确方法并注意安全。
3. 能细致观察并及时记录水稻的收获过程。

片段一：水稻观察日记

每周，孩子们都会积极去观察水稻的生长状况并做好记录。在一次次耐心等待和观察中，孩子们惊喜地发现，水稻慢慢地长大了，也开始变黄了。终于有一天，他们发现稻穗弯了下来。"老师，水稻为什么会弯下来？""那是因为水稻已经成熟啦！""太好了，我们可以收割水稻啦！"接下来，孩子们准备收割水稻啦。

水稻观察日记

片段二:水稻大丰收

1. 讨论收割的方法。

老师:“怎样收割水稻呢?用什么工具收割?”幼儿结合已有经验讨论收割水稻的方法。

收割稻子需要什么工具

可以用手把稻子拔下来

可以用镰刀把稻子割下来

东东:“用手拔,把稻子拔出来。”

依依:“用剪刀剪吧,我们不是用剪刀剪过韭菜的吗?”

大力:“还可以用收割机收割水稻。”

小美:“我们幼儿园的水稻太少了,要用镰刀。”

经过讨论,大家确定了收割水稻的工具为镰刀。

2. 收割水稻

第二天，我们找来了镰刀，孩子们开始尝试割稻子。大家总结了拿镰刀的正确使用方法：一手抓着稻子，一手拿着镰刀，镰刀很锋利，使用时要小心，不能割伤自己。

孩子们分组操作，相互提醒割水稻时一定要注意安全，知道用镰刀收割水稻时，左手虎口朝下，小手要抓稳稻秆，右手握紧镰刀，把刀口放在稻秆上来回切割，手要抓稳稻秆和镰刀，这样才能快速收割水稻。

最后，大家把收割好的水稻捆绑好，用小车把稻子运到天台上去晾晒。

片段三：稻子收获

这场丰收之战，孩子们完成得很漂亮，陪稻子度过了一段长长的成长之旅，他们将自己收获稻子的经历记录了下来。

我先用剪刀、手和棍子来收割水稻，发现速度很慢，最后还是决定用镰刀收割稻子。

我看到水稻成熟了，然后用镰刀还有剪刀来收割水稻，最后用小推车把水稻运走了。

今天天气很好，我来到小菜园，用镰刀把稻子收割完，然后带回了教室。

我到小菜园把成熟的稻子用工具收割下来。和小朋友一起收割稻子很开心。

片段四：水稻脱谷啦！

水稻晒好以后，就进入脱谷环节了。于是，大家开始积极地讨论脱谷的办法。

阳阳：“我觉得可以用剪刀，把稻子一粒粒地剪下来。”

大力：“可以用木板把稻子拍下来。”

西西：“那羽毛球拍也可以把稻子拍下来。”

用羽毛球把稻子拍下来

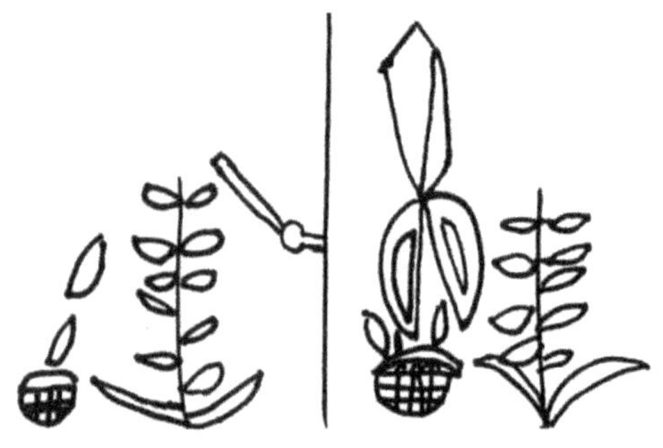

用棍子打下来，还可以用剪刀剪下来

活动四：一起来脱谷（亲子）

活动目标：

1. 通过讨论、探索、实际操作的方法，了解稻草和稻谷的用途。
2. 家园合作，尝试用不同工具进行稻谷脱壳。
3. 劳动过程中不怕辛苦、不怕累，能够坚持完成任务。

稻穗晒好之后，孩子们尝试了多种工具脱谷，如木棍、羽毛球拍、剪刀，或抱着稻穗在地上摔打使稻子落下来。他们发现这么操作很容易，但稻子就是掉不下来，要不然就只掉了一点点，可是我们有很多稻子呢。西西累得大喘气，说道："这么多，我们根本弄不完呀！"那有没有更快速的方法让水稻脱谷呢。我们求助了家长，出乎我们的意料，班上立刻有好几个家长报名，哈，原来班级里藏着好几位劳动能手呢，还有一位是大学教授，原来他们从小生活在农村，都会用连枷打稻谷。

寻找连枷

过了几天，我们终于在周边小镇上的农具店里找到了打稻谷工具——连枷，看到这个大家伙，孩子们也很好奇。

哲哲："这是什么呀？好大啊，比老师都高。"

点点："我们是要用这个打稻子吧。"

小杰："啊，我不会用。"

孩子们一脸茫然，于是，我们请家长来园共同参与活动，协助孩子们一起用连枷打稻子。

"哇，原来连枷这么好玩呢。""拿这个打稻子，稻子很快就下来了。"在家长和孩子共同的合作下，我们收获了很多稻谷。那么，这些稻谷怎样才能变成大米呢？

现在的稻谷脱壳都是用机器了，因为条件有限，我们只能用小小的脱壳器皿来体验一下了。

家长教孩子使用连枷打稻子

用脱谷器皿脱稻壳

活动五：稻子全身都是宝！

活动目标：

1. 知道稻子应用价值高，进一步了解大米的食用方法以及稻草、稻壳的用途。

2. 初步探索编织稻草的方法，学习制作米糕等美食。

3. 乐于参与编织和美食制作，体验收获的快乐。

片段一：稻米大调查

老师："我们脱谷后的稻谷和稻草有什么用吗？"

依依："我知道，稻草可以编东西，我奶奶就会编，她会做草鞋呢！"

西西："稻谷是我们吃的大米，但大米不是白色的吗？"

通过视频、绘本故事等，孩子们了解了稻谷和稻草的用处，他们通过自己的方式记录水稻的不同作用。

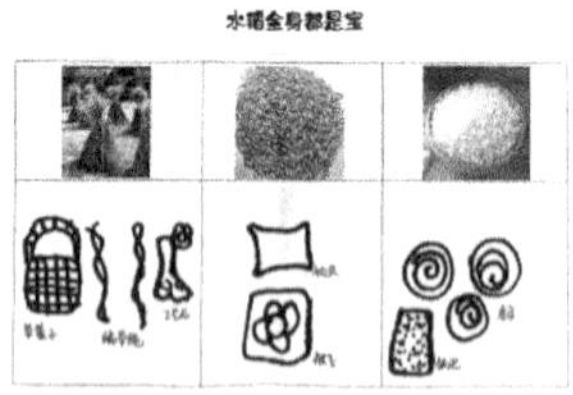

稻草可以编篮子，稻壳可以做枕头，大米可以做寿司。

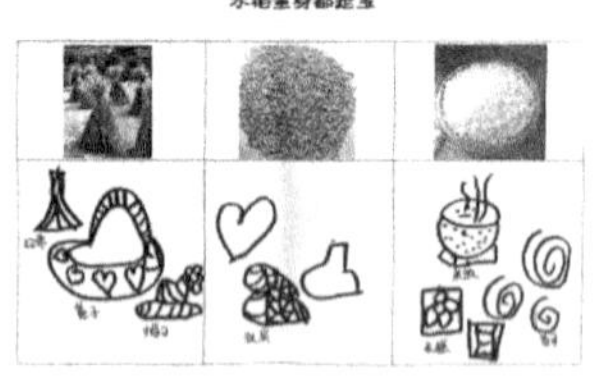

稻草可以做扫帚，稻壳可以做一次性餐具，大米可以做米糕。

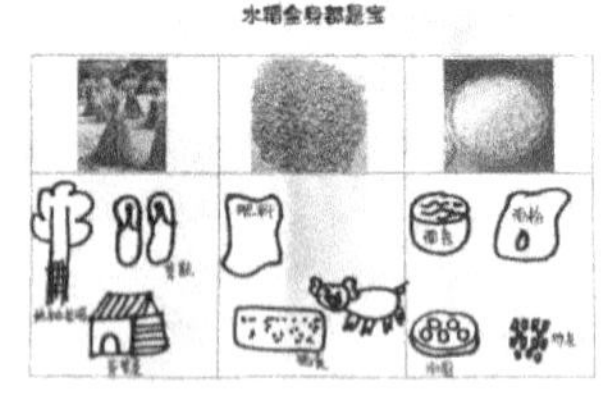

稻草可以给树保暖，稻壳可以做玩具，大米可以磨成面粉。

片段二：制作美味米糕

那脱了壳的大米可以做什么呢？

硕硕："可以煮成大米饭。"

淇淇："还可以做成饭团，我最喜欢吃了。"

乐乐："还有米糕呢，我奶奶会做米糕。"

我们分组行动做米糕啦！有的负责磨米粉，有的负责过筛米粉，还有的负责蒸米糕，大家一起动手劳动真开心呀，香香的米糕真好吃！

筛米粉

用模具制作米糕

幼儿表征

片段三：稻草编织

稻谷脱完了，还剩下许多稻草，稻草有什么用呢？孩子们又开始了探究与交流。

小小："可以做稻草人、草房子……"

玥玥："可以做蓑衣和稻草帽子……"

方向："可以做衣服、帐篷……"

为了培养孩子们的手工制作技艺，我们开展了稻草编织系列手工活动。

编织草席

用稻草做挂饰

活动六：玩转稻子

一系列的活动过后，孩子们商量："我们可以把脱壳后的大米放在生活区磨米粉。""还可以放在美工区做手工。""稻草还可以编织做成坐垫，坐垫可以放在阅读区，我就可以坐上面看书啦！""那米粉可以再做米糕吗？"于是，我们的区域游戏进一步延伸下去。

主要区域活动

区域	活动名称	活动目的	活动材料	已有经验	指导要点
美工区	稻草编织	学习用捆、扎、绑、剪等方法制作各种稻草小作品	干稻草、线、剪刀、树枝、树叶、白乳胶	有毛线编织经验	学习用稻草编三股辫或运用挑一压一等技巧编织、捆扎稻草
生活区	美味的米糕	了解用米糕磨具制作米糕的过程	米粉、红糖、米糕磨具、硅胶垫	有制作绿豆糕的劳动经验	学习揉面、筛面并熟练使用压模器，喜欢米糕制作活动
益智区	测量长短	学会使用直尺测量稻秆长短	稻秆、直尺、记录单	有一定的测量经验	能够用多种方式进行测量并记录结果
	区分单双数	抓稻子区分单双数，能通过两两分隔，区分单双数	稻子、小盘子、单双数记录单	8 以内单双数的认识	学习正确区分单双数并记录结果
读写区	有趣的稻子	能够对感兴趣的页面进行想象、创编并记录	《盘中餐》《稻草人香香》《大米是怎么来的》绘本、记录笔和纸	会安静阅读，进行简单的记录	喜欢参与绘本阅读活动并相互讲述记录

活动七：水稻的故事

活动目标：

1. 进一步理解水稻对于人们生活的重要意义。
2. 能够积极大胆地参与讲述、创编有关水稻的故事，并记录下来。
3. 了解农民伯伯的辛苦，知道爱惜粮食不浪费。

我们一起种植水稻，做过稻子小护卫，想办法用工具收割了水稻，还做了好吃的米糕，发生了这么多的事情，怎样把它记下来呢？

果果："可以做一本故事书，这样就知道稻子的事情了。"

兮兮："对啊，那我们还得给故事起名字呢，叫'水稻金灿灿'。"

六六："还可以叫'我和水稻的故事'。"

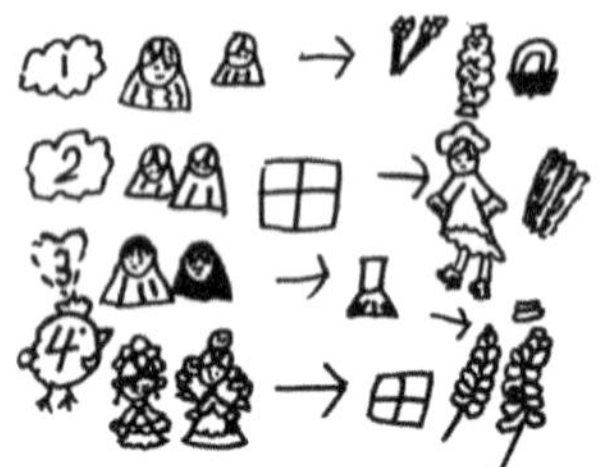

先选出好的种子，然后开始播种，再一起用网把水稻罩起来，保护稻子不被小鸟偷吃。

我和我的好朋友一起用镰刀收割水稻。使用镰刀的时候要小心，镰刀很锋利，一不小心会割伤自己的手。

稻子成熟了，我用镰刀把稻子割下来，用稻草编绳子，把大米磨成米粉，还吃到了香香的米糕，真美味啊！

今天，天气晴朗，我和妈妈在幼儿园里收割了水稻，还一起用稻草做了一幅美丽的作品，我十分愉快。

我把大米做成了饭，然后吃到了肚子里，通过肠胃消化掉，又变成了屁屁掉到了马桶里，最后又到哪里去了呢？

我是一粒稻子，既能变成了大米，还能变成米糕、爆米花，以及美味的汤圆，但最后还是被小朋友吃掉了……

六、活动反思

1. 前反思

从春天讨论稻子如何育秧、发现虫子如何养护、稻子怎么成熟、成熟之后怎么收获等一系列种植过程，幼儿在老师和家长的指导帮助下参与观察、讨论并分享自己的体验，积累了许多有益的经验和认知。整个活动跨越了大半年，完整而有趣。我们和家长、幼儿不断地寻找相关资料、查找有关稻子活动的种植养护方法，获得了较为丰富的种植经验。

2. 中反思

稻子丰收之后，我们开始了一系列的有关如何收获稻子的讨论，比如：应使用什么工具、工具的使用方法、稻草的作用等。因为有些工具幼儿使用有一定的困难，如成人用的镰刀、连枷等，于是，我们在班级开展了调查：班级有哪些家长会使用连枷或收割水稻？并特邀有相关经验的家长来园，一方面确保幼儿活动的安全，丰富幼儿的劳动技能，另一方面，也进一步增进亲子之间的情感，增强家园合作的效果。

3. 后反思

活动主要围绕支持亲身经历、聚焦问题、采取有效策略三个方面展开。亲身经历，如幼儿参与了水稻种植、养护、收割等各个环节；聚焦问题及采取有效策略，如水稻养护过程中发现稻粒被小鸟吃了，幼儿开始想办法，有的说要用网把稻子罩起来，有的说要放一个禁止小鸟吃稻子的标志等。此外，幼儿与家长共同生活、交往、探索、游戏等是其学习的重要途径。我们邀请家长与幼儿互动进行收割水稻、编织、连枷打谷等活动，追随幼儿的需求、聚焦问题、支持亲历，从而使活动顺着幼儿的发展特点走下去。

野菜的故事

一、主题来源

“南京人，不识好，一口白饭一口草。”南京的野菜种类繁多，每到春暖花开，各种野菜纷纷出台，荠菜、马兰、“母鸡头”、豌豆头、菊花脑等，它们因时令有差异，吃法也各有不同。

吃完饭后，孩子们最喜欢的事情就是到自然角喂养兔子，他们喂养兔子时，偶然发现兔子特别喜欢吃一种叫艾蒿的野菜。为了不让兔子挨饿，孩子们每天下午离园后就会去寻找野菜。在远足活动中，我们把科学活动“根的秘密”带到了户外，拔了一些野菜引导孩子们观察根部，引起了他们的关注，几个孩子问：“这个是什么菜？兔子能吃吗？会不会把兔子毒死啊？”有的孩子说：“这个是马兰头，可以吃，我爷爷告诉我的！”路上，一个孩子看到一片“三叶草”：“这个兔子会喜欢吃吗？会不会有毒？”欢欢兴奋地说：“我在家里吃过这个菜，奶奶炒得可好吃了！人都可以吃，兔子肯定也能吃，不会有毒的！”“不会吧？人也能吃？”……大家决定带一些回去试试。源于对“三叶草”的探究，野菜的故事开始了。

二、主题资源

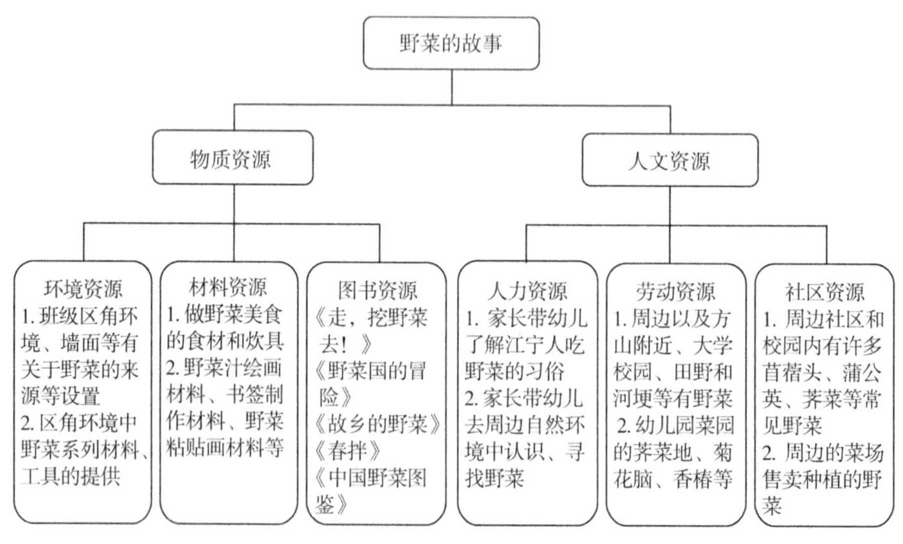

三、主题脉络

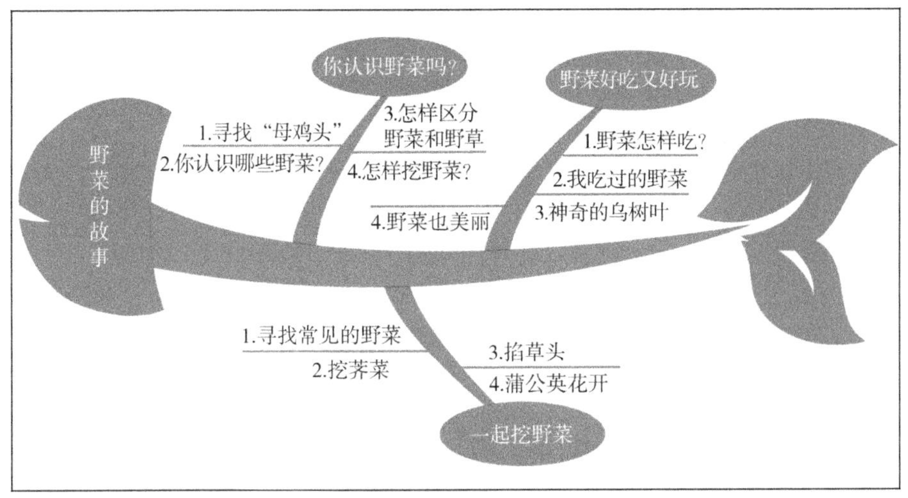

四、主题核心目标

1. 知道野菜是春天常见的植物，能积极、主动收集有关野菜的各种信息，认识和了解不同的野菜，知道一些常见野菜的特点和作用。

2. 通过挖野菜、烹饪野菜等系列劳动体验，学习简单的加工、烹饪野菜的劳动技能，进一步体验劳动带来的快乐。

3. 通过对比、观察、探索，了解不同野菜的外形、味道等，能用较丰富的词汇表达对野菜的外形、味道、食用方式等的认识，并大胆地表述自己的发现及理解，愿意用多种方式记录。

4. 大胆尝试运用多种材料表达自己对野菜的认识，尝试以野菜为材料，运用剪贴、水墨画等多种方式表现家乡春天的美景。

5. 能够大胆想象，结合生活经验创编和野菜有关的故事并绘制下来，乐于主动与同伴交流分享。

6. 体验了解南京春季食野菜的习俗及乐趣，感受传统文化习俗的魅力，感受自然界的奇妙。

7. 在挖野菜、烹饪野菜的过程中，不怕脏、不怕累，尝试不断克服困难，做事情有始有终，珍惜自己的劳动成果。

五、主要活动

活动一：你认识野菜吗？

活动目标：

1. 认识苜蓿头，尝试对比、区分苜蓿头和三叶草的不同。
2. 仔细观察，根据已有经验寻找苜蓿头并学习正确的采摘方式。

3. 对认识野菜感兴趣，大胆交流分享自己知道的野菜，喜欢参与挖野菜的劳动。

片段一：寻找“母鸡头”

远足活动中，孩子们发现了很多“三叶草”，你一根我一根地摘了好多。坐在小花园里休息时，孩子们拿着手中的“三叶草”，七嘴八舌地讨论起来。

早早：“老师，这个‘三叶草’要怎么吃呀？”

小喆：“老师，你看，这个‘三叶草’和我平时见到的不一样。”

“这个不是三叶草，虽然三叶草和它一样都是爱心形状的，但是这个颜色是深绿色的。”欢欢的话引起其他孩子的注意，他们都在对比自己采摘的“三叶草”。

孩子们对于爱心形的“三叶草”产生了兴趣，通过对比发现手中“三叶草”的颜色与平时见的三叶草是不一样的，淇淇说：“老师，小花园的银杏树下有三叶草，我们可以过去看一看吗？”得到了我的同意后，孩子们带着手中的“三叶草”来到了小花园。对比发现：银杏树下的三叶草颜色比较淡，上面有一层白白的绒毛，是三片扁扁的爱心形状的叶子紧紧地抱在一起的。而我们采摘的“三叶草”颜色是深绿色的，上面没有白白的绒毛，是三片长长的爱心叶子在一起，三片爱心一个在上面，两个在下面。

“这两种三叶草不一样，有的能吃，有的不能吃！摘的时候一定要注意看哦！”乐乐提醒着同伴。孩子们一边采摘，一边对比着，生怕摘错了。

为了进一步解决疑问，我们请教了有经验的生活老师，原来这个草叫苜蓿，南京人也叫它“母鸡头”，是南京“七头一脑”中的一员。在生活老师的介绍下，孩子们知道了母鸡头有很多吃法，可以清炒、凉拌、做饼、烧汤等。听到这么多做法，孩子们迫不及待地想试一试呢！

比对三叶草和苜蓿头

这一定是苜蓿头吧！

片段二：我认识的野菜

在讨论周一远足去哪里时，孩子们提出想去大学校园挖野菜。老师问：“上次我们一起采摘了母鸡头，它是一种野菜，除了母鸡头，你们还认识什么野菜？”孩子们你看看我，我看看你，有点茫然，于是，任务来了：找一找，春天有哪些野菜？这些野菜长什么样？

孩子们和家长利用网络查询、翻阅图书资料、实地寻找等方式，查找南京的春天有哪些好吃的野菜。在分享时，他们整理出许多可食用的野菜，如在方山上有母鸡头、荠菜、蒲公英、野蒜等，周边的田野和河埂上有马兰头、马齿苋等，有的孩子还将自己和家人一起挖野菜、吃野菜的经历和同伴一起分享，听得没去挖野菜的孩子心痒痒的。

活动二：走，挖野菜去！

活动目标：

1. 尝试认识、区分常见的野菜，能准确地寻找苜蓿、荠菜、蒲公英等常见野菜并说出名称。

2. 大胆交流自己对野菜的了解，会使用劳动工具，并学习将野菜加工成美味的食物。

3. 乐于与同伴分享自制的美食。

片段一：挖野菜前的准备

孩子们一起讨论："挖野菜需要准备哪些工具？"

丁丁："我前几天和奶奶一起去挖了荠菜，我们带了小铲子。"

西西："我觉得可以带上小剪刀，把母鸡头剪下来。"

乐乐："还可以带上小刀。"

思思："刀子太锋利了，会不会划到手啊？"

老师："出去挖野菜要选择适合我们小朋友使用的、比较安全的工具。"最终，大家在认真讨论后，决定带上一些小铲子和剪刀去挖野菜。

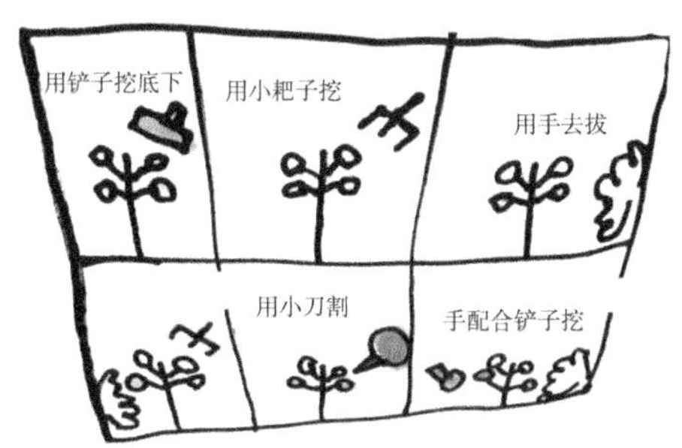

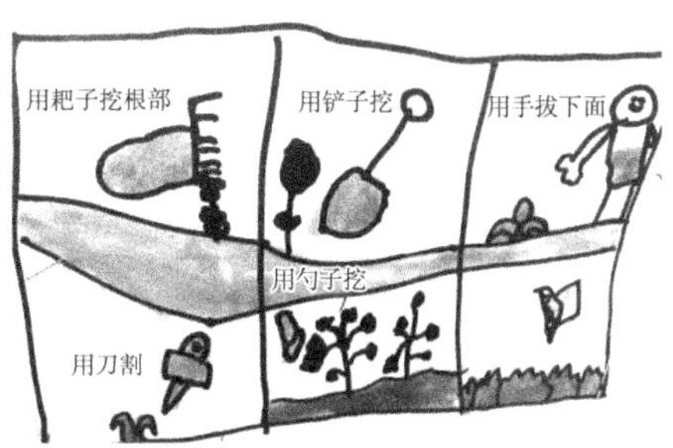

挖野菜的方法

挖野菜要用的工具讨论好了，孩子们兴奋地就要准备出发。我问他们："你们挖好的野菜要装在哪里？"

乔乔："可以装在塑料袋子里。"

想想："不行，塑料袋不环保，幼儿园有很多小篮子，我们可以装在小篮子里。"

老师："我赞同想想的办法，用小篮子不仅方便还环保呢！"

片段二：挖野菜小组行动啦！

就这样，孩子们背上小水壶，带上小铲子、小篮子，准备出门挖野菜啦！我们来到南京晓庄学院这个大学校园，孩子们迫不及待地四处找寻野菜。

"老师，我找到了蒲公英。"

"看，这也有好多母鸡头！"

“老师，挖蒲公英的时候需要用铲子，摘母鸡头的时候要用剪刀剪上面的。”

孩子们已经通过自己的实践，找到挖野菜的合适工具了。

“咦？这两种野菜有点像呀，哪个是荠菜？”

“是的，荠菜会开白色的小花，仔细看，荠菜的叶子和蒲公英的叶子有点像，都是锯齿样的。蒲公英的锯齿是向里长的，而荠菜的锯齿是向外长的。”听了我的介绍，孩子们更加认真地辨别蒲公英和荠菜。

不一会儿，他们就分成了三组：荠菜小组、蒲公英小组和母鸡头小组。通过一上午的努力，孩子们收获满满。

挖蒲公英小组

采母鸡头小组

片段三：神奇的乌树叶

这天，家住方山附近的门卫叔叔带来了从山上采摘的乌树叶，孩子们好奇地看着这些叶子。小诺忍不住问：“老师，这些树叶有什么用啊？”在老师的介绍下，孩子们认识了乌树叶，知道乌树叶是椭圆形的，表面比较光滑，叶片不大，呈对叶的生长模式，可以用它煮出好吃的乌饭。乌饭是南京人春季必吃的一道美食。听到这儿，孩子们就更加好奇了，小杰满怀期待地问：“怎么煮啊？我们可以帮忙吗？”“这些叶子是叔叔帮别人带的，你们想做的话需要自己去山上采摘哦！”老师回答道。

于是，在老师的鼓励下，孩子们和家长一同去方山地质公园寻找乌树叶，几个家庭一起进山寻找，不仅找到了乌树叶，还发现了很多和乌树叶长得比较相似的树叶，嘟嘟的妈妈告诉我，几个孩子还认真地讨论了乌树叶和其他树叶的不同呢！

活动三：野菜香香

野菜挖来了，孩子们自发地择、洗、切，制作美味的野菜餐，有蒸蒲公英、荠菜包子、母鸡头鸡蛋饼……孩子们品尝着自己制作的野菜美食，感受着春天的味道，班级到处洋溢着春天的气息，原来春天的味道也可以藏在野菜里。

活动目标：

1. 了解野菜的本土常见烹饪方法，大胆参与择、洗、切、捣、搅拌、擀等一系列烹饪活动，将野菜制作成美味的食物。

2. 大胆动手烹制，遇到问题时积极思考，敢于表达自己的想法，勇于克服困难。

3. 使用厨具时注意安全，体验与同伴共同劳动的乐趣。

片段一：美味的母鸡头饼

这么多野菜，先吃哪一种呢？孩子们不约而同地想到了母鸡头。

老师："你们想怎么吃母鸡头呢？"

淇淇："我想炒一炒吃。"

包包："我想包饺子、做鸡蛋饼、烧汤吃。"

"那我们一起来做母鸡头鸡蛋饼吧！"因为有做鸡蛋饼的经验，乐乐脱口而出。

想想："我们摘母鸡头的时候，有很多小草混在里面了，要先将小草清理出来。"

一一："是的，不能把小草也吃到肚子里。"

淇淇："这么多人不能都择菜，我们要分工合作，我和乐乐、想想一起来整理母鸡头，一一和小小你们一起和面粉吧。"

说着，孩子们开始制作母鸡头鸡蛋饼了。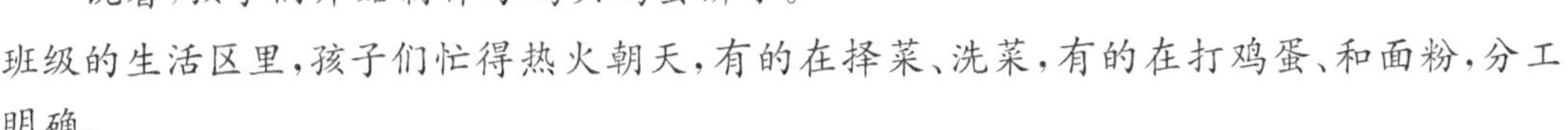
班级的生活区里，孩子们忙得热火朝天，有的在择菜、洗菜，有的在打鸡蛋、和面粉，分工明确。

"老师，面粉有点少，水有点多，要怎么办呢？"一一问。

还没有等老师开口，有经验的淇淇直接回复："还没加母鸡头呢，等加了母鸡头再看看。"

可是，加过母鸡头的面糊还是比较稀。于是，他们商量决定加一些面粉。乐乐加了一勺，一一加了两勺，想想也加了两勺。等到小小和面的时候，发现根本搅不动面粉了。这可把他们急坏了，接下来怎么办呢？

老师："这样的面粉做不了鸡蛋饼了，但是可以和成面团擀成薄饼。"

淇淇："老师，我们还是想做鸡蛋饼。"

老师："那就只能重新和面了，和面的时候要注意什么呢？"

小小："不能你加一勺，我加一勺，要一点一点地加面粉。"

第二次和面的时候，孩子们吸取了失败的教训，一点一点地加面粉，最终做成了鸡蛋饼，而之前和的面团，被分成了小块，擀一擀，加了点糖上锅蒸一蒸，被做成了美味的母鸡头饼。

片段二：美味的乌饭

几个孩子将山上采摘回来的乌树叶带到班级，大家有序分工，进行茎叶分离、清洗、捣汁等工序。瞧，奥奥在进行乌树叶茎叶分离时，一边用剪刀麻利地剪着，一边提醒旁边的思迪说：

"你的乌树叶这么小，就直接用手撕吧。"

"朵儿，你要站起来捣，要不手上的力气太小了。"

“斌斌，你要用手盖住捣臼，不然等下汁会喷出来的。”

“我来看看，你的汁捣出来了吗？”

“哇，捣出来了，黑黑的，闻上去好香呀！”

最后孩子们用汁水泡上糯米，经过一天的浸泡以后，将米稍微沥干，上锅蒸熟，香香的乌饭就做成了。孩子们亲身体验了乌米饭的整个制作过程，品尝分享着自己的劳动果实，对本土乌饭的来源和认识更加深刻。在游戏中学、玩、做，既遵循了孩子的天性，也让孩子们了解了家乡的饮食习俗，重拾家乡的美食文化，体验了传统文化的乐趣。

先来耐心地摘下叶子，细心地挑出好的叶子

一起来捣乌树叶，看，出汁啦！

我们的乌饭煮好了，加上坚果就更香喽！

片段三：荠菜花煮鸡蛋

农历三月三，南京民间有荠菜花煮鸡蛋的习俗。午后散步，孩子们发现小菜园、花园里的荠菜仿佛一夜之间都开花了，小小的、白白的，真好看，孩子们投入地把玩手里的荠菜花。

思琦问：“老师，荠菜花能不能吃？”

凡凡说：“那太老了，应该不好吃了吧？”

岩岩说：“我们试试吧，万一荠菜花好吃呢！”

远远问：“老师，你用手机查查看，荠菜花能不能吃，好吗？”

原来，荠菜花不但能吃，而且营养很丰富，适量地吃一些对身体很有好处，荠菜花煮鸡蛋可是一道有营养的美味。大家立刻行动起来，拔了一些荠菜花，准备回去煮鸡蛋。“连根带花一起煮才更好哦！”老师提醒道。

回来后，孩子们交流：荠菜花怎么煮鸡蛋呢？“肯定要先择干净、洗干净！”阳阳说。“对，鸡蛋也要洗干净的！”浩辰补充道。几个孩子一听，立刻动手忙碌起来，仔细地择洗后，就要开始煮鸡蛋了，欣欣拿起洗好的荠菜花想放进锅里，可是，荠菜花太长，有一半都在外面，锅盖都盖不上了。浩浩提议：“用剪刀把荠菜花剪断不就好啦！剪短一些就能放进去了。”孩子们拿出小剪刀开始操作，“嗯！够短了，都放进去。”天惠说。“要煮多久呢？”浩辰提出问题，“十分钟吗？多煮一会儿鸡蛋才会有荠菜的香味！”几个孩子期待地看着热气腾腾的锅，今天的野菜美食需要耐心等待哦！

经过焖煮、敲碎蛋壳、浸泡，孩子们终于吃上了美味的荠菜花煮鸡蛋，别提有多满足了。

为了把野菜留下来，活动延伸到了区角。孩子们用各种不同的野菜拼拼贴贴，制作出一幅幅有趣的野菜拼贴画；他们敲着小锤子，把野菜美丽的造型留在画布上；还用野菜汁做颜料涂涂画画……他们和野菜之间碰撞出了许多有趣的故事。

主要区域活动

区域	活动名称	活动目的	活动材料	主要经验	指导要点
读写区	我和野菜的故事	乐意讲述自己和野菜的故事，尝试用自己的方式记录	野菜的图片资料和绘本图书、标记贴、记录表、笔、涂鸦本	喜欢讲述关于野菜的话题，喜欢写写画画记录想法	启发幼儿边观察边讲述自己在野菜活动中发生的故事，并大胆记录
劳动生活区	香香的野菜饼	了解野菜的主要烹饪方法，学习制作野菜饼	厨具、餐具、面粉、苜蓿头、野芹菜、野葱等	参与过择菜、洗菜、切菜的劳动	协助幼儿择菜，切碎野菜后和面糊搅拌在一起
	好吃的乌饭	能耐心地挑拣、捣烂、滤汁，学习制作乌饭	乌树叶、糯米、坚果、捣蒜器、电饭锅等	会使用捣蒜器	鼓励幼儿按照步骤耐心地操作
	荠菜花煮鸡蛋	仔细择、洗、整株的荠菜花，并剪成几段煮鸡蛋	荠菜花、鸡蛋若干、煮锅	知道荠菜要焯水后才能食用	鼓励幼儿仔细地择、剪，主动清洁桌面和地面的卫生
美工区	美丽的野菜拓印	尝试在布上拓印野菜的颜色和叶脉等	布、拓印锤等材料	有拓印的经验	能大胆摆放出各种不同的造型进行拓印
	野菜汁创意画	在宣纸上用野菜汁创作表现春天的景色	宣纸、野菜汁、毛笔、抹布、剪刀	会使用毛笔蘸颜料作画	正确地使用毛笔，鼓励幼儿大胆想象、绘画
	野菜粘贴画	用剪贴、添画等方式表现美丽的春景	野菜若干、胶水、胶带、彩卡纸	对野菜的特点比较熟悉	大胆地选择自己喜欢的材料表现春天的景色
	野菜书签	用剪剪贴贴的方式制作野菜书签	玻璃纸、旧书本、剪刀、丝带、胶带	制作过书签	能按照先后步骤进行有序的制作

六、活动反思

1. 追随兴趣，激活学习力

在探寻江宁的野菜的过程中，幼儿对身边的野菜产生了兴趣，从发现一种野菜到认识各种各样的野菜，他们不断询问，不断探索，使活动持久深入下去。老师以支持者、合作者、引导者的身份引发幼儿有计划、有目的的更深层次的探究。

2. 以问为引，开展真实践

活动中，幼儿将所获得的新经验与已有经验相结合，从认识野菜、采摘野菜到加工野菜、趣玩野菜，一系列活动持续推进。“从生活中来，到生活中去”，在这样真实践的过程中，幼儿快乐自主地学习与成长。每一次探究都源于幼儿发现的问题，在解决问题的过程中，幼儿通过不断地对比、思考、探寻和发现，获得新的经验，如在探寻野菜的时候，幼儿从最熟悉的野菜开始，通过家园、社区资源的拓展，对野菜认知的范围越来越广，并由此加深

了对家乡传统习俗的进一步了解和认知。

3. 关注过程,凸显主体性

活动中,教师及时关注幼儿的需要,以兴趣为导向,凸显了幼儿的主体地位。教师在其中也追随幼儿探究的脚步,积极支持幼儿在活动中自主解决问题,鼓励幼儿积极自主地完成学习和操作。

主题背景下在地资源的再挖掘,使幼儿不仅感受到南京春天的与众不同,也更加体会到大自然的丰富资源给人们生活带来的美好,从而进一步萌发了热爱家乡、热爱生活的情感。

附录：主要劳动主题活动与指导要点

小班主要劳动主题活动与指导要点

小班上学期		小班下学期	
主要内容	指导要点	主要内容	指导要点
活动一： 我是能干的小宝贝	学习自己的事情自己做，如穿脱衣服、叠衣物、自行小便、洗手等	活动一： 欢乐元宵节	1. 学习用揉面、搓圆等技能制作五彩元宵、美味糕点 2. 学习用折、剪、贴等技能制作灯笼
活动二： 我爱厨房	学习简单的择菜、洗菜、剥豆等劳动，并尝试独立打鸡蛋	活动二： 我爱我家 （家务劳动小能手）	学习使用简单的劳动工具，和成人共同参与家庭清扫及厨房劳动等
活动三： 我会垃圾分类	学习将班级、家庭中的垃圾进行简单的分类投放	活动三： 春天的花草饼 （创意小面饼）	准备面粉、蔬菜叶、花等，学习将面进行分团、擀成饺子皮大小，印上蔬菜叶、花等
活动四： 美味鸡蛋葱花（韭菜）饼	在成人帮助下学习打鸡蛋、剪韭菜（各种蔬菜不限）、搅拌、摊饼	活动四： 蚕豆、大蒜丰收了	采摘蚕豆、大蒜，学习剥蚕豆（做蚕豆组合造型）、剥大蒜皮、腌制糖醋大蒜等
活动五： 山楂、橘子丰收了	带领幼儿采摘后，开展制作糖葫芦、制作山楂糕、榨橘子汁、做小橘灯等活动	活动五： 夹夹乐 （夹子本领大）	准备造型、材质各异的夹子（蝴蝶夹、晒衣夹等），分别组合成不同的夹子造型和饰物等
活动六： 水果大聚会	准备相应的辅助材料，引导幼儿制作水果娃娃造型；用榨汁机、安全厨房刀等制作水果汁、水果羹、水果拼盘等	活动六： 枇杷、樱桃真好吃	组织幼儿进行采摘、清洗等，再制作果酱、果汁等
活动七： 种植胡萝卜、大蒜	准备花盆、劳动工具、种植园地等，进行种植劳动并观察植物的生长变化	活动七： 甜甜的西瓜 （从种植西瓜开始，直到收获）	提供安全刀、榨汁机以及纸、剪刀等辅助材料制作西瓜饼、西瓜汁、西瓜船（西瓜皮）等，注意安全
活动八： 新年好	1. 准备面粉、黄油等食材以及模具、小刀等，制作动物饼干、蛋糕等 2. 准备面粉、蔬菜水果汁等和面，擀、压、切，制作五彩面条	活动八： 和爸爸妈妈逛超市	准备面额 10 元以内的人民币，引导孩子根据自己的需要选择 1～2 种物品，引导孩子学习看名称、标签等，并会主动向营业员打招呼或咨询问题

续表

小班上学期		小班下学期	
主要内容	指导要点	主要内容	指导要点
活动九：我会招待小客人	邀请几个小伙伴到家里做客，并学习主动招待小客人	活动九：我们美丽的小区（到社区参与清洁劳动等）	带领幼儿到社区参与垃圾分类、整理等宣传服务活动
活动十：天冷我不怕	准备毛线、卡纸等材料，引导用剪、粘贴、绘画、绕线等技能制作冬天的防寒用品，如帽子、手套、围巾等	活动十：夏天火辣辣	准备卡纸、折纸、团扇模子、剪刀、胶棒等材料，学习制作折扇、绘制团扇、做遮阳帽等清凉物品

中班主要劳动主题活动与指导要点

中班上学期		中班下学期	
主要内容	指导要点	主要内容	指导要点
活动一：自己事情自己做	1. 学习用筷子吃饭，不挑食，知道每一种蔬菜都有不同的营养 2. 愿意参与班级劳动卫生，学习叠被子、叠桌布等方法，注意铺平、折叠等；会收拾整理自己的衣物	活动一：能干的我	1. 会熟练使用筷子吃饭，会熟练整理衣裤等，饭前便后主动洗手，会自己擦屁股；保持个人卫生 2. 会使用常见的劳动工具清理地板、桌面等，有一定的坚持性 3. 学习用衣架撑衣服，并会在阳台内晾晒、收拾自己的衣服
活动二：神奇的蘑菇	1. 学习用菌菇包等原材料种植不同的蘑菇（金针菇、鸡腿菇等），分组进行养护照料，并观察其生长变化过程，做好记录 2. 学习制作汤、饼、凉拌等蘑菇美食，知道蘑菇是有营养的食物	活动二：风筝与风车	1. 准备竹篾、宣纸、剪刀、颜料等材料，学习制作不同造型的风筝 2. 准备纸、木棍、剪刀、颜料等，学习制作大小不一的风车，带领幼儿到户外游戏
活动三：有趣的面团	1. 学习和面、揉面等技能，能够掌握水和面的大致比例 2. 学习分团、切、压、卷、擀等面点制作技能	活动三：美味的糕团	准备糯米面、糖、各色果蔬汁（艾草汁、火龙果汁、胡萝卜汁）等食材以及剪刀、梳子、棍棒等工具，学习制作造型各异（小动物、植物等）的花式糕团，蒸熟品尝
活动四：和无患子玩游戏	1. 采摘成熟的无患子果实，洗净、去核，加入皂基，制作洗手液、肥皂等 2. 将无患子核穿孔打洞，加以辅助材料（小珠子、小花、绳子等），制作美丽的手串	活动四：挖土豆喽	1. 提供铲子、锹等工具，指导幼儿完整地将土豆挖出来 2. 将土豆清洗、刨皮、切、刨丝等，制作土豆饼、土豆色拉等系列美食
活动五：石头变形记	1. 收集各种不同大小、形状的石头，进行清洗、分类 2. 准备丙烯颜料、水粉笔、油性记号笔、胶水等辅助材料，设计不同造型的石头作品，鼓励幼儿大胆想象创作	活动五：蔬菜总动员	1. 引导幼儿主动照料家庭和幼儿园自然角、种植园地的植物，知道基本的养护方法，不怕脏和累 2. 使幼儿愿意参与采摘瓜果蔬菜活动，并掌握清洗、切、剥等基本方法

续表

中班上学期		中班下学期	
主要内容	指导要点	主要内容	指导要点
活动六： 各种厨房工具	认识家中常见烹饪美食的工具，如打蛋器、擀面杖、压刨丝器、刨皮刀等，学习正确使用方法	活动六： 香香的端午	1. 提供饮料瓶、卡纸、剪刀等材料，制作小龙舟 2. 提供艾草、野花、包装纸等材料，设计、制作端午艾草花束
活动七： 中秋月儿圆	提供面粉，自制红豆沙、绿豆沙等馅料，各种月饼模具等，学习制作不同馅料的冰皮月饼	活动七： 杨梅、枇杷丰收了	1. 提供篮子、剪刀、梯子等工具，采摘果园里的水果，洗净品尝 2. 学习制作杨梅汁、糖水枇杷等
活动八： 垃圾分类小卫士	认识各种垃圾标志，会按照垃圾类别扔垃圾，爱护小区环境，愿意为小区环境服务	活动八： 好吃的面点	会使用擀面杖擀面皮（圆形），会叠压面皮、包饺子、分面团、捏糖三角等面食制作工序
活动九： 图书管理员	会按类别摆放图书。能够熟练使用剪刀、胶带、胶棒等工具，修补图书，注意修补时对齐，小心使用修补工具	活动九： 玉米乐园 （从种植到收获）	1. 采摘并品尝玉米；做玉米饼、玉米色拉等 2. 利用玉米皮编织小花篮和茶杯垫、编绳子、制作挂件装饰物等，可用玉米芯制作不同的手工艺品
活动十： 年货大街	1. 准备面粉、果蔬等食材以及擀面杖、剪刀、安全刀等工具，学习制作不同的与新年相关的糕团、饺子等美食 2. 提供彩色纸、剪刀、画笔等，制作花灯，剪窗花，装扮环境	活动十： 凉快一夏	准备卡纸、手工纸、剪刀等材料，指导幼儿用剪贴、绘画等方法，制作凉帽、扇子、风扇等，乐于与同伴、家人分享

大班主要劳动主题活动与指导要点

大班上学期		大班下学期	
主要内容	指导要点	主要内容	指导要点
活动一： 我是哥哥 姐姐了	1. 和小班弟弟妹妹固定结对，送他们入园，教他们穿衣服，为他们制作小礼物，带他们玩游戏等 2. 有一定的责任意识	活动一： 香香的野菜（春茶）	1. 带领幼儿到户外田野里挖荠菜、蒲公英，采摘母鸡头、菊花脑等野菜；学习制作、加工野菜，如包饺子、凉拌等； 2. 学习采摘茶叶，加工、配制花茶等
活动二： 棉花朵朵	1. 引导幼儿学习按成熟期采摘、收获棉花 2. 学习捻线、织布、刺绣等与棉花相关的劳动技能 3. 在劳动过程中能够克服困难，有一定的坚持性	活动二： 我是整理小达人	1. 积极主动帮助家人整理房间、物品等 2. 以小组、个人的形式开展整理书包、整理个人物品等竞赛 3. 结合学习雷锋日，在班级、幼儿园、社区开展清扫活动，或到小班帮助弟弟妹妹擦桌椅、橱柜等

续表

大班上学期		大班下学期	
主要内容	指导要点	主要内容	指导要点
活动三： 香香的桂花	1. 了解桂花的种类及特点、作用等 2. 学习采摘桂花，将之洗净、晾晒，制作桂花糖、桂花糕、桂花油等食品	活动三： 方便的电子产品	1. 认识生活中的家用电器，学习并巩固其使用方法，注意安全 2. 学习并掌握电子触摸屏、平板电脑等常用电子产品的使用方法，知道它们给人们生活带来的便利
活动四： 豆子家族	1. 将红豆、绿豆、黄豆、黑豆等各类豆子进行分类，进行发芽等对比实验 2. 准备石磨、蒸锅、模具、捣蒜器等，开展制作绿豆糕和红豆沙、磨豆浆等系列活动	活动四： 神秘的中药	1. 带领幼儿认识、种植、采摘常见的中草药并洗净、晾干 2. 磨药、碾药，制作中草药香囊、清凉膏等 3. 中药铺子游戏，学习称重、计量等
活动五： 水稻丰收了 （从夏季插秧开始，直到收获）	1. 收割稻子、碾稻、脱壳等，制作米糕、蒸饭等食品 2. 稻草编织：稻草人、稻草帘子、稻草工艺品等	活动五： 布艺世界	准备布料、无纺布、剪刀、尺子、针线及辅助材料，学习按图纸裁剪、缝制、捆扎、编织等技能，制作简单的生活用品（布袋、毽子、沙包、尾巴、小拖把等）供日常游戏、劳动使用
活动六： 有趣的造纸术	1. 收集稻草、树叶、废纸等，将其打碎、浸泡、过滤、晾晒，尝试造纸 2. 用不同的纸制作不同的艺术品，布置系列展览	活动六： 麦子丰收	1. 准备镰刀、剪刀等收割工具进行收割 2. 磨麦、碾麦，用面粉制作面点美食 3. 制作麦秸帘子、人物、动植物等工艺品
活动七： 甜甜的甘蔗 （从种植开始，直到收获）	1. 学习对比、测量、观察；用甘蔗做蔗糖，用甘蔗渣造纸，用甘蔗皮、甘蔗根制作艺术品等 2. 在操作过程中仔细观察，有一定的坚持性	活动七： 端午到了	1. 准备粽叶、糯米等，学习包粽子（可邀请家长指导） 2. 准备卡纸、瓶子、彩绳等，制作龙舟、香囊，编织鸭蛋网、五彩手环等端午相关的工艺品
活动八： 有趣的绳结	1. 准备毛线、彩绳、麻绳、彩色皮筋等绳类材料以及纸盒、棍子、编织机等； 2. 学习系、解鞋带，编织围巾、帽子、帘子、垫子等日常生活用品；学习编织雨伞、扇子、手环等工艺品	活动八： 垃圾分类宣传员	准备卡纸、彩笔、剪刀等，制作垃圾分类海报以及分类盒、分类箱等，在幼儿园、社区开展垃圾分类宣传活动
活动九： 运动器械我会做	自制各种小型运动器械（报纸球、高尔夫球杆、三节棍等），供自主锻炼	活动九： 小小木匠（篾匠）	提供不同大小的木板（或竹子、竹片）、木片、木胶、钉子、锤子、锯子等材料，在成人的指导下进行简单的木工（竹艺）制作、搭建活动（如制作桌子、板凳、盒子、篮子等生活用品）

续表

大班上学期		大班下学期	
主要内容	指导要点	主要内容	指导要点
活动十： 红红火火过新年	1. 提供面粉(彩色面团)、纸张、剪刀、竹篾、糖稀等,学习剪纸、制作生肖小面人、吹小糖人、制荷花灯等,迎接新年的到来(有条件可邀请非遗文化传人) 2. 制作各式面点,如饺子(花式饺子)、彩色元宵、花式面点等	活动十： 毕业之夜	1. 设计毕业晚会的舞台、观众席、帐篷等,按照图纸进行搭建、构造 2. 设计毕业礼物,鼓励幼儿大胆构想,并提供所需的包装纸、盒子等材料进行包装、捆扎等技能的学习

后记

陶行知先生提出，生活是有生命的东西，在一个环境里生生不已的就是生活。劳动源于生活，又因其具有亲知亲行的特性反作用于生活。他赋予了劳动美的意义："烧饭是一种美术的生活。做一桩事情，画幅图画，写一张字，如能自慰慰人，就叫作美。"他让儿童们在劳动中感受生活的美好，在劳动中学到生活的意义。其将生活、劳动和教育三者相贯穿，并与儿童的发展相联系，一方面强调一切以"做"为中心，从实践中来，强调儿童劳动教育的实用性；另一方面，强调要"在劳力上劳心"，将劳心与劳力真正统一起来，在劳动中磨砺儿童的意志，考验儿童的思维，最终使儿童身心素质得到良好的发展。劳动兴趣和习惯的养成，是为了促进幼儿成为具有良好社会和时代适应性的个体，也是培养"全儿童"不可或缺的重要组成部分。

我园的劳动课程历经了近十年的实践，点点滴滴，寒来暑往，在每周一次的户外远足中，在每天愉快的午后散步时，在每次有趣的种植、美食劳动中，生动有趣的劳动故事无时无刻不在发生。我们遵循自然规律，一路摸索前行，过程中凝聚了全体师生的心血和汗水。劳动生活主题活动的构建与实施过程，尤其是主题线索的延伸和拓展，是我们不断地探究、寻找最适宜的本土化劳动生活活动的过程。我们努力深挖本土资源，将江宁地区与幼儿生活密切相关的种植、采摘、工艺制作以及日常的自我服务、公益劳动等自然地融入主题活动，不断地引领幼儿、家长、社区人员加入我们的"劳动大军"。

从幼儿角度来看，他们在体验式劳动活动中积极投入，劳动技能、劳动意识、劳动情感、劳动品质等不断推进，其获得的发展是全方位的，为其终身劳动习惯和行为养成打下了良好的基础。从教师角度来看，通过对系列体验式劳动主题活动的设计与实践，以及劳动资源的收集、整合与利用，教师的农耕种植经验、加工技艺和工艺制作水平等得以提升，弥补了其劳动经验的不足。而后期对于主题活动过程与结果的分析和评估，也进一步提高了教师对儿童观、教育观把握的准确度，促进了幼儿园研究实践能力的整体提升。就家长而言，通过参与劳动资源调查、家庭亲子劳动实践等，其树立了正确的劳动教育观、育儿观，同时家园合力不断加强，形成了有效的互动机制。

这是一场幼儿的心灵启迪、教师的心理历练、家长的成长助推之旅，每位参与者在其中都收获了丰厚的经验和累累硕果。我们感到，全体教工、家长在这场构建活动中，积极合作，不断添砖加瓦，为主题发展铺垫了坚实的基础，使每个活动不断走向深入，促进了幼儿、教师、家长在活动中深度学习和探究。诚然，因笔者水平有限，本书在编写过程中难免存在疏漏之处，敬请读者批评指正。

在此，特别感谢南京晓庄学院幼儿师范学院专家团队，特别是袁宗金教授、李煜老

师、华希颖老师对我园课程研究的悉心指导与帮助，感谢南京晓庄实验学校鲁照斌校长对我园课程实践的鼎力支持与引领，也感谢为编写此书潜心实践、默默耕耘的全体小红叶幼儿园的老师们！

我们将继续遵循陶行知先生的谆谆教诲，踏着先生为我们铺就的生活教育之路，一路前行！

南京小红叶幼儿园　徐莉